EMERGENCY KNOWLEDGE
MANAGEMENT OF PUBLIC SECURITY

公共安全应急知识管理

柯　平等/著

科学出版社
北京

内 容 简 介

公共安全和应急管理的发展需要引入新的理论与方法。本书从知识与知识管理的视角研究公共安全中应急知识管理问题，阐述公共安全应急决策过程中知识和知识管理的作用，研究公共安全突发事件生命周期中的应急知识管理理论与方法；重点分析自然灾害、事故灾难、公共卫生事件、社会安全事件四类突发事件的知识管理问题，通过国内外案例分析，构建出知识管理模型。其特色是将理论建构与实践经验总结相结合，突破传统的应急管理、安全管理、公共管理、信息管理等范畴，丰富公共安全和应急管理的理论与方法。

本书可供公共安全与应急管理领域的理论研究者和管理者参考，也可作为大学、高职高专公共安全、公共管理、图书情报相关专业的师生参考。

图书在版编目(CIP)数据

公共安全应急知识管理 / 柯平等著．—北京：科学出版社，2021.7

ISBN 978-7-03-068409-7

Ⅰ. ①公…　Ⅱ. ①柯…　Ⅲ. ①公共安全-安全管理-中国　Ⅳ. ①D630.8

中国版本图书馆 CIP 数据核字（2021）第 048026 号

责任编辑：李　敏 / 责任校对：樊雅琼

责任印制：吴兆东 / 封面设计：无极书装

科学出版社 出版

北京东黄城根北街 16 号

邮政编码：100717

http://www.sciencep.com

北京建宏印刷有限公司 印刷

科学出版社发行　各地新华书店经销

*

2021 年 7 月第　一　版　开本：720×1000　B5

2021 年 7 月第一次印刷　印张：15

字数：300 000

定价：168.00 元

（如有印装质量问题，我社负责调换）

前言

人类社会发展到一定阶段产生了公共安全问题。

人类不仅很早就意识到公共安全的重要性，而且采取了各种措施予以应对。以公共卫生为例，中世纪人们就开始了对麻风病受害者的隔离；14 世纪瘟疫流行后，人们努力改善卫生条件；18 世纪 50 年代人口增长促使人们重视婴儿死亡和医院发展；1848 年英国根据《公共卫生法》建立第一个专门的公共卫生部门；等等。

世界医学史不仅仅是一部人类健康史，也是一部人类抗疫史。人类抗疫史上最突出的成就之一就是对历史上最可怕的一种烈性传染病——天花的根除。这种传染病在古代流传反复无常，其病死率高达 80% ~90%，使人们对这种传染病产生极大的恐惧。公元 2 ~3 世纪导致罗马帝国衰亡的两次大瘟疫，至少有一次是天花。公元 4 世纪中国晋代医学家葛洪记载了天花流行的情况。中国古代医学家发明人痘接种预防天花并传入西方之后，催生了牛痘接种术的发明。1966 年第十九届世界卫生大会提出在全球根除天花的号召。据 1967 年世界卫生组织统计，天花存在于除北美和欧洲的各大陆国家和地区，估计每年有 1000 万 ~1500 万人感染此病。到 1972 年，天花在南美洲消失。到 1973 年底，天花已局限在印度次大陆及非洲的埃塞俄比亚和索马里一角。1975 年 10 月，孟加拉国的 Rahima Banu 成为亚洲最后一个大天花的病例。1977 年 10 月 26 日，大天花的皮疹出现在索马里的 Ali Maow Maalin 的皮肤上，这是这种天花的最后一个病例，而且也是世界上最后一例自然发生的天花。然而，1978 年 8 月，天花病毒不知何故从英国伯明翰的一间实验室里逃逸，感染了 Janet Parker，接着又感染了她的母亲，结果是女儿死亡但母亲幸免，实验室主任在隔离期间自杀。1979 年，全球天花根除证明委员会正式宣布了这一疾病的消亡。从琴纳发明牛痘接种术起，全世界的医学工作者经过 180 多年的努力，终于在全球范围内根除了天花。1980 年第 33 届世界卫生大会宣告，天花已被完全消灭。人类抗击天花疫情的彻底胜利充分证明了知识的力量。

古往今来，公共安全突发事件无论通过怎样有效地应急管理使事件得到及时的有效控制，都无法彻底解决事件生命周期中给世界带来的社会影响以及给人们带来的心理影响。1665 年，伦敦大瘟疫——一本《大英烦事多》的书这样写道："伦敦大瘟疫席卷全城，于是成千上万的人一边抱怨说自己觉得'有点不太舒服'，一边宽慰自己'我会撑过去的'，随后跪倒在地，面目可怖地死去。"（罗布·坦普尔，2018）解决这样的问题不只是应急管理者和心理学家的任务，其涉及更多复杂的因素，往往需要多学科、多领域专家给出综合的解决方案，而这已经超出了管理和决策的层面，进入到更高的知识层面。

公共安全突发事件的影响常常是极其深远的，自然灾害的影响不只是自然本身，公共卫生事件的影响也不只是健康领域。公共安全突发事件的影响在时间和空间上难以得到有效控制，而对于各个行业的影响有时很难以修复，特别是在社会、文化和政治等方面，公共安全突发事件的影响既有暴露的短期的被人们看得见摸得着的，也有潜伏的长期的使人们易于忽视或者无法捕捉到的。《世界是平的：21世纪简史》（内容升级和扩展版）（*The World is Flat*：*A Brief History of the Twenty-first Century*，2007版）作者 Thomas L. Friedman 曾这样描述"9·11"事件给美国带来的深层次的影响：

"我坚信历史将会证明一件事：为了达到政治目的，布什总统无耻地利用了'9·11'事件所引发的情绪，顺利实施了极右的共和党人的国内议程，包括税收、环境和社会问题，这项议程在9月10日还不受欢迎。然而在9月12日就不同了。布什这样做不仅在美国人民中间、美国人民与世界中间制造了分裂，而且还造成了美国与其历史和身份的分裂，布什政府将美国变成了'反恐的美国'。在我看来，这正是世界上有非常多的人极度厌恶布什总统的真正原因。他们感到布什从他们手中拿走了非常珍贵的东西——一个向外输出希望而非恐惧的美国"。

Thomas L. Friedman 对"9·11"事件使美国政府向外输出恐惧的批评让我们看到公共安全突发事件本身毫无疑问是具有极大危害而且是令人们恐惧的，而对于公共安全突发事件的错误处置以及公共安全事件之后的错误的社会管理与决策会带来更大的社会危害以及给人们带来更大的心理恐惧，这一点很多人并没有充分认识和警惕。因此，从某一学科或某一行业出发分析公共安全突发事件，常常就事论事或者如盲人摸象，有可能是片面的甚至是错误的，因为它们都缺乏更加科学的知识分析，或者是单一学科方法的局限，或者是分析者思维的问题，或者是把公共安全突发事件当作了"事件"而不是知识。

从知识的角度，公共安全突发事件应急管理过程与方法，以及与之相关的决策是知识；公共安全突发事件本身，其发生的场景、产生的危害、事件演化的全过程、短期和长期的影响等是知识；对公共安全突发事件的科学研究的结果也是知识，如人们常常看到的实验数据、论文、著作、网络文献、研究成果等显性知识。与公共安全突发事件相关的所有个人、组织乃至国家，都是产生相关知识的来源，虽然个人和组织的隐性知识难以转化，但这些知识的确是客观存在的。

知识就是力量。

知识管理就是生产力。

本书正是从知识与知识管理的视角研究公共安全中应急知识管理问题，重点针对公共安全突发事件进行知识管理研究，突破了传统的应急管理、安全管理、公共管理、信息管理等范畴。

虽然本书主要关注公共安全领域的突发事件，这也是目前政府、社会和学术界广泛关注的重点问题，但是，公共安全问题在国际国内、在学术和社会各领域的紧迫性和重要性正在提升，其范围也不断扩大，诸如信息安全、生物安全、军事安全等问题，关系到国家安全和全球安全，乃至人类的安全，被快速纳入公共安全范畴，大公共安全观正在形成。

人们对于未来世界面临的最大安全威胁有各种不同的看法：有的认为它来自于核恐怖威胁，“我们经历了很多恐怖威胁，我们经历了‘9·11’恐怖袭击，但是我们却经不起核恐怖袭击的折腾，那种行为将会使世界永久的不平坦”（Friedman，2007）。也有的认为来自生物，“合成生物学的广泛应用，尤其是能够自我复制的人工生命体的运用，将可能会对世界产生根本性的影响”（阿尔·戈尔，2013）。还有的认为就是智人自身，“拥有神的能力，但是不负责任、贪得无厌，而且连想要什么都不知道。天下危险，恐怕莫此为甚”（尤瓦尔·赫拉利，2014）等。

我们处在一个智慧时代，知识与知识管理的研究无疑为公共安全应急管理提供了新的视角、新的思维方法和新的解决问题路径。希望本书为国家和全球的公共安全管理研究与政策制定提供参考，进一步推动公共安全应急管理的科学化和智慧化，以及公共安全科学和应急管理科学知识体系的完善与发展。

柯　平
2021年1月

目　录

第1章 公共安全应急决策过程与决策支持

什么是公共安全？如何科学地理解公共安全概念的内涵与外延？无论是对于理论研究还是实践应用都是十分重要的基本问题。公共安全理论的发展与相关实践经验的总结，促进公共安全学科的建立与完善。本章从基本理论问题出发，研究公共安全突发事件的基本特征，进一步从应急决策角度，考察数据、信息、知识在应急决策中的作用。

1.1 公共安全

1.1.1 自然、社会与公共安全

近些年，我国经济社会加速发展，但各类灾害频发。“自改革开放以来，我国 GDP 连续多年保持 8% 以上的高速增长，但各种灾害造成的损失也逐年上升。每年因公共安全问题造成的经济损失达 6500 亿元，约占 GDP 总量的 6%。每年夺去 20 万人宝贵生命”（孙斌，2013）。以自然灾害为例，2019 年全年各种自然灾害共造成 1.3 亿人次受灾，909 人死亡失踪，528.6 万人次紧急转移安置；12.6 万间房屋倒塌，28.4 万间严重损坏，98.4 万间一般损坏；农作物受灾面积 19 256.9 千公顷，其中绝收 2802 千公顷；直接经济损失 3270.9 亿元[①]。此外，各类事故灾难、社会安全事件也频频出现，尤其是 2020 年的新型冠状病毒肺炎（简称新冠肺炎）疫情又给社会公共安全带来了巨大挑战。风险社会理论创始人乌尔里希·贝克在谈到中国社会的风险问题时曾指出：“当代中国社会因巨大的社会变迁正步入风险社会，甚至将可能进入高风险社会。从西方社会发展的趋势来看，目前中国可能正处于泛城市化发展阶段……所有这些都集中表现在安全风险问题上。”（薛晓源和刘国良，2005）

---

① 中华人民共和国应急管理部 . 2020-01-16. 应急管理部发布 2020 年全国自然灾害基本情况. https://www.mem.gov.cn/xw/bndt/202001/t20200116_343570.shtml.［2020-06-20］。

我们的党和政府十分重视公共安全。党的十六届五中全会将“安全发展”作为一个重要理念纳入我国社会主义现代化建设的总体战略。党的十八大提出要加强公共安全体系建设；党的十八届三中全会围绕健全公共安全体系提出食品药品安全、安全生产、防灾减灾救灾、社会治安防控等方面的体制机制改革任务；党的十八届四中全会提出加强公共安全立法、推进公共安全法治化的要求。党的十九大提出树立安全发展理念，弘扬生命至上、安全第一的思想，健全公共安全体系，完善安全生产责任制，坚决遏制重特大安全事故，提升防灾减灾救灾能力。

《国家中长期科学和技术发展规划纲要（2006—2020 年）》将“公共安全”喻为“国家安全和社会稳定的基石”，并制定了一系列相关政策、法规等防范、应对安全风险。2006 年 3 月，《中华人民共和国国民经济和社会发展第十一个五年规划纲要》以较大篇幅阐述了我国公共应急建设的目标和计划。《“十一五”安全文化建设纲要》提出：“要把安全文化建设纳入精神文明建设的统一布局……大力推进安全文化建设”。2004 年 3 月，国务院《全面推进依法行政实施纲要》将“建立健全各种预警和应急机制，提高政府应对突发事件和风险的能力”作为转变政府职能、深化行政管理体制改革的一项重要内容。2006 年 10 月，《中共中央关于构建社会主义和谐社会若干重大问题的决定》将“完善应急管理体制机制，有效应对各种风险”作为建设和谐社会的目标之一。

2007 年《中华人民共和国突发事件应对法》颁布。

2006 年 4 月，国务院办公厅设立国务院应急管理办公室。2018 年，中华人民共和国应急管理部成立。

由此可见，公共安全已经上升为国家战略，成为国家经济和社会发展的重要保障。

1.1.1.1 公共安全的内涵与概念

公共安全这一复合概念由“公共”与“安全”两个概念构成。关于“公共”的解释，根据《辞海》的解释，“公”的中文含义为“大众的、共同的”，与“私”相对；《汉语大辞典》中，“公共”意为“公有的”“公用的”“公众的”“共同的”，因此，“公共”的中文语义强调多数人共同或公用（王乐夫和陈干全，2003）。关于“安全”的解释，一般理解为“没有危险，不受威胁”。《不列颠简明百科全书》将“安全”（safety）解释为“为减少或消除可足以伤害身体的危害因素而采取的各项行动”；而职业安全“涉及人们工作场所可能遇到的各种危险，如在办公室、工厂、农场、建筑工地、商业设施以及零售点等工作环境”；公共安全“主要是指有关家庭、旅途、娱乐场所及其他不属于职业安全范畴的各种防险措施”。那么，公共安全则可理解为“不特定多数人的生命、健康、重大公私财产处在没有危险，不受威胁的状态”。

一些学者也对公共安全的概念做出阐释。吴鑫和赵瑞华（2004）认为，公共安全是国家安全的重要组成部分，是由政府及社会提供的预防和减少各种重大事件、事故和灾害的发生及其损失，保护人民生命和财产安全，维护社会稳定和促进国民经济持续、快速、协调、健康发展的基础保障，是政府为加强社会管理和公共服务的重要内容，这一概念明确了政府和社会在维护公共安全中的主体地位。王彦吉（2004）认为，随着社会的开放、发展，公共安全的构成要素及作用机制趋向复杂，其内涵、外延亦将不断丰富、扩大，传统的对“公共安全”的理解日益狭隘。由此说明“公共安全”概念具有动态性、发展性，其内涵与外延随着社会发展、环境变化而改变。

1.1.1.2 公共安全的双重属性

厘清公共安全属性有助于从突发事件以及承灾体的角度理解公共安全的内在机理，进而实施有效的防控。《中华人民共和国突发事件应对法》将公共安全突发事件划分为自然灾害、事故灾难、公共卫生事件和社会安全事件四类，由四类公共安全突发事件的引发因素来看，公共安全具有自然、社会双重属性。该属性的划分绝非从字面意义将自然灾害归属为公共安全的自然属性，后三者归为社会属性，而应从不同的维度认清公共安全事件同时具有的自然属性与社会属性。

以自然灾害为例，自然灾害则兼具自然、社会的属性。从引发因素来看，自然灾害是从纯自然的地球系统向人类生态系统演化而来的，是自然界物质运动发展变化的客观规律，不会随人类的活动而消失，具有客观必然性（徐敬海等，2012），即自然灾害的自然属性；而人类因生活、生产对自然的无度开发利用是灾害频繁发生的诱因，成为“‘天灾’背后的‘人祸’”，即自然灾害的社会属性。从承灾体的角度来看，自然灾害的承灾体即人类社会，其中人类是最主要的承灾体，即自然灾害所具有的社会属性。从承灾体的社会属性切入能够极大拓展对于自然灾害的防治和应对空间（Cutter，2003）。

此外，具有显著社会属性特征的事故灾难、公共卫生事件也都存在因自然因素引发而具有的自然属性。公共安全事件的高度复杂性与复合性决定了公共安全突发事件应对的系统性与整体性。

1.1.2 公共安全理论的基本问题

公共安全理论的基本问题围绕着“为什么重视安全（Why），公共安全研究什么（What），怎样进行公共安全管理（How），应该在何时进行怎样的管理（When）”（“3W1H”）四个方面展开。

1.1.2.1 Why —— 安全是多主体发展的需要

公共安全的维护是政府肩负的责任与使命。习近平总书记在2015年9月23日全国社会治安防控体系建设工作会议上强调，各级党委和政府要把公共安全作为重要民生工作抓紧抓好，把公共安全工作放到经济社会发展大局中谋划，加快构建全方位、立体化的公共安全网，切实承担起促一方发展、保一方平安的政治责任。政府维护公共安全的能力关乎社会的发展稳定与国家的长治久安。因此，政府应注重全面提升自身的公共安全治理能力。

安全是生产经营单位等社会群体的需求。“安全第一公理”的提出源于1906年美国钢铁公司董事长凯里对一场事故的反思。事故发生后，公司效益下降。查找原因后，立马将原来的“产量第一，质量第二，安全第三”改为“安全第一，质量第二，产量第三”，公司成本下降，效益反而提高（颜烨，2017）。国际原子能机构呼吁“核电发展应安全第一”也印证了这一点。安全生产与经营是企业文化的彰显与长远发展的保障。

安全是个人的基本需求。马斯洛将人的需求按照由低到高划分为生理、安全、爱和归属、尊重、自我实现的需要五个层次。这种划分并不是固化的，当个人的人身安全、健康得不到保障时，安全会成为个人的最基本需求。徐德蜀（2006）认为人类在生存、繁衍和发展中，当代人在解决自己的食、衣、住、行即生理要求的同时，首先必须创建和保障人进行一切活动的安全条件和卫生环境，包括安全的生产、生活，生理需求没有安全条件和卫生环境为先决条件，生理活动是根本无法进行的，生命也就无法存活与延续。

1.1.2.2 What —— 公共安全体系框架

将可能威胁公共安全的突发事件进行有效防控是维护公共安全的逻辑旨归。对于突发事件的关注往往成为公共安全研究的着力点。中国工程院院士范维澄研究发现，突发事件从发生、发展到造成灾害作用直至采取应急措施的全过程，存在公共安全科学的三个主体（图1-1）：其一是灾害事故本身，即突发事件；其二是突发事件作用的对象，即承灾载体；其三是采取应对措施的过程，即应急管理。突发事件、承灾载体、应急管理三者构成一个三角形的闭环框架的三条边，连接三条边的节点统称为灾害要素，即可能导致突发事件发生的物质、能量、信息三个关键因素，灾害要素超过临界值或遇到一定的触发条件就可能导致突发事件（范维澄和刘奕，2009）。

以新冠肺炎疫情为例，在灾害要素中，病毒为物质，当被感染个体未被有效控制，个体数量达到一定规模（临界值）时，就可能触发大规模疫情，即导致突发公共卫生事件，在新冠肺炎疫情中伴生的谣言、不实消息即信息，当信息量达到一定规模（临界值）时，就可能引发“信息疫情”，导致社会失序。

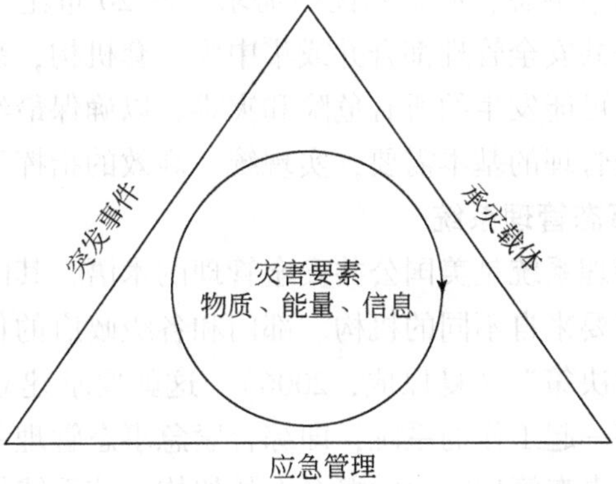

图 1-1　公共安全体系的三角形框架

资料来源：范维澄等（2017）

1.1.2.3　How —— 公共安全管理理论的“他山之石”

公共安全管理（public security management）在美国和澳大利亚称为“应急事态管理”，在新西兰称为“民防”或“民防应急事态管理”。对于“应急事态管理”，美国联邦紧急事务管理局从任务角度将其定义为“组织分析、规划、决策和对可用资源加以分配，以实施对灾难影响的减除、准备、应急和从中重建。其管理目标是拯救生命、防止伤亡、保护财产和环境”；而澳大利亚联邦应急管理署则从措施角度将其定义为“处理针对社区和环境危险的一系列措施，包括建立的预案、机构和安排，将政府、志愿者和私人部门的努力结合在一起；以综合及协调方法满足对付全部类型的应急事态需求，包括预防、应急和重建”（夏保成，2006；夏保成和张平吾，2011）。

什么是公共安全管理？公共安全管理是行政权力在公共安全领域中的适用过程（夏保成和张平吾，2011）。

西方的公共安全管理理论经过几十年的发展，日臻成熟，形成了比较系统、完善的理论体系，值得借鉴。美国是公共安全管理研究的先行者，很多理论原则成为主流，在公共安全管理中最本质的原则是全面紧急事态管理（comprehensive emergency management，CEM）原则，包括：①对各种类型的灾难及其后果实施管理；②对所有紧急事态管理的参与者实施统一协调与领导；③对紧急事态的全过程实施管理；④对全国各级政府、各种组织和所有合适的资源实施统一调配和使用。

（1）全危险方法

全危险方法（all-hazards approach）是利用同一套公共安全管理方法，处理和应对所有种类的紧急事态、灾难和民防需求。从20世纪70年代开始，美国、澳大利亚等国家的公共安全管理都合并或集中为一套机构，采取全面的准备、应对和恢复措施，面对可能发生的所有危险和灾难，以确保最经济的公共安全管理成本，保证公共安全管理的基本需要，实现统一高效的指挥和运作。

（2）综合紧急事态管理系统

综合紧急事态管理系统是美国公共安全管理的术语，其内容表述为“当紧急事态发生的时候，需要来自不同的机构、部门和各级政府的代表一起工作、相互配合；需要迅速做出决策”（夏保成，2006）。这就要求建立一个使所有紧急事态管理的参与者能够一起工作的系统，即综合紧急事态管理系统。它是一个通过网络化连接推进紧急事态管理能力的概念上的架构。该系统使各级政府以及社会群体和个人，在紧急事态管理的每一个阶段拥有明确的职责，能够积极发挥自身的作用并共同承担最终责任。

（3）有准备的社区理论

该理论是澳大利亚联邦应急管理署提出的。社区作为社会的基层结构，是承灾的基本单位，当遇紧急事件突发时，政府的援助往往具有时间差，这就要求社区对灾难具有一定的抵抗力，拥有社区自己的救助力量。澳大利亚政府认为地方政府应为其服务的社区提供各种各样的公共工程和服务，为个人的救急提供辅助，因此，联邦政府在预防、准备、应对和恢复中把社区看作首要关注对象。该理论认为个人、志愿者组织和地方政府是应对突发事件的三个重要环节，三者的组织与安排构成了“有准备的社区”的基本内容。

1.1.2.4 When —— 公共安全管理的生命周期理论

在全面紧急事态管理中，有一条原则为“对紧急事态的全过程实施管理”，该原则将公共安全管理过程进行划分，勾勒出应急管理的时间线条，明确了各阶段的管理重心。美国紧急事态管理的生命周期理论依据灾难的发生周期，将紧急事态管理的活动、政策和项目分为四个阶段：减除（mitigation）、准备（preparedness）、应对（response）和恢复（recovery）。这四阶段环环相扣，存在相互重叠与渗透，构成一个完整的周期。澳大利亚充分认同该理论并称其为“全方面法”（comprehensive approach），只将四阶段中的第一阶段“减除”增加为“预防/减除”（prevention/mitigation），四阶段简称为“PPRR”，具体内容如下

（夏保成，2006）。

（1）减除

消除或减轻（减少其严重性）危险的效果。主要内容包括：土地规划与土地使用管理、建筑法规、建筑使用规定、重新设置安全改进措施、为公共信息立法、社区须知/教育、税收、保险鼓励/抑制。

（2）准备

保证社区的准备工作。主要内容包括：社区须知/教育、灾难预案、培训/检测、演习、紧急事态通信、撤离预案、相互援助协议、预警系统、资源存货、特别资源的提供。

（3）应对

紧随风险变化即刻做出有效应对。主要内容包括：实施预案、实施紧急事态立法/宣布、发布预警、激活紧急事态行动中心、动员资源、通报公共权力部门、提供医疗援助、提供紧急救济、搜寻和救援。

（4）恢复

为受影响的社区提供恢复手段。主要内容包括：修复基础设施、社区康复、咨询方案、临时住处、财政支持与帮助、卫生与安全情报、长期医疗保健、物质恢复/重建、公共情报、实施经济影响研究。

1.1.3 公共安全科学与应急知识管理

1.1.3.1 公共安全学科的知识体系

公共安全学是安全领域的新兴综合性学科。2012 年由清华大学（公共安全研究院）发起的“公共安全科学技术学会”（学会网站 http://www.publicsafety.org.cn）成立，这是我国公共安全领域的重要学术组织。学会下设综合管理部、学术交流部、学会编辑部、国际联络部、会员与网络部、服务与培训部，成立了风险与韧性专业工作委员会、救援处置专业工作委员会、灾害医学专业工作委员会、监测监控专业工作委员会、应急管理专业工作委员会、海洋安全专业工作委员会、预测预警专业工作委员会、石油与化工安全专业工作委员会、航空安全专业工作委员会、矿业与地下工程安全专业工作委员会、人员安全专业工作委员会、灾害事故调查技术专业工作委员会、爆炸安全与防护专业工作委员会、青年专业工作委员会、学科建设专业工作委员会共 15 个专业工作委员会。学会致力于公共安全学术研究与国内外交流，召开全国性公共安全大会。2019 年 11 月召开的中国公共安全大会围绕风险与韧性、预测预警、人员安全、城市安全、航空安全、石油与化工安全、矿山与地下工程安全、爆炸安全、消防安全、海洋安全、网络与信息安全共 11 个主题论坛展开研讨，中国工程院院士、清华大学公共安全研究院院长、公共安全科学技术学会名誉理事长范维澄院士做了题为《关于安全科技与学科发展的思考》的大会特邀报告。学会在促进公共安全理论与方法体系建立、共性问题研究，促进公共安全学术与信息交流，组织调研和考察，举办学术会议，推动公共安全学科发展等方面发挥重要作用。

公共安全是一门交叉科学，是以安全—管理、信息—技术、社会—政治、心理—其他四个领域的相关科学为基础，专门解决公共安全理论与应用问题的学科。为此，本章建立了公共安全的学科理论模型（图 1-2）。

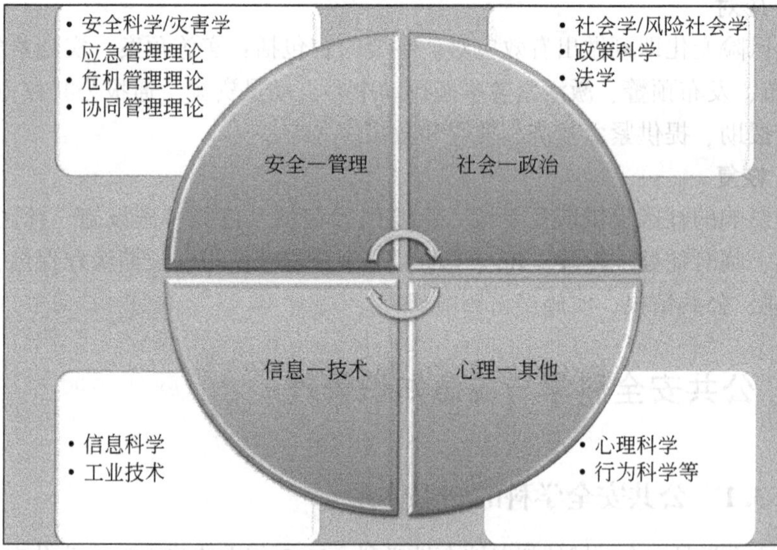

图 1-2　公共安全的学科理论模型

1.1.3.2　安全科学的知识分类

公共安全科学是安全科学中的一个重要学科，随着公共安全的发展，公共安全和应急管理逐步进入到安全科学的学科体系。

GB/T 13745—2009《学科分类与代码》将安全科学分类如下：

620 安全科学技术

620. 10 安全科学技术基础学科

620. 1010 灾害物理学

620. 1020 灾害化学

620. 1030 灾害学

620.1040 灾害毒理学
620.1099 安全科学技术基础学科其他学科
620.20 安全学
620.2010 安全系统学
620.2020 安全心理学
620.2030 安全模拟与安全仿真学
620.2040 安全人机学
620.2050 安全经济学
620.2060 安全管理学
620.2070 安全教育学
620.2099 安全学其他学科
620.30 安全工程
620.3010 消防工程
620.3020 爆炸安全工程
620.3030 安全设备工程
620.3040 安全电气工程
620.3050 部门安全工程
620.3099 安全工程其他学科
620.40 职业卫生工程
620.4010 防尘工程
620.4020 防毒工程
620.4030 生产噪声与振动控制
620.4040 个体防护
620.4099 职业卫生工程其他学科
620.50 安全管理工程
620.5010 安全信息工程
620.5020 风险评价与失效分析
620.5030 工业灾害控制
620.5040 安全检测与监控技术
620.5099 安全管理工程其他学科
620.99 安全科学技术其他学科

这一体系中尚无“公共安全”和“应急管理”的名称，只有相关的安全学、灾害学等内容。

《中国图书馆分类法》的分类体系是基于科学分类完成的，其分类体系具有参考价值。1975年10月第一版没有设立“安全科学”类。1980年6月第二版增设X大类“环境科学”，但没有安全科学的内容。1990年2月第三版增设X大类“环境科学、劳动保护科学（安全科学）”，安全科学开始受到重视。1999年3月第四版中X大类更名为“环境科学、安全科学”，取消了“劳动保护科学”名称，反映出安全科学概念已得到广泛的认可。

2010年9月第五版将安全科学分类如下：

X9　安全科学

总论劳动安全科学技术、劳动（职业）安全卫生、劳动保护的著作入此。

依总论复分表分。

X9-6　安全科学参考工具书

X9-65　安全标准（劳动卫生、安全标准）

安全技术（劳动卫生技术）、劳动保护标准、规程汇编入此。

专业标准入有关各类。

如愿集中于此，可用组配编号法。例：电气安全标准为X9-65：TM。

X91　安全科学基础理论

X910　安全人体学

X911　安全心理学

X912　安全生理学

女工特殊保护、作业限制、工时条件等入此。

X912.9　安全人机学

X913　安全系统学

安全评价理论入此。

X913.1　安全运筹学

X913.2　安全信息论

X913.3　安全控制论

X913.4　安全系统工程

安全系统工程学、安全系统分析与评价入此。

X915.1　安全计量学

X915.2　安全社会学

[X915.3]　安全法学

宜入D912.5。

X915.4　安全经济学

[X915.5]　灾害学

宜入X4。

X92　安全管理（劳动保护管理）
参见 TU714。
X921　安全管理（劳动保护）方针、政策及其阐述
劳动保护法入 D912.5。
依世界地区表分，中国再依中国地区表分。
X922　安全组织与管理机构
X922.1　世界
X922.2　中国
X922.21/.27　综合管理机构
依中国地区表分。
X922.28　部门管理机构
X922.3/.7　各国
依世界地区表分。
X923　安全科研管理
依世界地区表分。
X924　安全监察
X924.2　安全监测技术与设备
X924.3　安全监控系统
安全检测、安全监控设备入此。
X924.4　安全控制技术
安全设备学、安全设备工程学、安全防护装置、保险装置、劳保用品及报警系统等入此。
X925　安全教育学
劳动安全教育、安全技术培训及宣传工作等入此。
X928　事故调查与分析（工伤事故分析与预防）
X928.0　一般性问题
X928.01　事故统计与报告
X928.02　事故处理
事故分析与事故处理方法入此。
X928.03　事故预防与预测
损失控制理论入此。
X928.04　事故救护
X928.06　事故案例汇编
X928.1/.9　各种事故调查与分析

可仿 X928.0 分。例：粉尘危害的事故分析为 X928.102。

X928.1　粉尘危害事故

X928.2　电击、电伤事故

X928.3　锅炉、压力容器事故

X928.4　机械伤害事故

X928.5　化学物质致因事故

X928.6　物理因素事故

振动与噪音危害事故，高低气压、高低气温事故等入此。

X928.7　火灾与爆炸事故

X928.9　其他

事故性损伤入此。

X93　安全工程

劳动安全工程、系统安全工程等入此。

X93-6　安全工程参考工具书

X93-65　安全规程

X931　工业安全（总论）

参见 TB496。

X932　爆炸安全与防火、防爆

总论入此。

专论入有关各类。例：森林防火入 S762.3。

{X933}　锅炉、压力容器安全

<停用;5 版改入［X944］>

{X933.7}　锅炉烟尘危害

<停用;5 版改入［X944.7］>

{X934}　电气安全

<停用;4 版为交替类，宜入 TM08、TM92；5 版改入［X946］>

［X935］　地质勘探安全

宜入 P624.8。

［X936］　矿山安全

宜入 TD7。

［X937］　石油、化学工业安全

石油工业安全宜入 TE687；化学工业安全宜入 TQ086。

［X938］　冶金工业安全

宜入 TF088。

［X941］ 金属工艺、机械工业安全

金属工艺安全宜入 TG；焊接工艺安全宜入 TG408；机械工厂安全宜入 TH188。

<4 版类名：机械、金属工艺安全>

<焊接工艺安全，4 版入［X942］>

［X942］ 武器工业安全

宜入 TJ08。

<4 版类名：焊接工艺安全，5 版改入［X941］>

<武器工业安全，4 版入［X944］>

［X943］ 动力工业安全

宜入 TK08。

<4 版类名：起重及搬运安全，5 版改入 X952>

<动力工业安全，4 版入［X945］>

<4 版为正式类；5 版改为交替类>

［X944］ 锅炉、压力容器安全

宜入 TK288、TH49 等有关各类。

<4 版类名：武器工业安全，5 版改入［X942］>

<锅炉、压力容器安全，4 版入 X933>

［X944.2］ 锅炉安全

宜入 TK288。

<4 版入［X933.2］>

［X944.4］ 压力容器安全

宜入 TH49。

<4 版入［X933.4］>

［X944.7］ 锅炉烟尘危害

宜入 X701.2。

<4 版入 X933.7>

［X945］ 核工业安全

辐射防护宜入 TL7；反应堆安全宜入 TL36。

<4 版类名：动力工业安全，5 版改入［X943］>

<核工业安全，4 版入［X946］>

［X946］ 电气安全

宜入 TM08、TM92。

<4 版类名：核工业安全，5 版改入[X945]>

<电气安全，4 版入[X934]>

[X947] 轻工业、手工业安全

宜入 TS08。

<4 版类名：建筑施工安全，5 版改入[X948]>

<轻工业、手工业安全，4 版入[X948]>

[X948] 建筑施工安全

宜入 TU714。

<4 版类名：轻工业、手工业安全，5 版改入[X947]>

<建筑施工安全，4 版入[X947]>

[X949] 航空、航天安全

宜入 V268.6、V328、V468、V528 等有关各类。

X951 交通运输安全

总论入此。

专论入有关各类。例：铁路运输安全技术入 U298；公路运输安全技术入 U492.8；水路运输安全技术入 U698。

X952 起重及搬运安全

<4 版入 X943>

X954 农、林、渔业安全

X956 生活安全

家庭安全入此。

公共安全入 D035.29 有关各类。

X959 其他

X96 劳动卫生工程

劳动卫生学、职业卫生学、劳动卫生防治问题入 R13 有关各类。

[X961] 作业环境卫生

宜入 R134。

X962 工业通风

总论入此。

专论入有关各类。例：工业空气调节卫生措施入 R136.2；矿山通风入 TD72；建筑通风入 TU834。

X963 工业照明

总论工业照明卫生工程的著作入此。

电气照明入 TM923。

X964 工业防尘

总论入此。

专论入有关各类。例：工业防尘卫生措施入 R136.2；建筑防尘设备入 TU834.6+4。

X965 工业防毒

总论入此。

专论入有关各类。例：防毒的安全卫生措施入 R136.3。

[X966] 噪声与振动控制

宜入 TB53。

X967 异常气压防护

X968 高低温防护

建筑降温、保温设备入 TU86。

《中国图书馆分类法》的这一分类虽然将安全有关的领域集中起来，分类比较细密，但与 GB/T 13745—2009 相比，难以简明反映出学科基本框架。

我国在公共安全的理论研究推动下，建立了一级学科“安全科学与工程”，下设“安全与应急管理”二级学科。

安全科学与工程是公共安全的骨干支撑学科，其研究对象可以从安全科学与安全工程的内涵得以体现，涉及自然灾害、事故灾难、职业健康、公共卫生、社会安全等多个领域，围绕安全系统、突发事件、承灾载体、应急管理及其相互作用等开展研究。

安全科学与工程学科是一门综合性科学，其理论体系包括安全社会科学、安全自然科学、安全系统科学、安全工程技术科学、安全健康学，以及人文社会科学等领域，这一体系尚处于不断完善的过程中。目前，安全科学与工程学科的主要理论有安全社会学、安全法学、安全科学原理、安全科学方法学、安全系统学、灾害学、安全人机学、安全管理学、职业安全健康学、安全工程技术科学基础等。

2013 年国务院学位委员会第六届学科评议组编写的《学位授予和人才培养一级学科简介》将全部学科分为 13 个学科门类，在工学门类列有“安全科学与工程”一级学科，该一级学科重点针对自然灾害、事故灾难、公共卫生、社会安全等领域，设有 5 个学科方向。

(1) 安全科学

安全科学的研究为人们在生产和生活中，提供生命、健康等身心保障，使相关设备、财产以及其他事物免受危害等，揭示安全的客观规律并提供学科理论、应用理论和专业理论。安全科学的研究方向有安全原理、安全科学方法学、公共安全理论与方法、灾害物理、灾害化学、职业病毒理、安全法学、安全经济学、安全行为科学、安全心理学、安全教育学、安全科学学、安全史学、产业风险评价理论与管理方法等。安全科学的主要研究方法是通过大量观察、系统实验及规律总结，在经验体系基础上进行演绎和归纳，并总结出安全科学规律和原理。

（2）安全技术

安全技术是为保证人们在生产和生活中，生命和健康得到保障，身体及其设备、财产不受到损害，提供直接和间接的保障。安全技术的研究方向有安全防护技术和装备、安全人机工程、灾害探测与控制工程、安全评价技术、安全信息技术、安全检测技术、检验检疫、火灾与爆炸、矿山安全技术、交通安全技术、化工安全技术、建筑安全工程、城市公共安全工程、职业卫生与防护工程、个体防护等。安全技术的主要研究方法是通过危险源的辨识和评价，以及对灾害、事故、职业危害等的预测、预防、预警与应急等关键技术及其集成，达到预防和控制风险与减少事故损失的目的。

（3）安全系统工程

安全系统工程是综合运用系统论、运筹学、概率论、决策论、数理统计、控制论以及安全科学理论等知识，来研究安全系统的分析、规划、设计、组织、管理、评价与控制等问题的学科。安全系统工程的研究方向有安全系统优化理论与方法、安全规划与设计、安全系统分析与建模仿真、安全信息工程、安全系统评价、安全人机工程、行业安全系统工程等。安全系统工程的主要研究方法是综合运筹学、概率与数理统计、决策论、控制论、信息论、可靠性工程等，通过系统流程分析、建模仿真、数据挖掘、系统评价等，达到保障系统安全和优化的目的。

（4）安全与应急管理

安全管理是为实现安全而组织和使用人力、物力、财力和环境等各种资源的过程。它利用计划、组织、指挥、协调、控制等管理机能，在法律制度、组织管理、技术和教育等方面采取综合措施，来避免发生伤亡事故，保证人的安全和健康，保证财产安全和生产顺利进行。应急管理是为应急的预防与准备、监测预警、救援处置和恢复重建等提供科学的管理理论和方法。安全与应急管理的研究方向有宏观安全管理理论与方法、微观安全管理理论与方法、安全法律法规、安全标准与认证、风险管理与评价、应急决策与指挥、应急处置与救援、应急监察和审计、应急心理行为、应急预案设计、公共安全风险评估与规划、公共安全监测监控、公共安全预测预警等。安全与应急管理的主要方法是运用管理科学方法和工程技术手段，增进系统安全与应急管理效能，通过人为干预和影响，利用计划、组织、指挥、协调、控制等管理机能，达到系统预防和控制事故与减少损失的目的。

(5) 职业安全健康

职业安全健康是认识职业安全健康机制和规律，研究环境毒理与职业危害及其管理等理论和方法，为职业危害因素的辨识、科学评价、危害防控技术研究等提供理论基础和工程技术及管理的支持。职业安全健康的研究方向有安全健康法律法规，安全健康毒理学，职业病统计学，职业卫生管理学，职业伤害和职业疾病的孕育、发展机理，职业健康危害的预防、控制、综合决策，安全卫生工程技术，以及个体防护等。职业安全健康的主要研究方法是通过大量观察、统计、实验、实习等，综合医学、公共卫生学、作业环境管理学、人机工程学、职业卫生管理学等，形成相应的科学理论，达到预防和控制职业病的目的。

1.1.3.3 公共安全学科的重要分支

公共安全学科是一门综合交叉性学科，应用领域广泛，涉及建筑、能源、材料、环境、化工、轻工、土木、矿业、交通、运输、航空航天、机电、食品、生物、农业、林业、城市、旅游、检验检疫、消防、社会文化、公共卫生、行政管理等各行业和事业乃至人类生活的各个领域。

从公共安全学科体系角度，公共安全学科可以涵盖以下分支学科。

(1) 危机管理学

“危机”（crisis）一词最初作为医学用语，专指人在濒临死亡并游离于生死间的一种状态。“危机”作为学科术语产生于1972年，赫尔曼将危机界定为：威胁决策集团优先目标的一种形式，在这种形势下，决策集团做出反应的时间非常有限，且形势常常向令决策集团惊奇的方向发展。1989年，荷兰莱登大学乌里尔·罗森塔尔等出版著作《应对危机——灾难、暴乱和恐怖行为管理》，对赫尔曼过于狭窄的定义进行修正，界定危机是一种严重威胁社会系统基本结构或者基本价值规范的形势，在这种形势下，决策集团必须在很短的时间内、在极不确定的情况下做出关键性决策。

薛澜等在《危机管理：转型期中国面临的挑战》中认为，危机管理就是在紧急状态下，对危机发生、发展的每一阶段制定出相应的战略（包括危机管理的准备、预警、处理及恢复等几个阶段）。危机管理的任务是尽可能控制事态，在危机发生后把损失控制在一定的范围内，在事态失控后要争取重新控制住。

(2) 应急管理学

应急管理学是研究突发事件与应急管理规律的专门学科。党中央、国务院高度重视应急管理工作，做出了建立健全应急体系、提高应对突发公共事件能力的重大决策。2007年由国务院办公厅主管、中国行政管理学会主办的中央级综合性应急管理刊物——《中国应急管理》创刊，其在宣传方针政策、传达工作部署、推动理论研究、交流实践经验、普及应急知识等方面发挥了积极作用。

(3) 灾害学

灾害学是以灾害和灾害系统为研究对象，专门研究各种自然灾害及其他非自然因素造成的灾害（含自然与人为混合的灾害），研究灾害的成因以及时空分布规律，旨在寻求减轻灾害损失的方法与途径。灾害学主要有自然灾害学和人为灾害学，其中，人为灾害学属于技术灾害及人为失误的范畴。这门学科自 20 世纪 80 年代建立，已逐步形成知识体系。孙斌（2013）将灾害学学科划分为三大分支（图 1-3）。

- 灾害学
  - 理论灾害学：灾害经济学　灾害物理学　灾害地理学　灾害社会学　灾害历史学
  - 部分灾害学：地质灾害学　地貌灾害学　气象灾害学　生物灾害学　环境灾害学
  - 灾害对策学：灾害监测学　灾害预报学　灾害防治学　灾害管理学　灾害保险学　灾害心理学　灾害医学

图 1-3　灾害学学科体系

(4) 安全法学

安全法学是研究安全法律现象及其规律的科学，其调整对象是实现安全过程中人与人、人与物、物与物之间的关系的总和，是关于通过法律的控制手段保障人的身心健康免遭外界因素危害的科学活动及认识成果的总称。1984 年 9 月出版的《中国大百科全书·法学》并没有“安全法学”词条。GB/T 13745—2009《学科分类与代码》将“安全法学”（820.3080）作为法学门类的部分法学之一。随着安全学科的发展，安全法学建立，成为介于安全科学与法学之间的新兴边缘学科。

(5) 安全情报学

安全情报学以安全情报为研究对象，是专门研究安全情报的本质、功能、结构、产生、传递和利用规律的一门学科。安全情报学是安全科学与情报学交叉形成的一门新兴应用学科，是安全科学的重要分支学科，其相关学科有安全信息学与安全管理学等。这一学科针对安全管理过程中的情报问题展开研究，发挥安全情报在安全管理中的作用，为安全管理工作提供科学的理论指导和有效的安全情报服务。

在美国 2010 年颁布的高校学科专业目录中，“security intelligence（安全情报）”是“intelligence studies”四大领域之一。《中华人民共和国国家情报法》第五条强调国家安全机关和公安机关情报机构、军队情报机构按照职责分工，相互配合，做好情报工作、开展情报行动。在我国的安全情报学学科建设与发展中，安全情报学与公安情报学、军事情报学密切相关，公共安全情报成为其中的重要研究主题。

1.1.3.4 应急知识管理

自20世纪90年代以来，知识管理理论界和实务界主要聚焦于企业，企业知识管理（corporate knowledge management）一度成为知识管理的代名词。虽然知识管理范畴已扩大到企业以外的其他组织和个人，产生了个人知识管理、政府知识管理、媒体知识管理等领域，但是，这些研究及其关注度相较企业知识管理还比较薄弱。公共知识管理在知识管理体系框架（图1-4）中，相较于个人知识管理（personal knowledge management）和政府知识管理（government knowledge management）发展较为滞后，因此加强公共知识管理迫在眉睫。

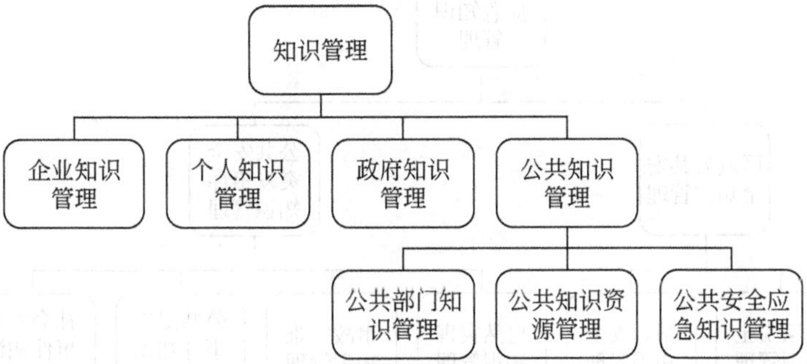

图1-4 知识管理体系框架

公共知识管理作为知识管理体系的重要分支，有三个重要领域。

(1) 公共部门知识管理

公共部门知识管理是知识管理理论与方法在公共部门的应用，涉及社会公共事业部门、公益性信息机构、科学文化教育部门、新闻出版部门、广播电视等大众传媒等，包括信息机构知识管理、图书馆知识管理、档案馆知识管理、博物馆知识管理、学校知识管理、媒体知识管理等。

(2) 公共知识资源管理

公共知识资源是指人类社会发展过程中创造的各种知识、经过一定的加工处理后形成的知识集合。这种资源具有公共性，必须符合公共需求，体现公共利益并提供社会公众公开使用。柯平（2007）的《知识管理学》第14章公共知识管理主要是从公共知识资源的角度展开的，分为公共事业知识管理、语言和术语管理、网络知识资源管理。

(3) 公共安全应急知识管理

公共安全应急知识管理，简称"应急知识管理"，是知识管理在公共安全和应急管理领域的应用，以发挥知识在公共安全和应急管理中最大效用，实现公共安全和应急管理的知识化和智慧化，促进公共安全和应急管理的发展。

在公共安全应急知识管理体系框架（图1-5）中，有两大发展方向，一个是区域公共安全知识管理，另一个是公共安全突发事件知识管理。区域公共安全知识管理既包括国家安全的知识管理，也包括国际安全的知识管理，能够直接支持国家安全决策，为国际上的安全机构提供决策支持。公共安全突发事件的知识管理十分重要，其知识管理过程围绕公共安全突发事件的知识生成、知识获取、知识传播和知识利用四个环节展开，主要包括自然灾害知识管理、事故灾难知识管理、公共卫生事件知识管理和社会安全事件知识管理。

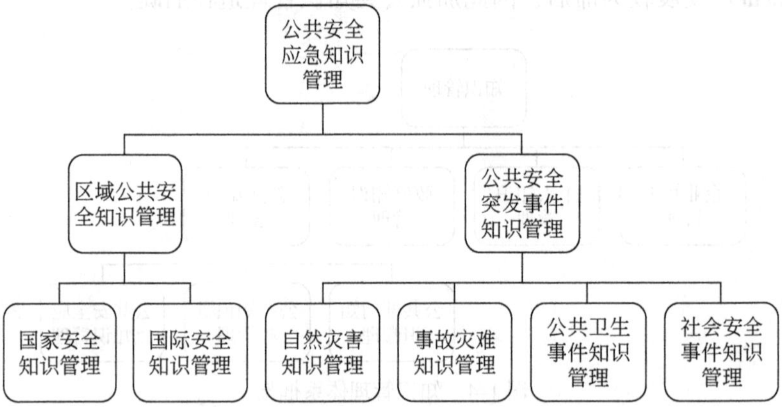

图1-5 公共安全应急知识管理体系框架

公共安全应急知识管理以大数据和信息管理为基础，但与公共安全应急信息管理有多方面的区别（表1-1），其优势不仅在于能够将应急管理从信息层面升华为知识层面，而且将彻底改变公共安全和应急管理的思维模式与方法，具有更广阔的发展前景。

表1-1 公共安全应急信息管理与公共安全应急知识管理的区别

比较事项	公共安全应急信息管理	公共安全应急知识管理
分析对象	事件本身	事件联系
分析过程	数据转化为信息	信息转化为知识
分析维度	线性可编码，单一	线性和非线性，可编码与不可编码，多维度，综合立体

续表

比较事项	公共安全应急信息管理	公共安全应急知识管理
分析方法	计算机处理、分析工具、具体	知识图谱与人脑结合、抽象
分析深度	地面式、地毯式	海洋式、钻井式
分析结果	静态、直接发生	动态、间接衍生
决策中的作用	决策辅助，决策支持	参与决策，决策选择

1.1.4 面向未来的公共安全观

党的十九大提出坚持总体国家安全观。统筹发展和安全，增强忧患意识，做到居安思危，是我们党治国理政的一个重大原则。必须坚持国家利益至上，以人民安全为宗旨，以政治安全为根本，统筹外部安全和内部安全、国土安全和国民安全、传统安全和非传统安全、自身安全和共同安全，完善国家安全制度体系，加强国家安全能力建设，坚决维护国家主权、安全、发展利益。党的十九大报告指出："国家安全是安邦定国的重要基石，维护国家安全是全国各族人民根本利益所在。要完善国家安全战略和国家安全政策，坚决维护国家政治安全，统筹推进各项安全工作。健全国家安全体系，加强国家安全法治保障，提高防范和抵御安全风险能力。严密防范和坚决打击各种渗透颠覆破坏活动、暴力恐怖活动、民族分裂活动、宗教极端活动。加强国家安全教育，增强全党全国人民国家安全意识，推动全社会形成维护国家安全的强大合力。"因此，要以党的十九大精神为指导，树立面向未来的公共安全观。

《中华人民共和国国家安全法》将"国家安全"定义为"国家政权、主权、统一和领土完整、人民福祉、经济社会可持续发展和国家其他重大利益相对处于没有危险和不受内外威胁的状态，以及保障持续安全状态的能力"。第二十九条强调"国家健全有效预防和化解社会矛盾的体制机制，健全公共安全体系，积极预防、减少和化解社会矛盾，妥善处置公共卫生、社会安全等影响国家安全和社会稳定的突发事件，促进社会和谐，维护公共安全和社会安定"。

以细胞工程和基因工程（特别是转基因技术）为标志的现代生物技术（modern biotechnology）是 21 世纪全球经济发展的重要驱动力。现代生物技术为社会经济发展带来了潜在和现实的机遇，以及相伴而生的生物安全问题。生物安全作为一个新的科学概念，有广义的生物安全（biosecurity）和狭义的生物安全（biosafety）之分，前者指生态系统的正常状态、生物的正常生存以及人类的生命和健康不受致病有害生物、外来入侵生物以及现代生物技术及其应用侵害的状态；后者指人类的生命和健康、生物的正常生存以及生态系统的正常结构和功能不受现代生物技术研发应用活动侵害和损害的状态（于文轩，2009）。

我国十分重视生物安全管理（biosafety management）和生物安全立法（biosafety legislation）。生物安全管理解决生物安全事故（biosafety accidents）的相关问题，涉及基因工程安全管理、农业生物安全管理、林业生物安全管理、转基因食品安全管理、转基因药品安全管理、生物技术产品越境转移管理、人类遗传资源管理等许多方面。生物安全法（biosafety law）包括综合性生物安全法和专项生物安全法，为促进生物技术的健康发展和保障生物安全提供了重要的法律依据。

工业化与信息化融合的现代化之路上，充满了传统与现代、个体与整体之间的交锋与交融。这样一个充满“不确定性”的新时代也赋予了公共安全新的内涵与新的使命，需要建立一种面向未来的公共安全观。

1.1.4.1 整体公共安全观

公共安全观的整体性体现在三个方面：其一，内容的整体性，将传统与非传统公共安全相结合；其二，主体的整体性，将“政府、社会、个人”相结合；其三，时间的整体性，将“突发事件前、突发事件中、突发事件后”各阶段相结合。

（1）构建传统与非传统公共安全相结合的整体公共安全观

在现代化的时代背景下，我国经济社会发展的深度与对外开放的广度，使得各类“非常规灾害灾难（如传染病疫情、环境污染等）、非传统战争（如贸易战、信息战等）、非敌意冲突（如食品安全、社会抗议等）、非常态危机（如边疆治理危机、能源危机）”（余潇枫，2014）构成了对公共领域的非传统安全威胁。非传统公共安全事件频发促使公共安全领域的研究转向传统公共安全（自然灾害、交通、生产等）与非传统安全领域并重。因此，在关注消防、治安、交通等传统公共安全威胁的同时更应该关注对社会公共安全造成重大影响的非传统公共安全，应认识到“发展不等于安全”。将公共安全服务重心下移，注重基本公共安全服务的标准化与均等化，兼顾传统公共安全服务设施的完善与非传统公共安全服务产品的提供。

（2）构建“政府、社会、个人”为主体的整体公共安全观

我国各级政府一直处于应对公共安全突发事件的主导地位，具有显著的决策优势，与之相对的短板则体现在社会力量未得到有序、有效整合，在面对公共安全威胁时凸显出社会整体安全韧性的不足。由于公共安全突发事件的隐蔽性与不确定性，其预防与初始阶段的消除更依赖于社会、个人力量的发挥；对于不可避免的突发事件，社会群体和个人可利用政府力量未及的时间真空，把握应对、救援的黄金时间，发挥重要的作用。而社会、个人主体力量的激发应从意识与行为两方面着手，注重公共精神的培养与参与路径的创设。通过制度化的渠道将社会力量广泛纳入日常的公共安全管理之中，使公共安全责任由政府、第三部门和社区公众分担，不但有效地减轻了政府的负担，而且培养了公众的自救能力和对共同体的责任感（彭彦强，2009）。实现对社会群体与个人的安全观塑造，形成政府、社会、个人多元主体的整体公共安全观。

（3）构建突发事件全生命周期的整体公共安全观

传统的应急管理侧重于对突发事件发生时的应对，而对于事前的预防与准备也仅围绕应对突发事件展开，对于事后的恢复与重建仅局限于规定动作，并未对将来更好地应对此类事件埋下“伏笔”。面向未来的整体公共安全观是建立在全面的公共安全管理理念基础之上的，更加积极主动强调对风险和事件的主动、科学的管理，能更有效地预防和减少突发事件的发生（彭彦强，2009），不局限于突发事件中的事态处置与应对，更注重突发事件前社会安全文化的建设，突发事件后公共安全管理理论与技术的提升。贯穿于突发事件整个生命周期的整体公共安全观，能够促进多主体的协同与合作，有助于实现各类资源在公共安全管理各阶段的有效流动与整合。

1.1.4.2 法治化的公共安全观

公共安全的法治化是建立健全公共安全管理体系的重要保障，也是公共安全管理水平的重要标志。2003 年“非典”事件对我国应对突发事件的整体能力提出挑战，同时也暴露出了各类灾难、灾害专项法在应对多部门协调协作上的短板。于是，我国公共安全的法治化进程加速，2006 年《国家突发事件总体应急预案》出台，2007 年《中华人民共和国突发事件应对法》颁布成为第一部应急管理的综合性法律。党的十八届四中全会提出了加强公共安全立法、推进公共安全法治化的要求。2020 年新冠肺炎疫情使公共安全管理的法治观念更加成熟，习近平总书记在 2020 年 2 月 5 日主持召开中央全面依法治国委员会第三次会议并发表重要讲话时强调，要在党中央集中统一领导下，始终把人民群众生命安全和身体健康放在第一位，从立法、执法、司法、守法各环节发力，全面提高依法防控、依法治理能力，为疫情防控工作提供有力法治保障。公共安全的法治观须贯穿于立法、执法、司法、守法各个环节。

其一，提升立法质量。立法是公共安全法制化进程中的首要问题，公共安全涉及面广，立法难度大，要想提升法律法规的有效性，需要不断进行统一、调整、修订。西方国家的紧急事态管理是建立在完善的法律基础之上的，澳大利亚将维护公共安全的责任落实在各州（领地），几乎所有州（领地）都制定有专门的紧急事态法，用以协调本州（领地）应对紧急事态的行动（战俊红和张晓辉，2007）。

其二，完善制度建设。公共安全立法直接影响相关制度建设的科学化水平，公共安全制度的完善与提升能够促进执法、司法的规范化。在应对公共安全突发事件时，政府主导作用以及社会、个人多主体协同作用的发挥依赖完善的制度体系，因此，应在不断健全的公共安全法律法规框架下，探索制度体系建设的创新，发挥制度优势，推动公共安全治理水平的提升。

其三，增强法治意识。法治意识的强化不应只停留在管理层，更应该下沉到基层，提升个人层面的法治意识，筑牢公共安全防御之堤。新冠肺炎疫情期间，习近平总书记在中央全面依法治国委员会第三次会议上强调，要加强疫情防控法治宣传和法律服务，组织基层开展疫情防控普法宣传，引导广大人民群众增强法治意识，依法支持和配合疫情防控工作。要加强疫情防控法律服务，加强疫情期间矛盾纠纷化解，为困难群众提供有效法律援助。

历史的车轮不断前行，公共安全的法律制度及法治水平需要不断完善与提升，面向未来的法治化的公共安全观也注定是不断发展的。

1.2 公共安全突发事件

1.2.1 公共安全突发事件的概念与特征

什么是公共安全突发事件？它有一系列相关概念。

1）事件与突发事件。《中国大百科全书·法学》（1984）将“事件”界定为“不以当事人的意志为转移而发生的事实，如出生、死亡，时间的开始、进行和结束”。突发事件，也称为公共突发事件。这一术语与英文中的 public emergency 相对应，中文相近的概念有紧急事件、紧急情况、危机事件、公共危机等。2006 年国务院颁布的《国家突发事件总体应急预案》将“突发事件”定义为“突然发生，造成或者可能造成重大人员伤亡、财产损失、生态环境破坏和严重社会危害，危及公共安全的紧急事件”。2007 年《中华人民共和国突发事件应对法》则将“突发事件”定义为“突然发生，造成或者可能造成严重社会危害，需要采取应急处置措施予以应对的自然灾害、事故灾难、公共卫生事件和社会安全事件”。两者的解释有所不同，但内涵是一致的。

2）事故与重大事故。1989 年 1 月 3 日国务院第 31 次常务会议通过的《特别重大事故调查程序暂行规定》将“特别重大事故”界定为“造成特别重大人身伤亡或者巨大经济损失以及性质特别严重、产生重大影响的事故”。

3）灾害与自然灾害。自然灾害通常指因自然因素引发的公共突发事件，诱发自然灾害的原因除了自然原因，也包括特殊情况下的人为因素，如林区未熄灭的烟头有可能导致森林火灾。《日本灾害对策基本法》将“灾害”定义为“因暴风、暴雨、大雪、洪水、满潮、地震、海啸、火山喷发等异常自然现象或大规模的火灾或爆炸及其他在破坏程度上与上述情况类似的由政令规定的原因所造成的破坏”；而“防灾”指防止灾害于未然，灾害发生后防止灾害扩大以及进行灾后恢复。而日本《受灾者生活重建支援法》直接使用“自然灾害”概念，并将其界定为“由暴风、暴雨、暴雪、洪水、满潮、地震、海啸、火山喷发等以及其他异常自然现象引起的损害”。据我国《国家自然灾害救助应急预案》，自然灾害具体包括干旱、洪涝灾害、台风、冰雹、雪、沙尘暴等气象灾害，火山、地震灾害、山体崩塌、滑坡、泥石流等地质灾害，风暴潮、海啸等海洋灾害，森林草原火灾等。

公共安全突发事件是一个涉及主体广泛、涵盖学科多元、影响广泛深远的综合性事件，具有多重特质、多元属性，从不同的角度能够凸显公共安全突发事件的不同特征。具体如下。

1.2.1.1 从事件本身的角度

（1）频发性

自然灾害、事故灾难、公共卫生事件和社会安全事件构成了我国公共安全的主要威胁，尤其近年来四类公共安全事件的发生呈现高频化特征。2019 年，我国遭受了洪涝、台风、干旱、地震、地质灾害等各类自然灾害，大陆地区共发生 20 次 5 级以上地震，其中 6 级以上地震 2 次；经历 5 个台风登陆；出现 37 次强对流天气过程；发生森林火灾 2345 起（中华人民共和国应急管理部，2020）。2018 年一季度，全国共发生各类生产安全事故 8490 起。国家卫生健康委员会疾病预防控制局发布 2018 年甲乙丙类法定传染病发病 7 770 749 例（国家卫生健康委员会疾病预防控制局，2019）。公共安全事件的频发性也决定了公共安全维护的常态化，应建立一种政府、社会、个人共同参与的常态化公共安全保障机制，使社会有机体具备防范风险的能力与应对危机的安全韧性。

（2）突发性

突发事件突然发生，通常会造成意想不到的严重社会危害。然而，公共安全事件的突发性并不意味着突发事件是“由无到有”突然发生的，而是指灾害要素突破临界值是在较短时间内发生的，由量的逐渐累积直至导致突发事件，是一个量变到质变的过程。量变往往是缓慢的，而质变往往是瞬间或短期内发生的（范维澄和刘奕，2009）。对公共安全事件突发性的认知有助于将突发事件管理的重点放在物质、能量、信息量变的过程上，由主动监测、应对取代被动接受灾难降临，由此将公共安全管理重点前置到预防与减除阶段，以减少突发事件的发生，降低损失。

(3) 隐蔽性

公共安全突发事件的隐蔽性源于两个方面。其一，事件本身的隐蔽性，公共安全事件的突发性在一定程度上导致了事件的隐蔽性。由于突发事件的能量、物质、信息在缓慢地量变过程中不易被察觉，事件的发生时间、地点具有高度不确定性，并呈现出隐蔽性的特征。其二，人的因素使事件具有“隐蔽性”。事件本身的隐蔽性可能使突发事件不易被察觉，但也存在应被察觉却被忽视的情况，即由于人的公共安全素养水平等因素限制了对公共安全风险的认知，风险未被察觉和重视。因此，在对突发事件进行防控时，除重视技术、设备等硬件的应用外，还应重视人的公共安全意识与能力等“软件”的投入，提升应对公共安全风险的整体实力。

1.2.1.2 从事件影响的角度

(1) 衍生性

突发事件在刚发生之时所属事件类型是固定的，但事态的不断发展会衍生出其他类型的公共安全事件以及一系列连锁反应，形成一个复合事件体。自然灾害、事故灾难、社会安全事件的影响具有区域性，而公共卫生事件的影响具有广泛性，相应的各类事件也具有不同程度的衍生性。以 2020 年新冠肺炎疫情为例，在发生之初仅为公共卫生事件，随着疫情的不断发展，产生疫情舆情以及各种经济类事件，导致大范围的社会危机，影响社会稳定。由于突发事件衍生性产生的广泛社会影响，单一的政府主体不能在事件衍化的各个阶段及时、有效地应对各类并发事件，应通过引导社会、个人力量参与公共安全事件管理，构建各主体协同配合、高速有效的应对体系。

(2) 耦合性

耦合性是指事物间相互关联的程度。公共安全突发事件的耦合性体现在两方面。其一，突发事件之间的耦合性。突发事件的耦合性是指突发事件和次生事件以及多种突发事件之间在扩散过程中的相互作用（郑晓娜，2012）。公共安全事件的相关性在人与自然的互动中不断增强，使得突发事件间的耦合性不断增强。其二，突发事件发生环境空间的耦合性。突发事件在发展过程中的不断扩散会不同程度地打破空间边界，同时不同地域、不同国家之间相互关联、相互依存的关系也助推事件的发展。在四类公共安全事件中，公共卫生事件在空间范围扩散效应最为显著。2003 年美国兰德公司的研究报告指出，跨国蔓延的病毒已成为国际社会及各国政府面临的严峻挑战（孙斌，2013）。事件与空间双重耦合性要求公共安全的管理具有整体性与发展性的视角。

（3）破坏性

公共安全突发事件会对社会造成严重的负面影响，其破坏性体现在两个层面上。其一，在显性层面的破坏性。仅 2018 年一季度，全国各类生产安全事故死亡 6329 人；2018 年全国因各类法定传染病死亡 23 377 人；加之每年因各类自然灾害造成的生命、财产损失，足以证明公共安全突发事件对人的生命健康、自然环境资源、社会基础设施等具有显而易见的强破坏性。其二，在隐性层面的破坏性。突发事件还对公共安全的更深层面造成破坏性的影响，如新冠肺炎疫情除对人的生命健康造成的严重的破坏以外，还使得经济生产、社会生活的正常秩序遭受严重破坏，而更深层面则是各方面压力造成安全感缺失导致的心理失序。

1.2.1.3 从事件管理的角度

（1）规律性

公共安全事件的突发性并不意味着对待突发事件的态度只能是被动接受，突发事件具有规律性。范维澄和刘奕（2009）研究发现，突发事件的发展演化具有一定的自身规律，适当的人为干预能够影响突发事件演化过程。因此，对各种类型突发事件发生的内在机理进行研究，揭示事件在发生、蔓延、衍化等不同发展阶段的规律，使突发事件的应对有章可循，更有利于公共安全管理的有效进行。例如，有关公共安全事件衍生舆情的研究表明，信息不对称现象使得公共安全事件常在蔓延期与衰退期产生衍生舆情（安璐等，2020）。这一规律的发现能够使应急管理主体充分注重突发事件中的信息公开，以及在蔓延期与衰退期实施必要的舆论引导工作，规避或控制负面舆情的产生或发展。

（2）主体多元性

公共安全事件的承灾体是非特定的多数人，因而具有多元性特征。加之公共安全事件的突发性限制政府应对措施的及时性，这就要求突发事件的管理应吸纳多元主体广泛参与。中共中央政治局 2015 年 5 月 29 日下午就健全公共安全体系进行第二十三次集体学习，习近平总书记在主持学习时强调，要坚持群众观点和群众路线，拓展人民群众参与公共安全治理的有效途径……动员全社会的力量来维护公共安全。公共安全多元治理主体能否有效协调配合，发挥重要协同作用，除依靠政策、法规的相关规定外，还需要探索积极可行的参与治理途径，给予社会、个人平台与空间，充分发挥各主体的独特优势，形成政府、社会、个人协同进行公共安全管理的有效机制，这是强化政策落地，实现政策有效性的基础。

1.2.2 公共安全突发事件中的应急决策

公共安全突发事件中的应急决策是指在突发事件发生后，决策主体为控制事态发展，减少事件造成的生命、财产损失，依据突发事件具体情境以及决策支持信息，通过经验分析形成应对策略的过程。应急决策能力是应急管理的核心能力，应急决策直接影响应急管理效能。

1.2.2.1 公共安全突发事件中应急决策的特点

公共安全突发事件的衍生性、耦合性、破坏性决定了应急决策的动态性、复杂性、紧急性，更加要求应急决策主体遵循事件的规律性，快速做出科学研判与决策控制范围，减少损失、降低影响。

（1）动态性

公共安全突发事件的应急决策是因时而变的，由于受到多维度因素的影响而呈现动态性。其一，宏观维度，应急决策受到当时应急管理相关法律法规等政策环境的影响，甚至可能受到其他国家突发事件发展态势等外部环境的影响，宏观因素对应急决策的影响相对较小。其二，中观维度，应急决策受到事件的发展演化趋势以及在各个应急管理阶段的工作重心转移的影响，同时受到应急管理技术环境的影响，技术的更新对应急决策的制定产生积极的影响。其三，微观维度，应急决策受到决策主体的经验与所获信息的完备性，决策主体之间的协作能力，以及突发事件所在地区物资储备实施情况等因素的影响，微观维度因素对决策的制定影响相对较大。因此，在事件态势的不断演化以及主客观因素的影响下，应急决策具有动态性。

（2）复杂性

公共安全突发事件应急决策的复杂性表现为事件本身演化过程、各种影响因素的复杂性以及决策主体的决策过程的复杂性。其一，随着公共安全突发事件的发展与演化，由于事件蔓延所影响的空间范围以及由事件衍化所衍生的其他类型事件，加之宏观、中观、微观的多维度影响因素，应急决策需要面对时间、空间、事件、环境等交错形成的复杂综合体。其二，由于事件所发生时的多维环境的改变，所制定的相关应急预案以及案例也仅具有参考价值，应急决策主体的协同决策具有重要意义。然而，多维度影响因素之间的相互作用关系使得应急协同决策更加复杂，难以采用计量经济模型等传统科学分析方法进行研究（王琳和王海霞，2019），这种影响的不确定性为决策增添了复杂性。

（3）紧急性

公共安全突发事件的应急决策与常规事件的决策最显著的区别在于紧急性。由于公共安全突发事件的破坏性大，可能在短时间内造成极其重大的损失，决策情境的紧急性决定了应急决策是一种非程序性决策，相关决策者必须在时间、信息、资源有限的情况下迅速拿出处置方案，将事态控制在最小范围内，损失降到最低限度（肖文涛和林辉，2010）。而在第一时间做出相对科学的决策，需要在最短的时间获得尽可能多的决策支持信息，这就需要建立一种决策支持机制，将多元决策主体的应急支持信息进行实时有效整合，提升决策信息的完备性与及时性，以支持应急决策主体动态决策的紧急性需求。

1.2.2.2 应急决策的关键要素

（1）应急决策的有效力量 —— 多元主体

从应急决策主体构成结构来看，政府体系内应急决策的主体涉及突发事件发生地的各级政府以及政府的多个部门，如发生蔓延，还涉及其他地方各级政府。政府体系外应急决策主体包括可能成为承灾体的社会群体，在公共安全事件突发时，承灾社会群体需要迅速做出决策进行第一时间响应，根据事态发展按照应急预案向上级主管部门汇报；此外，社会群体可发挥重要的决策支持作用，如图书情报机构可凭借资源优势收集、整理各类信息，相关专家智库可提供专业咨询为政府提供决策支持，从而形成跨部门、跨地区的多元主体决策力量。因此，需要健全全社会有序参与机制，实现从中央到地方政府有效协同并实现与社会基础单位有机融合，形成“强政府”与“强社会”共赢状态（张强等，2011）。

从应急决策处置程序来看，应急决策往往在第一响应力量和应急决策者的上传下达之间形成。在公共安全事件突发时，按照响应主体级别由低级到高级，地理空间由近及远的原则，在第一时间形成应急、救援第一力量，即第一响应力量。有关突发事件的“前沿信息”由第一响应力量传递给应急决策者，再由应急决策者综合各类信息源进行研判，形成应急决策传递给应急响应力量，执行应急决策展开进一步应急行动。而第一响应力量并非仅为政府主体，社会群体甚至公众也是主要构成部分。因此，应重视社会群体及公众决策能力的提升，将社会群体、公众广泛纳入决策中，通过有效的管理方式加强社会力量的参与，形成多元决策主体格局，以提高公共安全事件的整体决策水平与响应能力。

（2）应急决策的重要来源 —— 信息

信息是应急决策的前提和依据，应急决策的过程即是对相关信息进行获取、整合、分析与应用的过程，信息是应急决策中的关键要素，影响着应急决策制定的科学性、有效性。

在信息获取阶段，应急决策者需要通过各种途径获取相关信息，以提高信息完备性，减少因信息不对称导致的决策误差。“信息源—信息渠道”解释框架认为，信息的完备程度是影响决策者行为选择的关键变量之一，在应急决策过程中，信息的完备程度同时受到信息源是否清晰和信息渠道是否畅通的影响（钟开斌，2013）。在多元应急决策主体格局下，信息分散在各主体中，决策主体获取到的信息具有一定的局限性，因而信息呈现出分散性、有限性的特征。在动态的决策过程中，通过有效的信息共享机制能够提升决策主体的信息获取精准度以及主体间的信息传递速率，实现获取信息的准确性、及时性、全面性。

在信息整合阶段，应急决策主体通过信息整合技术将来自多元信息源的大量静态、动态相关信息进行有效整合，按照特定信息需求对信息进行整序、抓取，提升决策支持信息的利用效率。应急决策主体在应对突发事件的决策实践中，往往囿于主体间信息整合成本而制约了信息的整合效率。突发事件发生后，需要根据事态的发展在特定时间节点以最短时间对获取到的信息进行整合，这就要求在云技术等前沿技术支撑下，对应急决策过程的信息进行动态的管理，以降低整合成本，提高应急信息整合效率。

在信息分析与应用阶段，应急决策主体将整合的相关信息通过技术手段进行挖掘，以把握突发事件的演化规律与发展趋势，并根据既有决策经验进行研判，形成某一时间节点的应急决策。信息的分析过程也是不同决策主体在群体决策时博弈与协同的过程，旨在将多方意见进行协调并达成一致，并在突发事件动态的演化过程中保持应急决策主体的相对开放性，及时吸纳专家的决策支持信息并探索最优方案。

1.3 公共安全应急决策过程

1.3.1 公共安全应急决策过程中的重要环节

在讨论应急决策过程中的环节之前，我们需要先清楚地辨析应急管理（emergency management）与应急决策（emergency decision）的定义与范畴。应急管理是指运用科学的方法、技术、计划和管理手段，来处理可能会造成大量人员伤亡、财产损失和损害社会生活的极端事件（Drabek and Hoetmer，1991）。而应急决策是指当突发事件发生时，决策者在时间紧急、资源有限和事件不确定性高的情况下，为了尽可能减少人员伤亡、财产损失、环境破坏或社会影响，而确定采取应对方案和应急措施的过程（钟开斌，2014）。在公共安全生命周期理论的基础上，应急管理通常被认为包括预防、预备、响应和恢复四个关键阶段，每一阶段分别对应了突发事件的事前、事发、事中和事后的全过程。对于应急决策的界定，不同的学者有着不同的论述。例如，袁辉（1996）认为，应急决策特指重大突发事件“事发后”阶段中的决策活动，其过程包括：①搜集、处理信息；②明确问题、确定目标；③设计应急预案；④评价、选择应急方案；⑤组织、实施应急方案这五大环节。郭春侠等（2019）认为，制定应急决策也主要发生在应急管理的响应阶段。尽管在实际的管理过程中，这些阶段往往是重叠的，但是每一阶段中都包含了不同的环节和目标，并且成为下一阶段工作内容的重要基础。因此，应急决策更倾向于是应急管理中的一项重要组成活动，应急决策的制定是进行高效应急管理的前提和基础。

与传统的决策相比，应急决策具有决策环境复杂、决策信息不完全、决策过程时效性强、决策群体涉及多部门多领域、决策风险高、决策多阶段不确定性大等特点（蒋宗彩，2014）。应急决策的目标在于最大限度减少和减轻灾难性影响（Komazec et al.，2014），这就需要对突发事件的风险进行跨学科的研究。任何一个个体都无法具备决策所需的全部信息和知识经验，因此在决策制定的过程中还要考虑有效地传递各类相关信息。应急决策的过程本质上属于一个动态变化的信息系统，该系统不仅要及时地收集突发事件的相关数据，还要支持对大量数据的加工与利用，进而帮助决策者做出正确的决策，在短时间内迅速收获可见的效果。

Glarum 和 Adrianopoli（2020）在编写的应急管理教材中特别提到了军事应急管理理论在应急决策过程中的应用，其中就包括著名的 OODA 循环理论（图 1-6），该理论由美国空军上校约翰·博伊德（Johan Boyd）发明，他认为解决武装冲突的重要步骤包括“观察—调整—决策—行动”。基于观察，获取相关的外部信息，根据感知到的外部威胁，及时调整系统，做出应对决策，并采取相应的行动。迫于事件突发性和复杂性，用于决策的信息很难被快速地收集、理解和利用。基于该理论构建的决策模型也就广泛应用于其他公共安全突发事件的应急决策过程中。

Lindell 等（2016）认为制定应急决策的过程包括：计划活动，提供积极的工作环境，分析情况，获取资源，选择策略。Walker（2019）提出突发事件应急决策的六步法：①情况识别（明确问题）；②收集信息；③接纳出色广泛的领导队伍；④形成多种替代方案；⑤选择最优方案；⑥执行决策并评估结果。

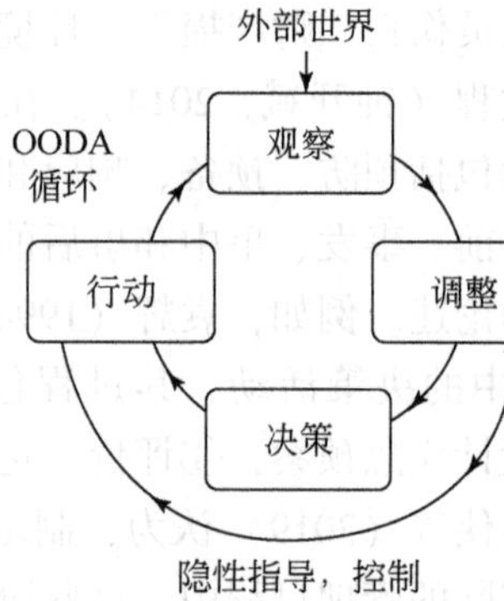

图 1-6　OODA 循环理论

资料来源：Glarum and Adrianopoli（2020）

刘霞和严晓（2011）在构建应急决策机制模型时，提及了情境表征、风险认知、经验提取、信息参照、研判互动、政治考量、策略生成和风险选择八个重要环节。钟开斌（2008）认为，信息是应急决策的重要基础和核心要素，而应急决策实质上是一个信息处理和交流的系统，所以在考虑应急决策过程的环节时主张采取信息流的思维框架。综上，我们将公共安全应急决策的过程，总结为以下五个环节。

1.3.1.1　情境识别

对应急决策的情境进行感知和识别，准确认识到突发事件亟须解决的问题是成功进行应急决策的第一步。在这个环节中，作为决策的制定者，首先要感知到当前发生的紧急情况，对事件本身和所处的周边环境进行监视与评估，了解采取不同的手段和技术对解决该事件意味着什么，此外还需将不断变化的情况投影到未来的发展趋势中，对公共安全的未来状态进行预判。

情境的识别在决策过程中起着至关重要的作用，它往往决定了整个应急决策和突发事件解决的趋势。但是，该环节并不容易，决策的制定者需要丰富的应急决策经验，但因为人类的知识接受范围始终是有限的，而且突发事件的情况具有高度复杂性和不确定性，我们始终不能对周围发生的一切全部掌握，所以就需要进行科学的调查与分析来弥补这一不足。

1.3.1.2　信息收集

在做出决定之前，决策的制定者必须收集所有基本细节信息。在紧急情况下，数据的收集要尽量做到迅速，任何延迟都可能导致更多问题。在有效的决策过程中，可以通过多种途径收集信息。

首先，向合适的群体询问。在对问题情境初步识别的基础上，确定该事件最先影响的受众范围以及掌握相关知识的专家群体。以网络安全紧急情况为例，可以向信息技术专家和网络管理员询问违规行为的产生方式以及可能造成这种情况的原因。

其次，作为应急决策的成员，还需要更深入地挖掘信息。询问来自不同部门的不同人。使用网络安全紧急情况的示例，询问其他部门的员工，直到完全获得所需的信息为止。如果只在单个部门甚至是只通过单一渠道获取相关信息，可能会造成后续分析阶段产生信息支撑不足的情况。决策制定者在不完全的信息支撑下，可能会做出非理性的决策，甚至会造成公共安全突发事件的恶化。

再次，解决公共安全突发事件需要流畅和有效的沟通。当前决策部门间经常存在信息共享困难，信息权限不明的问题。收集到的事件信息不能够快速、完整地传递到决策制定者手中，因此严重影响了对事态发展的总体、正确的判断，也同时造成了信息收集的成本损失。打通纵向和横向的信息渠道，在部门内部做到"下情上传"，在地区间、组织间、部门间加强信息共享。

最后，公共安全突发事件的信息收集不应该仅限于每次事件发生时才展开，而是应该对每一次的事件解决收集到的相关数据和结果进行整理储存，形成突发事件应急决策数据库。制定应急决策的人员组成具有流动性，但突发事件是具有可借鉴经验的，因此形成可供查找利用的知识库，能够有效缓解突发事件信息收集的时间压力，缩短信息收集路径，提高应急决策效率。

1.3.1.3 环境分析

根据已经收集到的相关数据和信息，决策制定者要分析该事件潜在的危害对公共安全的影响。主要考虑四个因素。

（1）明确安全目标

确定安全目标是应急决策的前提，制定者要明确在当前突发事件环境下，通过一系列措施的实施后，希望达到的结果。目标的制定要便于方案实施者理解，且建立在当前资源基础和实施者的能力范围之内。

（2）界定影响范围

在事件发生前或是刚刚发生时，决策制定者要快速界定出该事件对公共安全造成影响的程度和影响的范围。以自然灾害为例，此次灾害会造成多大程度上的基础设施的损坏，损坏的数量估计在怎样的范围内，在此灾害区域内的人员组成是怎样的，确定不同的群体是如何暴露在危险中的。例如，有些人可能住在被台风摧毁的房子里，有些人可能因洪水无法进行正常的通勤活动。

(3) 评估已有资源

最能体现应急方案中资源保障的例子是，在突发事件发生后当地医院是否有足够的救助空间和人员。评估资金、专门知识和设备、时间和努力以及社会合作方面所需的资源。与企业、政府机构官员等机构保持联系，确定他们是否有采取应对当前危机的能力和承诺。

(4) 厘清措施优先级

在现实情况中，囿于人力、物力、财力的限制，我们不可能照顾到突发事件中的方方面面，损失是在所难免的，但是决策制定者可以通过对事件影响的程度进行排序，确定问题解决的优先级。先解决主要问题和危害影响严重的问题。

1.3.1.4 应急方案形成

应急方案的内容要考虑当地法律法规的背景，实际风险的分析和当地应急能力的情况。在设计和形成应急方案时，应该提供多个可供替换的可行性预案，用以评价和选择。目前最常用的预案形成方法被称为“基于模板的规划”（planning with templates）方法，指用于解决某类典型问题的标准化操作步骤（Dyer et al., 2005）。目前，我国各级政府、组织、企业制定了各种应急预案，初步建立了预案体系，但大多以非结构化或半结构化文字描述，难以根据原始应急态势自动生成应急处置方案（曾伟等，2009）。

1.3.1.5 方案实施与评估

在决策制定者选出最优应急方案后，必须迅速做出行动，集中调配所需人力、物力和财力，保证所选方案的落实。在方案实施的过程中还要保持实时的追踪与反馈，对行动及时做出调整和完善。方案实施结束后还要进行总结及评价，为未来的应急决策活动提供借鉴和经验。

1.3.2 公共安全应急决策过程控制

要做到有效的公共安全应急决策，还需要对决策的全过程进行控制。对其过程的控制基于制定决策所需经历的重要环节以及其中的影响要素，1.3.1 节已经详细讨论了决策的各个环节，而其中的影响要素无外乎外部分析环境和内部决策组织的信息、人员、物资、时间。①信息：应急决策在形成前需要大量的信息支持。②人员：制定应急决策的过程中要保证人员的充足和实施方案的能力。③物资：决策方案的实施要依靠充足的物质保障。④时间：应急决策方案具有极高的时效性。

在对应急决策过程中的各个环节和要素进行严格把控之外，还需要建立一套完整的过程控制体系。以美国的应急决策体系为例，早在1979年就成立了联邦紧急事务管理局（Federal Emergency Management Agency，FEMA），作为负责突发事件应急管理过程的专门机构。通过法律的制定，确立以国土安全部为中心，下分联邦、州、县、市、社区五个层次的应急和响应机构，实施统一管理。此外，韩传峰等（2009）分析出在突发事件应急决策系统内部还存在着反馈机制、耦合机制以及应急决策的动态调整机理。我们认为应急决策管理的主要方式包括：建立健全法律制度；形成权责分明的决策机构；制定决策过程标准；疏通评价反馈渠道。

1.3.2.1 建立健全法律制度

一是建立健全应急决策参与和听证制度。我国从1998年开始试行决策听证制度，2000年7月1日生效的《中华人民共和国立法法》第三十四条规定："列入常务委员会会议议程的法律案，法律委员会、有关的专门委员会和常务委员会工作机构应当听取各方面的意见。听取意见可以采取座谈会、论证会、听证会等多种形式。"2002年11月，党的十六大报告首次明确提出："要广泛建立听证制度。"温家宝在十届人大二次会议的《政府工作报告》中指出："要进一步完善公众参与、专家论证和政府决策相结合的决策机制，保证决策的科学性和正确性。加快建立和完善重大问题集体决策制度、专家咨询制度、社会公示和社会听证制度、决策责任制度。"党的十八大报告提出："坚持科学决策、民主决策、依法决策，健全决策机制和程序，发挥思想库作用，建立健全决策问责和纠错制度。"党的十九大报告进一步指出："扩大人民有序政治参与，保证人民依法实行民主选举、民主协商、民主决策、民主管理、民主监督；维护国家法制统一、尊严、权威，加强人权法治保障，保证人民依法享有广泛权利和自由。巩固基层政权，完善基层民主制度，保障人民知情权、参与权、表达权、监督权。健全依法决策机制，构建决策科学、执行坚决、监督有力的权力运行机制。"在应急决策方面，要贯彻这一精神，优化人民群众广泛参与的决策制度保障，提高公众对应急决策的参与意识和参与能力。

二是建立健全应急信息公开制度。2000年12月，《中共中央办公厅国务院办公厅关于在全国乡镇政权机关全面推行政务公开制度的通知》，对县政府的政务公开提出了要求。2004年3月，国务院印发《全面推进依法行政实施纲要》，把政府信息公开作为推进依法行政、建设法治政府的重要内容。2008年5月起施行的《中华人民共和国政府信息公开条例》规定了政府信息公开的基本要求、公开的主体、主动公开的范围、依申请公开制度不予公开的范围、公开的方式和程序以及监督保障措施等内容。该条例第八条规定，“行政机关公开政府信息，不得危及国家安全、公共安全、经济安全和社会稳定”。第十条规定县级以上各级人民政府及其部门应当依照本条例第九条的规定，在各自职责范围内确定主动公开的政府信息的具体内容，在规定的十一项中有两项涉及公共安全：“突发公共事件的应急预案、预警信息及应对情况”“环境保护、公共卫生、安全生产、食品药品、产品质量的监督检查情况”。今后，要进一步加强应急信息公开工作，在政府信息公开制度基础上建立专门的公共安全信息公开制度，保障公众的应急知情权，促进公众参与国家和地方的应急决策。

林鸿潮（2009）认为，我国当前重点应完善应急指挥机构、应急保障体系和现场应急决策三方面的法律制度。由于应急决策属于应急管理的核心活动，因此也就直接影响着对突发事件处理的成败。而且应急决策的整个过程时间紧迫，信息收集不完全，极可能造成决策主体的权责推卸，决策程序的混乱以及决策结果的非理性。作为全球较早制定应急管理基本法的国家之一，日本制定的《灾害对策基本法》明确规定了国家、中央政府、社会团体和全体公民等不同群体的责任。我国虽在 2007 年颁布施行了《中华人民共和国突发事件应对法》，但在应急决策的法制保障上，仍然有较大空白。

1.3.2.2　形成权责分明的决策机构

应急决策机构包括政府系统的应急决策机构和政府系统以外的应急决策机构。政府系统的应急决策机构又分为中央政府应急决策机构和地方政府应急决策机构。政府系统以外的应急决策机构一般不隶属于任何政府部门，可以相对独立地开展研究项目，其政策研究课题和范围更为广泛性和带有综合性。这类机构还可以分为四种类型：一是国家经营的或主要由国家直接资助的各种研究机构，其经费主要由政府提供；二是独立的研究机构，其经费主要由社会团体、基金会资助；三是大学研究机构，专门开展公共安全和应急管理研究，其经费主要由大学提供；四是民间社团，承担应急研究课题，发挥行业应急决策作用，其经费来源于会员和各种资助，如经过民政局登记认可的民间自发组织的学会、协会等。

应对公共安全突发事件需要多机构、多部门的协调与配合。我国目前的应急管理部门在垂直体系上较为完备，能够高效地做到上下游决策的传达，但各部门的横向职责分工不明确，在信息交换共享、物资合理分配上有待加强。蔡立辉和董慧明（2018）认为应急管理活动的高效运转，有赖于国家和省两级政府层面的应急管理部门内部应急决策权、执行权的划分。决策权应该由更高级的政府部门统一行使，下一级政府再根据各项政策的具体内容设立不同的执行机构。

1.3.2.3 制定决策过程标准

标准（含标准样品）是指农业、工业、服务业以及社会事业等领域需要统一的技术要求。标准包括国家标准、行业标准、地方标准和团体标准、企业标准。其中，国家标准又分为强制性标准、推荐性标准，行业标准、地方标准是推荐性标准。1988 年12 月29 日第七届全国人民代表大会常务委员会第五次会议通过了《中华人民共和国标准化法》，2017 年 11 月 4 日第十二届全国人民代表大会常务委员会第三十次会议对这一法律进行了修订。这一法律规定县级以上人民政府应当将标准化工作纳入本级国民经济和社会发展规划，而且，国家鼓励企业、社会团体和教育、科研机构等开展或者参与标准化工作，国家积极推动参与国际标准化活动，开展标准化对外合作与交流。

2019 年 7 月 7 日，我国应急管理部发布《应急管理标准化工作管理办法》，该办法主要针对应急工作程序、职责管理、标准制定周期以及标准实施复审工作等问题。虽然我国的应急管理标准化工作已经取得了初步进展，但目前还未形成覆盖全面、内容适用性高的应急管理标准体系，尤其是在应急决策环节。目前，标准立项难、标准制定周期长等问题严重影响着应急决策工作的质量和水平。此外，我国还应加强应急决策标准与国际标准的接轨，受全球化影响，突发事件对公共安全的影响范围已经不再仅限于国内。以 2020 年新冠肺炎疫情的暴发为例，在对疫情的防御和管控上，除了要考虑国内的本土病例，还要严防境外输入病例，因此在应急方案的制定上也要充分考虑国际公共卫生安全事件的应对惯例和标准。

1.3.2.4 疏通评价反馈渠道

应急决策评价是保障决策科学化的有效措施。一个足够满意的应急决策标准所要求的是：决策目标的实现有助于迅速改善公共安全问题，快速处理突发事件，保障社会各行业有效运行，及时处理与公共安全相关的某些方面的状况而不损害整体利益；政府和应急管理者对实现决策目标的主客观条件已做了充分的分析与利用；政府和应急管理者最终选定的决策方案被各方认可并最终证明是最优的。

即使是一个优化方案，在执行过程中，由于主客观情况的变化，可能发生这样那样与目标偏离的情况。因此，必须做好应急决策反馈和追踪检查工作，主要是要准确、及时地把方案实施过程中出现的问题、执行情况的信息，输送到决策机构，以进行追踪检查。

韩传峰等（2009）在对应急决策系统的相关研究中发现，决策过程中每一子系统和环节间都是存在信息反馈的。这也就意味着决策的制定需要打通各个环节间的信息反馈渠道，并对反馈及时做出响应。最后在应急决策方案形成并采取实施后，还要对方案实施的效果进行评价，便于将总结的相关数据和经验应用到下一次突发事件的应急管理活动中。

1.4 公共安全应急决策支持

公共安全突发事件发生突然、危害严重，需要应急决策者迅速做出科学的决策，而科学的决策需要突发事件相关数据、信息与知识的支持，应急知识管理人员通过应急数据、信息与知识的分析与应用，掌握突发事件的全貌，为决策者提供决策背景知识。

1.4.1 公共安全应急决策支持的作用

公共安全应急决策能够帮助决策者精简应急决策流程、精准配置应急资源、降低决策环境的复杂性、提升应急决策科学性。

1.4.1.1 精简决策审批流程

决策大数据改变了传统经验决策依靠决策者经验，并需要经过层层审批的应急决策流程，实现了决策流程再造。政府、军队、武警、医院、红十字会等应急组织与机构可以依靠突发事件的相关数据、信息与知识全面认识突发事件，从而采取相关措施，通过大数据的分析预测得到解决问题的知识与方案，通过技术手段实现信息的快速沟通，减少层层传达、层层审批的决策程序，为公共安全突发事件的应急救援争取时间。

1.4.1.2 精准配置应急资源

公共安全突发事件，特别是地区性、全国性的重大突发事件发生后，常常会出现应急资源紧缺的问题，如2020年新冠肺炎疫情的全国性暴发，导致全国范围内口罩、消毒用品、抗病毒药品一度非常紧缺，因此按需调动应急人员、合理配置应急物资非常重要。这就要求决策者充分了解各个地区的受灾情况，精准配置应急资源，为受灾民众生活、就医提供保障，这不仅能有效整合应急救援力量与市政服务资源，还能降低民众对突发事件的恐慌，建立全国上下一心，众志成城，共同应对公共安全危机的统一战线。

1.4.1.3 降低决策环境复杂性

工业和制造业高速发展带来的环境问题，过度追求经济效应而忽视的安全生产问题，社会转型发展带来的观念冲突与矛盾激化问题，造成了突发公共安全事件的频繁发生，也导致了突发事件类型复杂多样，充满了不确定性，因此突发公共安全事件的防范与救援需要突发事件所处的环境信息、突发事件的相关数据参数。如果能够充分掌握突发事件的相关数据与信息，就能够充分挖掘突发事件的前因后果，从源头把握突发事件的过程，降低决策环境的复杂性，为科学应对公共安全突发事件提供支持。

1.4.1.4 提升应急决策科学性

决策数据、信息与知识提高了决策过程的透明程度，为应急决策者全面了解突发事件，依靠数据而不是经验进行决策提供了支持。经验决策依靠决策者头脑中的经验知识以及决策者对突发事件的主观理解做出判断，美国管理学家西蒙在有限理性理论中提出，当个体在进行决策的时候，他们的理性水平受到他们所掌握的信息、他们的认知水平以及进行决策时所拥有时间的限制（刘阳，2015）。每个决策者能够掌握的决策知识都是部分的、片面的，而应急决策又要求决策者在短时间内迅速做出正确有效的决策。因此，应急决策中要充分发挥大数据的分析与预测作用，提升决策的科学性。

1.4.2 决策大数据支持

大数据（big data）既是一种新的理念，也是一种新的技术。进入大数据时代，大数据在迅速改变各行各业，也在改变人们的生活，对于决策支持也发挥着越来越重要的作用。

大数据技术应用领域广泛。美国国家海洋和大气管理局运用大数据的方法助力气候、生态系统、天气和商业研究，美国国家航空航天局使用大数据从事航空航天研究。在大数据的帮助下，制药公司和能源公司已在药物测试和地理分析方面得到实际效益。《纽约时报》利用大数据工具进行文本分析和 Web 挖掘；迪士尼公司则分析了旗下所有店铺、主题公园和网站的数据，试图发现数据间的关联性，进而理解用户行为。

大数据改变了传统应急决策的依据、时效、方法、范围与过程，充分发挥数据中蕴含的价值，建立了民众参与应急决策的渠道。

1.4.2.1 提供科学决策依据

根据《数字化世界——从边缘到核心》白皮书，到2025年，全球数据圈将从2018年的33ZB增值到2025年的175ZB，其中80%为非结构化数据，这些数据来自收集气候信息的传感器、社交媒体网站、网络上传的数字照片和视频、电子商务交易记录、手机GPS信息等。全球最大的硬盘制造商希捷公司估计2025年的数据量将达到163 ZB，约是2016年的16.1 ZB的10倍。2017年，希捷公司首席执行官Steve Luczo表示：新的研究表明大数据时代已经来临，但目前我们远远低估了数据蕴含的巨大潜在价值。每一次公共安全突发事件都会形成海量数据，数据量很容易就积累到TB（10^{12}B）级甚至跃升至PB（10^{15}B）级。与以往决策所用的抽样数据和典型案例材料相比，大数据的海量性（或规模性）（volume）特征将有利于提高决策的科学性。

应急大数据中包含了决策所需的突发事件背景信息、环境信息、民众智慧，能够为科学决策提供数据来源与决策依据，但是这些数据以声音、图像、视频等多种方式呈现，数据的结构化程度较低，因此应急知识管理人员需要通过数据抽取转换、数据挖掘、语义分析等过程获取信息，更加注重利用数据间的相关关系，从而使决策由传统结构化决策转变为非结构化决策，增加决策的科学性与可靠性（李桥铭，2017）。

1.4.2.2 缩短应急决策时效

大数据对时效性要求很高，公共安全突发事件通常需要在短时间内高速、流畅地处理源源不断产生或者流入政府的海量数据，方能最大化地显现出大数据的决策价值，因此，大数据的时效性（或高速性）（velocity）特征将改变原来决策过程漫长的弊端，有利于缩短应急决策时效。

公共安全突发事件往往具有起因复杂、影响广泛、危害重大的特点，需要政府以及相关人员的快速反应与迅速决策，以减轻突发事件的损害与影响。决策时间越短，获知突发事件的信息越早，越能够控制突发事件的涉及范围，减少突发事件给社会与民众带来的伤害。决策大数据为公共安全事件的应急决策提供了科学的决策依据，通过对大数据的分析与挖掘可以提前获知可能发生的公共安全事件，将公共安全突发事件的事中处置提前到事前防控，并及时对民众发出预警，提醒民众做好安全防护措施，科学应对突发事件。

1.4.2.3 优化传统决策方法

大数据不仅数据量大，而且可以对海量的数据进行纯度提炼和价值发掘，大数据的精确性（或真实性）（veracity）特征避免了庞杂的数据可能会导致的误读或统计误差，有利于优化传统决策方法。

公共安全突发事件的传统应急决策方法是决策者根据头脑中的经验知识以及了解到的片面知识做出决策。而大数据决策方法是指决策者利用大数据分析工具，对公共安全突发事件的大数据进行分析与挖掘，得到科学应对突发事件的信息与知识，从而正确把握突发事件的走势，控制突发事件的影响和传播范围。

1.4.2.4 拓宽决策参与范围

大数据冲破了结构化数据的局限，不仅包括结构化数据，还覆盖了如文本、音频、视频、点击流、日志文件等各种类型的非结构化数据。与以往决策的信息范围难以完整覆盖、涉及面较小相比，大数据的多样性（variety）特征将进一步拓宽决策参与范围，增强决策参与的代表性，从小样本向全样本发展。

公共安全突发事件的发生往往涉及各行各业，影响社会中的每一位公民，对于突发事件的防控与救助也不仅仅是政府与救援组织的事情，还需要广大群众的智慧与力量。只有社会公众的广泛参与，才可以拓宽决策参与的范围，提高决策的科学性。大数据决策为民众参与公共安全突发事件的决策提供了渠道，以民众大数据作为决策大数据的来源，通过分析民众大数据来了解突发事件的前因后果，并通过集合民众智慧，为突发事件的科学预防与有效控制提供方案。

1.4.2.5 应急决策流程再造

大数据支持决策相比于传统的经验决策，更加开放与透明。通过数据在系统中的实时共享实现数据、信息与知识的交换沟通比传统的人员之间交换信息更加高效、快捷与准确。大数据决策精简了决策流程，但是大数据本身是杂乱的，需要处理和分析。大数据的价值性（value）特征使大数据具有分析价值、开发价值和应用价值。大数据应用于公共危机事件决策的分析过程大致经历数据创建和收集、数据可用性和质量识别、数据分析、数据分析输出、数据分析存储和处理五个阶段（李进华，2020）。

1.4.3 决策信息支持

按照现代决策体制，应急决策一般由五大系统组成，即应急决策系统、应急智囊系统、应急信息系统、应急执行系统和应急监督系统。应急信息系统是设立在各级应急决策系统周围，专门搜集、统计、储存、检索、传布、显示有关情报资料信息的组织机构。它一般有四个基本环节，即应急信息的获取、处理、储存和传输。决策的每个步骤和环节都离不开应急信息系统。整个应急决策过程可以说是应急信息输入、转换和输出的过程。

公共安全突发事件的初始决策信息、过程决策信息与事后汇总决策信息描述了突发事件的前因后果及全过程，是决策者做出决策时不可或缺的信息源。

1.4.3.1 初始决策信息

初始决策信息包括公共安全事件的发生时间、地理位置、伤亡人数、财产损失、社会影响、后果、事件过程等信息。初始决策信息描述突发事件发生的时间地点以及事件的前因后果，帮助决策者提供突发事件的轮廓信息，并对突发事件发生造成的人员伤亡以及财产损失进行初步的报告，便于决策者评估突发事件的严重程度，做出科学的救援决策。

1.4.3.2 过程决策信息

过程决策信息包括核实数据、影响范围、危害程度、处置措施、事件进展、保障情况等基本信息。公共安全突发事件的相关信息并非一成不变的，而是会随着突发事件的进展不断更新、变化，决策者应当及时了解突发事件的进展情况，掌握突发事件最新信息，如突发事件目前造成了什么危害，救援措施是否得当，资源保障是否充沛等。

1.4.3.3 事后决策信息

事后决策信息包含事件基本情况、目前情况、处置情况、下步工作（包括恢复、重建及评估）等内容。公共安全突发事件的影响及危害并不会随着突发事件的结束而消失。因此，突发事件过后，应当对突发事件的各种信息进行整理汇总，为决策者制定下一步的工作计划，消除突发事件的社会影响，开展突发事件后的恢复重建工作提供依据。

公共安全突发事件所需要的决策信息除上述三类关键信息外，还需要大量的相关信息。以公共卫生事件决策为例，除需要公共卫生事件生命周期的信息支持决策外，还需要相关的卫生健康事业信息。国家卫生健康委员会发布的《2019年我国卫生健康事业发展统计公报》不仅反映了全国卫生资源、医疗服务、基层卫生服务、中医药服务、病人医药费用、妇幼卫生与健康老龄化、食品安全与卫生监督、人口家庭发展的总体情况，而且有疾病控制与公共卫生的统计信息，包括传染病报告发病和死亡的情况（表 1-2 和表 1-3），这些信息都可以作为 2020 年抗疫决策的重要参考。

表 1-2　2019 年全国甲乙类传染病报告发病及死亡数

病名	发病例数		死亡人数	
	2018 年	2019 年	2018 年	2019 年
总计	3 063 049	3 072 338	23 174	24 981
鼠疫	0	5	0	1
霍乱	28	16	0	0
传染性非典型肺炎	0	0	0	0
艾滋病	64 170	71 204	18 780	20 999
病毒性肝炎	1 280 015	1 286 691	531	575
脊髓灰质炎	0	0	0	0
人感染高致病性禽流感	0	0	0	0
麻疹	3 940	2 974	1	0
流行性出血热	11 966	9 596	97	44
狂犬病	422	290	410	276
流行性乙型脑炎	1 800	416	135	13
登革热	5 136	22 188	1	3
炭疽	336	297	3	1
细菌性和阿米巴性痢疾	91 152	81 075	1	1
肺结核	823 342	775 764	3 149	2 990
伤寒和副伤寒	10 843	9 274	2	0
流行性脑脊髓膜炎	104	111	10	6
百日咳	22 057	30 027	2	2
白喉	0	0	0	0
新生儿破伤风	83	65	4	5
猩红热	78 864	81 737	0	0
布鲁氏菌病	37 947	44 036	0	1
淋病	133 156	117 938	1	0
梅毒	494 867	535 819	39	42
钩端螺旋体病	157	214	1	2
血吸虫病	144	113	0	0
疟疾	2 518	2 487	6	19
人感染 H7N9 禽流感	2	1	1	1

资料来源：2019 年我国卫生健康事业发展统计公报，http://www.nhc.gov.cn/guihuaxxs/s10748/202006/ebfe31f24cc145b198dd730603ec4442.shtml

表 1-3　2019 年全国丙类传染病报告发病及死亡数

病名	发病例数		死亡人数	
	2018 年	2019 年	2018 年	2019 年
合计	4 707 700	7 172 169	203	304
流行性感冒	765 186	3 538 213	153	269
流行性腮腺炎	259 071	299 961	0	0
风疹	3 930	32 539	0	0
急性出血性结膜炎	38 250	41 439	0	0
麻风病	225	233	0	0
斑疹伤寒	971	1173	0	0
黑热病	160	151	0	0
包虫病	4 327	4 003	0	2
丝虫病	0	0	0	0
其他感染性腹泻病	1 282 270	1 335 627	15	13
手足口病	2 353 310	1 918 830	35	20

资料来源：2019 年我国卫生健康事业发展统计公报，http://www.nhc.gov.cn/guihuaxxs/s10748/202006/ebfe31f24cc145b198dd730603ec4442.shtml

1.4.4　决策知识支持

应急决策知识是各种显隐性应急知识的总和，能够为决策者提供应急决策方案与智慧，是应急大数据与应急信息经过提炼总结后的成果。

1.4.4.1　事实性决策知识支持

事实性决策知识包含法律法规知识和其他知识，如突发事件案例知识、应急预案知识、相关研究资料、专家经验知识，能够为公共安全突发事件应急决策提供事实依据。

(1) 法律法规知识

突发事件相关法律法规知识将公共安全突发事件的处理上升到法律制度层面，为突发事件的防控与救援提供法律保障。从应急知识管理角度，公共安全应急管理的法律体系包括紧急状态法、戒严法、灾害应急法、防震减灾法、传染病防治法、灾害事故防治法、自然灾害防治法、地质灾害防治条例等。

1）我国的相关重要法律法规有：

我国宪法中对于紧急状态做出规定。《中华人民共和国宪法》第六十二条全国人民代表大会行使下列职权：（十五）决定战争和和平的问题。第六十七条 全国人民代表大会常务委员会行使下列职权：（十九）在全国人民代表大会闭会期间，如果遇到国家遭受武装侵犯或者必须履行国际间共同防止侵略的条约的情况，决定战争状态的宣布；（二十）决定全国总动员或者局部动员；（二十一）决定全国或者个别省、自治区、直辖市进入紧急状态。第八十条中华人民共和国主席根据全国人民代表大会的决定和全国人民代表大会常务委员会的决定，公布法律，任免国务院总理、副总理、国务委员、各部部长、各委员会主任、审计长、秘书长，授予国家的勋章和荣誉称号，发布特赦令，宣布进入紧急状态，宣布战争状态，发布动员令。第八十九条国务院行使下列职权：（十六）依照法律规定决定省、自治区、直辖市的范围内部分地区进入紧急状态。

《中华人民共和国香港特别行政区基本法》第十八条第四款：全国人民代表大会常务委员会决定宣布战争状态或因香港特别行政区内发生香港特别行政区政府不能控制的危及国家统一或安全的动乱而决定香港特别行政区进入紧急状态，中央人民政府可发布命令将有关全国性法律在香港特别行政区实施。

《中华人民共和国澳门特别行政区基本法》第十八条第四款：在全国人民代表大会常务委员会决定宣布战争状态或因澳门特别行政区内发生澳门特别行政区政府不能控制的危及国家统一或安全的动乱而决定澳门特别行政区进入紧急状态时，中央人民政府可发布命令将有关全国性法律在澳门特别行政区实施。

关于自然灾害应急方面的重要法律法规有：

《中华人民共和国防洪法》，1997年8月29日第八届全国人民代表大会常务委员会第二十七次会议通过，2009年8月27日第十一届全国人民代表大会常务委员会第十次会议第一次修正，2015年4月24日第十二届全国人民代表大会常务委员会第十四次会议第二次修正，2016年7月2日第十二届全国人民代表大会常务委员会第二十一次会议第三次修正，共八章六十五条，1998年1月1日起施行。

《中华人民共和国防汛条例》，1991年7月2日中华人民共和国国务院令第86号公布，根据2005年7月15日《国务院关于修改〈中华人民共和国防汛条例〉的决定》第一次修订，根据2011年1月8日《国务院关于废止和修改部分行政法规的决定》第二次修订，共八章四十九条，自发布之日起施行。

《中华人民共和国防震减灾法》，1997年12月29日第八届全国人民代表大会常务委员会第二十九次会议通过，2008年12月27日第十一届全国人民代表大会常务委员会第六次会议修订，共九章九十三条，2009年5月1日起施行。

《破坏性地震应急条例》，1995 年 2 月 11 日中华人民共和国国务院令第 172 号发布，根据 2011 年 1 月 8 日《国务院关于废止和修改部分行政法规的决定》修订，共七章三十九条，1995 年 4 月 1 日起施行。

《地震预报管理条例》，1998 年 12 月 17 日中华人民共和国国务院令第 255 号发布，共六章二十四条，自发布之日起施行。1988 年 6 月 7 日国务院批准、1988 年 8 月 9 日国家地震局发布的《发布地震预报的规定》同时废止。

《地震安全性评价管理条例》，2001 年 11 月 15 日中华人民共和国国务院令第 323 号公布，根据 2017 年 3 月 1 日《国务院关于修改和废止部分行政法规的决定》第一次修订，根据 2019 年 3 月 2 日《国务院关于修改部分行政法规的决定》第二次修订，共七章十九条，2002 年 1 月 1 日起施行。

《森林防火条例》，1988 年 1 月 16 日国务院公布，2008 年 11 月 19 日国务院第 36 次常务会议修订通过，2008 年 12 月 1 日中华人民共和国国务院令第 541 号公布，共六章五十六条，2009 年 1 月 1 日起施行。

《中华人民共和国气象法》，1999 年 10 月 31 日第九届全国人民代表大会常务委员会第十二次会议通过，2009 年 8 月 27 日第十一届全国人民代表大会常务委员会第十次会议第一次修正，2014 年 8 月 31 日第十二届全国人民代表大会常务委员会第十次会议第二次修正，2016 年 11 月 7 日第十二届全国人民代表大会常务委员会第二十四次会议第三次修正，共八章四十五条；2000 年 1 月 1 日起施行，1994 年 8 月 18 日国务院发布的《中华人民共和国气象条例》同时废止。

《气象设施和气象探测环境保护条例》，2012 年 8 月 29 日中华人民共和国国务院令第 623 号公布，根据 2016 年 2 月 6 日《国务院关于修改部分行政法规的决定》修订，共二十六条，2012 年 12 月 1 日起施行。

《自然灾害救助条例》，2010 年 7 月 8 日中华人民共和国国务院令第 577 号公布，根据 2019 年 3 月 2 日《国务院关于修改部分行政法规的决定》修订，共七章三十五条，2010 年 9 月 1 日起施行。

关于事故灾难应急方面的重要法律法规有：

《中华人民共和国矿山安全法》，1992 年 11 月 7 日第七届全国人民代表大会常务委员会第二十八次会议通过，2009 年 8 月 27 日第十一届全国人民代表大会常务委员会第十次会议修正，共八章五十条，1993 年 5 月 1 日起施行。

《核电厂事故应急管理条例》，1993 年 8 月 4 日中华人民共和国国务院令第 124 号发布，根据 2011 年 1 月 8 日《国务院关于废止和修改部分行政法规的决定》修订，共八章四十二条，自发布之日起施行。

《中华人民共和国道路交通安全法》，2003 年 10 月 28 日第十届全国人民代表大会常务委员会第五次会议通过，2007 年 12 月 29 日第十届全国人民代表大会常务委员会第三十一次会议第一次修正，2011 年 4 月 22 日第十一届全国人民代表大会常务委员会第二十次会议第二次修正，2021 年 4 月 29 日第十三届全国人民代表大会常务委员会第二十八次会议作出修改，共八章一百二十四条，2004 年 5 月 1 日起施行。

《铁路安全管理条例》，2013 年 7 月 24 日国务院第 18 次常务会议通过，2013 年 8 月 17 日中华人民共和国国务院令第 639 号公布，共八章一百零八条；2014 年 1 月 1 日起施行，2004 年 12 月 27 日国务院公布的《铁路运输安全保护条例》同时废止。

《中华人民共和国海上交通安全法》，1983 年 9 月 2 日第六届全国人民代表大会常务委员会第二次会议通过，2016 年 11 月 7 日第十二届全国人民代表大会常务委员会第二十四次会议修正，2021 年 4 月 29 日第十三届全国人民代表大会常务委员会第二十八次会议修订，共十章一百三十二条，自 2021 年 9 月 1 日起施行。

《中华人民共和国安全生产法》，2002 年 6 月 29 日第九届全国人民代表大会常务委员会第二十八次会议通过，2009 年 8 月 27 日第十一届全国人民代表大会常务委员会第十次会议第一次修正，2014 年 8 月 31 日第十二届全国人民代表大会常务委员会第十次会议第二次修正，2021 年 6 月 10 日第十三届全国人民代表大会常务委员会第二十九次会议修改通过，2021 年 9 月 1 日起施行。

《生产安全事故应急条例》，2018 年 12 月 5 日国务院第 33 次常务会议通过，2019 年 2 月 17 日中华人民共和国国务院令第 708 号公布，共五章三十五条，2019 年 4 月 1 日起施行。

关于公共卫生事件应急方面的重要法律法规有：

《中华人民共和国传染病防治法》，1989 年 2 月 21 日第七届全国人民代表大会常务委员会第六次会议通过，2004 年 8 月 28 日第十届全国人民代表大会常务委员会第十一次会议修订，2013 年 6 月 29 日第十二届全国人民代表大会常务委员会第三次会议修正，共九章八十条，2004 年 12 月 1 日起施行。

《中华人民共和国传染病防治法实施办法》，1991 年 10 月 4 日国务院批准，共七章七十六条，1991 年 12 月 6 日卫生部令第 17 号发布施行。

《中华人民共和国动物防疫法》，1997 年 7 月 3 日第八届全国人民代表大会常务委员会第二十六次会议通过，2007 年 8 月 30 日第十届全国人民代表大会常务委员会第二十九次会议第一次修订，2013 年 6 月 29 日第十二届全国人民代表大会常务委员会第三次会议第一次修正，2015 年 4 月 24 日第十二届全国人民代表大会常务委员会第十四次会议第二次修正，2021 年 1 月 22 日第十三届全国人民代表大会常务委员会第二十五次会议第二次修订，共十二章一百一十三条，

2021年5月1日起施行。

《重大动物疫情应急条例》，2005年11月18日中华人民共和国国务院令第450号发布，根据2017年10月7日《国务院关于修改部分行政法规的决定》修订，共六章四十九条，自公布之日起施行。

《血吸虫病防治条例》，2006年4月1日中华人民共和国国务院令第463号公布，根据2019年3月2日《国务院关于修改部分行政法规的决定》修订，共七章五十四条，2006年5月1日起施行。

《艾滋病防治条例》，2006年1月29日中华人民共和国国务院令第457号公布，根据2019年3月2日《国务院关于修改部分行政法规的决定》修订，共七章六十四条，2006年3月1日起施行；1987年12月26日经国务院批准，1988年1月14日由卫生部、外交部、公安部、原国家教育委员会、国家旅游局、原中国民用航空局、国家外国专家局发布的《艾滋病监测管理的若干规定》同时废止。

《疫苗流通和预防接种管理条例》，2005年3月24日中华人民共和国国务院令第434号公布，根据2016年4月23日《国务院关于修改〈疫苗流通和预防接种管理条例〉的决定》修订，共八章七十六条，2005年6月1日起施行。

《病原微生物实验室生物安全管理条例》，2004年11月5日国务院第69次常务会议通过，2004年11月12日中华人民共和国国务院令第424号公布，根据2016年2月6日《国务院关于修改部分行政法规的决定》第一次修订，根据2018年3月19日《国务院关于修改和废止部分行政法规的决定》第二次修订，共七章七十二条，自公布之日起施行。

《中华人民共和国国境卫生检疫法》，1986年12月2日第六届全国人民代表大会常务委员会第十八次会议通过，2007年12月29日第十届全国人民代表大会常务委员会第三十一次会议第一次修正，2009年8月27日第十一届全国人民代表大会常务委员会第十次会议第二次修正，2018年4月27日第十三届全国人民代表大会常务委员会第二次会议第三次修正，共六章二十七条；1987年5月1日起施行，1957年12月23日公布的《中华人民共和国国境卫生检疫法》同时废止。

《国内交通卫生检疫条例》，1998年11月28日中华人民共和国国务院令第254号发布，共十六条，1999年3月1日起施行；1985年9月19日国务院批准，1985年10月12日铁道部、卫生部公布的《铁道交通检疫管理办法》同时废止。

《医疗事故处理条例》，2002年4月4日中华人民共和国国务院令第351号公布，共七章六十三条，2002年9月1日起施行；1987年6月29日国务院发布的《医疗事故处理办法》同时废止。

《突发公共卫生事件应急条例》，2003 年 5 月 9 日中华人民共和国国务院令第 376 号公布，根据 2011 年 1 月 8 日《国务院关于废止和修改部分行政法规的决定》修订，共六章五十四条，自公布之日起施行。

《公共场所卫生管理条例》，1987 年 4 月 1 日国务院发布，根据 2016 年 2 月 6 日《国务院关于修改部分行政法规的决定》第一次修订，根据 2019 年 4 月 23 日《国务院关于修改部分行政法规的决定》第二次修订，共五章十九条，自发布之日起施行。

《医疗废物管理条例》，2003 年 6 月 4 日国务院第 10 次常务会议通过，2003 年 6 月 16 日中华人民共和国国务院令第 380 号公布，根据 2011 年 1 月 8 日《国务院关于废止和修改部分行政法规的决定》修订，共七章五十七条，自公布之日起施行。

《中华人民共和国职业病防治法》，2001 年 10 月 27 日第九届全国人民代表大会常务委员会第二十四次会议通过，2011 年 12 月 31 日第十一届全国人民代表大会常务委员会第二十四次会议第一次修正，2016 年 7 月 2 日第十二届全国人民代表大会常务委员会第二十一次会议第二次修正，2017 年 11 月 4 日第十二届全国人民代表大会常务委员会第三十次会议第三次修正，2018 年 12 月 29 日第十三届全国人民代表大会常务委员会第七次会议第四次修正，共七章八十八条，2002 年 5 月 1 日起施行。

关于社会安全事件应急方面的重要法律法规有：

《中华人民共和国戒严法》，1996 年 3 月 1 日第八届全国人民代表大会常务委员会第十八次会议通过，共五章三十二条，自公布之日起施行。

《中华人民共和国人民防空法》，1996 年 10 月 29 日第八届全国人民代表大会常务委员会第二十二次会议通过，2009 年 8 月 27 日第十一届全国人民代表大会常务委员会第十次会议修正，共九章五十三条，1997 年 1 月 1 日起施行。

《中华人民共和国集会游行示威法》，1989 年 10 月 31 日第七届全国人民代表大会常务委员会第十次会议通过，2009 年 8 月 27 日第十一届全国人民代表大会常务委员会第十次会议修正，共五章三十六条，自公布之日起施行。

《中华人民共和国集会游行示威法实施条例》，1992 年 5 月 12 日国务院批准，1992 年 6 月 16 日公安部令第 8 号发布，根据 2011 年 1 月 8 日《国务院关于废止和修改部分行政法规的决定》修订，共五章三十三条，自发布之日起施行。

关于综合及其他相关方面的重要法律法规有：

《中华人民共和国国家安全法》，2015 年 7 月 1 日第十二届全国人民代表大会常务委员会第十五次会议通过，共七章八十四条，自公布之日起施行。

《中华人民共和国突发事件应对法》，2007 年 8 月 30 日第十届全国人民代表大会常务委员会第二十九次会议通过，共七章七十条，2007 年 11 月 1 日起施行。

《军队参加抢险救灾条例》，2005 年 6 月 7 日中华人民共和国国务院、中华人民共和国中央军事委员会令第 436 号公布，共十八条，2005 年 7 月 1 日施行。

《中华人民共和国政府信息公开条例》，2007 年 4 月 5 日中华人民共和国国务院令第 492 号公布，2019 年 4 月 3 日中华人民共和国国务院令第 711 号修订，共六章五十六条，自 2019 年 5 月 15 日起施行。

《中华人民共和国消防法》，1998 年 4 月 29 日第九届全国人民代表大会常务委员会第二次会议通过，2008 年 10 月 28 日第十一届全国人民代表大会常务委员会第五次会议修订，2019 年 4 月 23 日第十三届全国人民代表大会常务委员会第十次会议修正，2021 年 4 月 29 日第十三届全国人民代表大会常务委员会第二十八次会议作出修改，共七章七十四条，2009 年 5 月 1 日起施行；1984 年 5 月 11 日第六届全国人民代表大会常务委员会第五次会议批准、1984 年 5 月 13 日国务院公布的《中华人民共和国消防条例》同时废止。

《中华人民共和国红十字会法》，1993 年 10 月 31 日第八届全国人民代表大会常务委员会第四次会议通过，2009 年 8 月 27 日第十一届全国人民代表大会常务委员会第十次会议修正，2017 年 2 月 24 日第十二届全国人民代表大会常务委员会第二十六次会议修订，共七章三十条，2017 年 5 月 8 日起施行。

《中华人民共和国国家情报法》，2017 年 6 月 27 日第十二届全国人民代表大会常务委员会第二十八次会议通过，2018 年 4 月 27 日第十三届全国人民代表大会常务委员会第二次会议修正，共五章三十二条，2017 年 6 月 28 日起施行。

《中华人民共和国网络安全法》，2016 年 11 月 7 日第十二届全国人民代表大会常务委员会第二十四次会议通过，共七章七十九条，2017 年 6 月 1 日起施行。

《中华人民共和国数据安全法》，2021 年 6 月 10 日第十三届全国人民代表大会常务委员会第二十九次会议通过，共七章五十五条，2021 年 9 月 1 日起施行。

国际公约。例如，《欧洲人权公约》《公民权利和政治权利国际公约》《美洲人权公约》相关条款涉及紧急状态。

《世界卫生组织组织法》（1946）依联合国宪章制定，是国际公共卫生安全的依据。

日本相关法律较多，主要有：

《日本灾害对策基本法》，1961 年 11 月 15 日法律第 223 号，1997 年 6 月 20 日法律第 98 号修改，共十章一百一十七条，自公布之日起不超过一年的时间内由政令规定之日起实施。附则有施行日期。

《日本灾害救助法》，1947 年 10 月 18 日法律第 118 号，1947 年 10 月 20 日起实施；1984 年 11 月 25 日法律第 87 号最新修改，共四章四十八条，1984 年 7

月 1 日起实施。附则有施行日期。

《日本关于拨发灾害抚恤金等的法律》，1973 年 9 月 18 日法律第 82 号，1974 年 4 月 1 日以前之日起实施；1991 年 9 月 26 日法律第 88 号修改，共四章十五条，自公布之日起实施。附则有施行日期。

《日本受灾者生活重建支援法》，1998 年 5 月 22 日法律第 66 号，共七章二十六条，自公布之日起在不超过六个月范围内由政令规定之日起施行。

澳大利亚早在 1908 年就颁布了世界上第一部《检疫法》，构建了世界上最为严格的动植物检疫体系。2015 年颁布了新的《生物安全法》，取代了沿用 100 多年的检疫法，于 2016 年全面生效。

各国相关法律法规较多，在此不一一列举。

(2) 其他知识

突发事件案例知识整合了相同或类似突发事件的处理案例，为公共安全突发事件的应急处理提供案例知识；应急预案是依照相关的法律法规预先制定的应急工作方案，能够保证迅速、有序、有效地针对已经发生或可能发生的突发事件开展控制与救援活动；公共安全突发事件发生后，学术界常常涌现出突发事件相关的研究成果，这些研究资料同时也可以为突发事件应急决策提供依据；专家隐性知识的显性化与专家知识的交流整合，能够创新突发事件的防范与救援知识。

1.4.4.2 过程性决策知识支持

过程性决策知识包含预警知识、资源知识、宣传教育知识、应急评估知识、应急恢复知识、心理干预知识，能够为公共安全突发事件事前、事中、事后全过程的应急决策提供知识支撑。预警知识在突发事件发生前或发生之初提醒相关人员做好防护措施，避免伤害；资源知识提供应急资源存量与分布知识，为决策者调动分配应急资源提供指导；宣传教育知识能够为民众普及应急常识与常用应急知识，帮助民众树立信心，减少焦虑与恐慌；应急评估知识在突发事件发生之后评估突发事件带来的伤害程度，为应急预案的修订、法律法规的完善、组织机构的升级提供参考；应急恢复知识能够指导决策者制定科学的恢复计划，帮助受灾民众恢复正常的工作和生活秩序；突发事件发生过后，有些民众会出现抑郁、强迫等应急创伤，心理干预知识能够帮助受伤害的民众恢复心理健康。

以预警知识为例，人们在公共安全突发事件应急决策中，必须掌握有关预警分级及其颜色标识的相关知识。美国建立了五级国家威胁预警系统（表 1-4），由红、橙、黄、蓝、绿五种颜色代表不同的危险等级并采取不同级别的应对措施，这样一个知识系统直接影响着美国的公共安全突发事件应急管理。

表 1-4 美国五级国家威胁预警系统

颜色	威胁程度	采取的行动
红	严重	动员紧急救护队并布置工作人员评估紧急需要
橙	很高	地方、州和联邦机构开展协调工作，加强群众安全工作
黄	较高	加强对重要地方监视及对威胁的评估
蓝	警戒	检查紧急程序，通知公民所有必要采取的措施
绿	低	保持安全培训和准备状态

资料来源：孙斌（2007）

我国建立了自己的预警系统（表 1-5），将公共安全突发事件预警系统分为四级，用红、橙、黄、蓝四种颜色进行区分，这与美国的五级预警系统极为相似，但在采取行动上有很大的差别。

表 1-5 我国预警分级及其颜色标识

颜色	突发公共事件级别（《中华人民共和国突发事件应对法》）	预警级别（《国家突发公共事件总体应急预案》）	采取的行动（《中华人民共和国突发事件应对法》）
红	特别重大	Ⅰ级（特别严重）	县级以上地方各级人民政府除法律第四十四条规定的五项措施外，采取第四十五条所列的一项或者多项措施
橙	重大	Ⅱ级（严重）	县级以上地方各级人民政府除法律第四十四条规定的五项措施外，采取第四十五条所列的一项或者多项措施
黄	较大	Ⅲ级（较重）	县级以上地方各级人民政府按法律第四十四条规定采取五项措施
蓝	一般	Ⅳ级（一般）	县级以上地方各级人民政府按法律第四十四条规定采取五项措施

资料来源：根据《国家突发公共事件总体应急预案》（2006）和《中华人民共和国突发事件应对法》（2007）整理

国务院发布《国家突发公共事件总体应急预案》（2005 年 1 月 26 日，国务院第 79 次常务会议通过，2006 年 1 月 8 日发布并实施），其 1.3 分类分级将突发公共事件发为自然灾害、事故灾难、公共卫生事件和社会安全事件四大类。各类突发公共事件按照其性质、严重程度、可控性和影响范围等因素，一般分为四级：Ⅰ级（特别重大）、Ⅱ级（重大）、Ⅲ级（较大）和Ⅳ级（一般）。在 3.1.1

预警级别和发布中，根据预测分析结果，对可能发生和可以预警的突发公共事件进行预警。预警级别依据突发公共事件可能造成的危害程度、紧急程度和发展势态，一般划分为四级：Ⅰ级（特别严重）、Ⅱ级（严重）、Ⅲ级（较重）和Ⅳ级（一般），依次用红色、橙色、黄色和蓝色表示。

《中华人民共和国突发事件应对法》（2007）第三条按照社会危害程度、影响范围等因素，自然灾害、事故灾难、公共卫生事件分为特别重大、重大、较大和一般四级。突发事件的分级标准由国务院或者国务院确定的部门制定。第四十二条强调国家建立健全突发事件预警制度，可以预警的自然灾害、事故灾难和公共卫生事件的预警级别，按照突发事件发生的紧急程度、发展势态和可能造成的危害程度分为Ⅰ级、Ⅱ级、Ⅲ级和Ⅳ级，分别用红色、橙色、黄色和蓝色标示，一级为最高级别。这里，只强调自然灾害、事故灾难和公共卫生事件这三类突发事件可以预警，而突发事件四大类中的另一类“社会安全事件”不在此规定之列。

颜色、分级都是知识管理的重要因素。公共安全标识知识体系直接支持公共安全决策，直接支持应急管理全过程。

1.4.4.3 规则性决策知识支持

规则性决策知识包含条件知识与解释知识，条件知识说明了事实性知识与过程性知识的使用条件，通常表述为如果出现什么条件，就认定为什么结果。例如，如果在一个省（自治区、直辖市）较大范围或省会等大中城市出现粮食市场急剧波动状况，就认定为重大突发事件；事实性知识和过程性知识中可能会出现较难理解的专业术语、公式、英文简称等，解释知识能够对事实性知识与过程性知识进行详细解读，从而帮助决策人员正确理解和使用事实性知识与过程性知识。

第 2 章 公共安全突发事件生命周期知识管理

公共安全突发事件是指突然发生、造成或者可能造成严重社会危害，需要采取应急处置措施予以应对的自然灾害、事故灾难、公共卫生事件和社会安全事件。在自然灾害方面，地震、洪灾、旱灾、极端天气等频繁出现并呈现有增无减的趋势；在事故灾难方面，交通运输事故、工矿商贸生产事故、公安设施设备事故等伴随经济发展与社会建设时有发生；在公共卫生事件方面，2003 年非典型肺炎、2009 年甲型 H1N1 流感、2014 年 H7N9 禽流感，以及 2020 年新冠肺炎疫情的暴发都为我国突发公共卫生事件应急管理工作敲响了警钟；在社会安全事件方面，各种火灾事件、恐怖袭击事件等的发生给我国造成了极其恶劣的影响，并对社会安全稳定提出了挑战。公共安全突发事件知识是指在突发事件潜伏、发生、救治、恢复应急管理过程中创造、收集、加工、转换、共享、利用的各类显隐性知识集合。突发事件的发生遵循事前、事发、事中、事后的生命周期，突发事件的应急管理也需据此遵循事前预防预警、事中防控救治、事后恢复重建的生命周期，而知识的管理与利用贯穿于整个应急管理周期中。因此本章从公共安全突发事件应急管理生命周期出发，对突发事件事前预警、事中救治、事后恢复知识进行分析。

2.1 应急知识管理过程、要素与方法

2.1.1 应急知识管理过程

应急知识管理过程是以知识管理过程为基础，主要包括应急知识收集与获取、应急知识组织与整合、应急知识交流与共享、应急知识赋能与转移、应急知识应用与创新。

2.1.1.1 应急知识收集与获取

应急知识收集与获取是指对应急知识的收集、辨识和积累。在应急知识管理过程中，应急知识收集与获取体现在编制预案及相关应急知识手册之前的信息收集阶段。收集和获取的信息涉及宏观、中观、微观等各方面信息，不仅包括法律法规、环境信息、应急资源信息、风险隐患信息、现场组织人员和情况信息等显性知识信息，也包括专家和突发事件参与者的经验等隐性知识信息。这些数据信息经过清洗、辨识，形成预案及相关应急知识手册编制的基础知识。目前，在此阶段存在的主要问题是对应急隐性知识的收集和获取缺乏有效的手段和工具，并未建立完善的预案知识库系统（王兴鹏，2015）。

2.1.1.2 应急知识组织与整合

应急知识组织与整合是指对应急知识进行组织与整合，形成应急知识体系。以编制应急预案为例，根据前面应急知识收集与获取形成的基础知识库，在充分调研、组织专家对突发事件的风险、应急能力等方面进行分析评估的基础上制定应急预案。应急预案的编制总体上包括应急隐性知识显性化和应急知识组合化两个过程，因此，在编制应急预案时，需要应急知识管理各主体充分交流沟通，挖掘各方面信息，制定全面、针对性强、操作性强的应急预案。

2.1.1.3 应急知识交流与共享

应急知识交流与共享是指应急知识管理主体通过交流和学习，将应急知识分享给系统中其他成员或系统外其他组织的活动。知识交流与共享是产生和发挥协同效应的基础和必要条件（李春娟，2015a）。例如，应急预案发布后，相关单位要进行宣传教育、学习培训、定期组织应急预案演练，并对预案进行评估与修订，使参与各方明晰各自职责与分工，产生协同效应。在应急知识预防和准备阶段建立应急知识交流与共享机制，可以促进应急知识管理主体间的交流互动，进一步熟悉掌握应急预防知识、完善并优化应急预防知识体系，为更好地进行应急知识响应阶段打下基础。

应急显性知识和应急隐性知识的交流与共享方式有一定区别。应急显性知识是可以记录和存档的有关突发事件的数据，可以通过建立应急平台实现交流与共享。应急平台以现代信息通信技术为支撑，可以实现应急监控、预测预警以及各应急单位联动等功能。应急隐性知识是难以记录和存档的应急知识，其交流与共享方式更多是采取“干中学”的方式，即通过应急专家会商、应急经验交流及应急综合演练等方式进行（李春娟，2015a）。

2.1.1.4 应急知识赋能与转移

应急知识赋能与转移是指通过激活应急知识管理主体内在潜能，使其知识活化，重塑其应急知识体系，促进其应急知识的转移与吸收，进行应急知识创新和知识价值化。应急知识赋能与转移是以应急知识管理的决策者为核心、其他主体为保障的“核心-保障”式网络知识转移类型。各种应急知识管理主体在此过程中扮演应急知识供应者和应急知识接受者的双重身份。应急知识转移的路径为“应急知识管理其他主体—应急知识管理决策者—应急知识管理其他主体”。应急知识管理其他主体（应急救助的参与者、应急资源配置的保障者、媒体和公众）向应急知识管理决策者提供必要的应急决策知识。突发事件的复杂性使得应急知识管理决策者在进行决策时，需要全面、丰富的应急知识支持，因此“应急知识管理其他主体—应急知识管理决策者”之间的应急知识决策过程是以突发事件所反映出的问题情境为驱动、多个应急知识管理主体之间的相互合作。各应急知识管理主体之间借助应急知识赋能和转移，协同配合、互相交流合作、利用自身专长共同解决问题。

2.1.1.5 应急知识应用与创新

应急知识应用与创新是应急知识管理的根本目标，无论是应急知识收集与获取、应急知识组织与整合、应急知识交流与共享，还是应急知识赋能与转移，最根本的目的都是进行应急知识的应用与创新，这既体现了应急知识的价值又体现了过程与结果的统一。例如，优化和完善应急预案便可以通过对应急知识的应用与创新来实现，具体体现在可以通过应急演练和应急实践经验不断对应急预案进行修订和迭代，提升应急预案的完备性和可操作性。在应急演练和应急实践中，发现问题并提出解决方案，将经验教训进行总结、提炼、升华，形成新的知识，更新应急预案。

上述应急知识管理过程是不断螺旋式上升的循环过程，在应急知识应用与创新完成之后，又进入知识收集和获取过程（图 2-1）。对应急知识进行知识管理，能够明确把握突发事件应急管理各阶段的重点，提高应急管理效率，减低突发事件造成的损失。

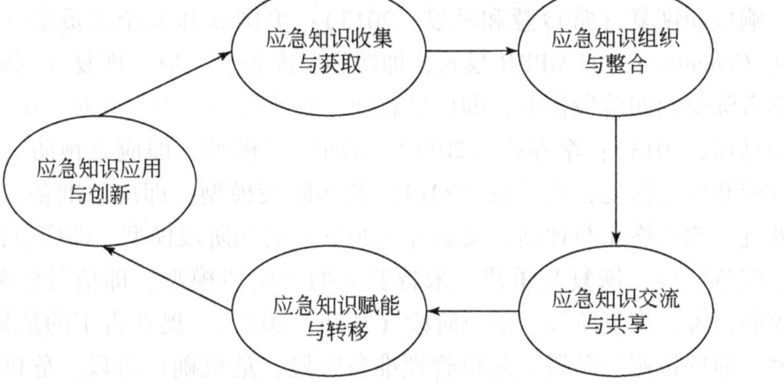

图 2-1 应急知识管理过程

2.1.2 应急知识管理要素

在现有文献中，关于应急知识管理要素分析的研究比较缺乏。因此，本章先分别从知识管理要素构成和应急管理要素构成两方面进行阐述，然后总结出应急知识管理要素。

在知识管理要素构成方面，赵珺（2006）认为知识管理要素为知识管理推进器（包括企业文化、企业组织架构、企业人员和企业信息技术）、知识流程（包括知识创造、知识存储、知识传递、知识使用等）、中间产物（如组织创新）、组织绩效。张建华和刘仲英（2005）从系统论视角认为知识管理系统要素为知识、人、知识链、技术工具和企业内环境。有些学者还从企业管理的模式视角分析企业知识管理模式的构成要素，认为主要有三要素至八要素不等。三要素以企业文化、技术、制度三要素或个人、组织和企业战略三要素作为企业知识管理模式构成的基本要素（朱士中和陈小毅，2003），四要素以企业文化、人力资源、组织机构和信息技术作为企业知识管理模式构成的基本要素（张其春等，2006），五要素以人力资源、组织结构、信息技术、企业文化以及外部合作作为企业知识管理模式构成的基本要素（汪长玉和郭东强，2009），八要素以知识管理理念、知识管理建设目标、组织体系架构、规章制度、人员配置、知识管理平台建设、知识管理方案实施和知识管理评价作为企业知识管理模式构成的基本要素（张斌和魏扣，2012）。除此之外，有学者认为企业知识管理的关键成功要素主要包括三个层次，即策略与规划层、组织与制度层和技术平台层（彭岚，2011）。

现有研究中关于应急管理要素的研究主要从应急管理流程、知识管理过程、应急知识管理系统构成三个方面进行研究。依据现有研究，应急管理流程有四阶段模型、五阶段模型和六阶段模型。四阶段模型主要有希斯的4R模式，即减轻、就绪、响应和恢复（常玲慧和马斌，2013）；美国联邦安全委员会（Interagency Security Committee）的MPRR模式，即缓和、准备、反应、恢复（阚庭，2018）；我国学者陈安的四阶段模型，即信息获知、有效反应、重点应对、快速恢复（常玲慧和马斌，2013）；李春娟（2011）的四阶段模型，即应急预防、应急准备、应急响应和应急恢复；常玲慧（2013）的四阶段模型，即应急准备、监测预警、应急处置、响应终止与评估；文斌等（2013）的四阶段模型，即应急预防、应急准备、应急反应、恢复与重建。米特罗夫的五阶段模型，即信号侦测、探测预防、控制损害、恢复阶段、学习阶段（郑拓，2013）。奥斯古丁的危机管理六阶段模型，即危机避免阶段、危机管理准备阶段、危机确认阶段、危机控制阶段、危机解决阶段、从危机获利阶段（姜少慧，2015）。知识管理视角的应急管理认为，应急管理中的知识管理活动主要指知识整合与分类、获取与共享、应用与创新、更新与存储（常玲慧和马斌，2013）。应急知识管理系统是基于知识管理系统建立的，李春娟（2011）认为知识管理系统和生产管理系统、服务管理系统等一样，是由许多要素构成的、具有一定结构和功能的整体，即由知识及其活动和相关要素构成的系统。有学者认为应从系统工程的视角，从创建知识系统的体系结构、研究知识系统的工作过程、建立知识系统的开发步骤三方面建立知识系统工程（李春娟，2013）。通过上述定义可知，应急知识管理系统是以应急知识为基础出发点，构建应急知识管理系统。应急知识管理系统是指由应急知识管理的各要素构成的、具有一定结构和功能的整体，是应急知识及其活动、相关要素、相关流程构成的系统。应急知识管理系统可以分为宏观应急知识管理系统和微观应急知识管理系统。宏观应急知识管理系统主要包括一个国家、地区或行业应急知识管理系统；微观应急知识管理系统的研究对象主要指各类企业组织和联盟组织，如产业联盟、虚拟组织等网络组织。微观应急知识管理系统和宏观应急知识管理系统两者相互融合，不可分割。本章涉及的应急知识管理系统是微观和宏观两者融合的应急知识管理系统。

通过现有文献研究和我国应急管理实践，本章认为应急知识管理的构成要素有应急知识管理理念、应急知识管理主体、应急知识管理客体、应急知识管理流程、应急知识管理效果五个方面。

2.1.2.1 应急知识管理理念

突发事件具有突发性、复杂性、危害性等特点，往往伴随人民群众生命安全和财产安全受到重大威胁的情况。因此，在对突发事件中的知识进行管理时，一定要以“人民生命安全至上”为核心理念，所有行动都要以此为核心。

2.1.2.2 应急知识管理主体

应急知识管理主体主要是指应急知识管理的实施者，即参与到应急知识管理过程中的组织和个人。根据各应急知识管理主体功能的不同，可以分为应急知识管理的决策者、应急救助的参与者、应急资源配置的保障者、媒体和公众四种应急知识群体。

（1）应急知识管理的决策者

应急知识管理的决策者一般是指为应对突发事件成立的办公室或指挥中心，即应急管理办公室或应急指挥中心。应急管理办公室或应急指挥中心一般依据突发事件的规模，由国家或地方政府机构及相关突发事件领域的专家临时组成，是应急知识管理主体的核心。应急知识管理的决策者一般会掌握突发事件发生发展的各种信息和知识，对应急过程中各类知识流动进行控制和决策。因此，应急知识管理的决策者需要针对突发事件制定应急知识响应方案，编制应急知识预案，建立应急知识管理所需要的知识系统并与应急知识管理其他主体进行知识共享，以保持各主体之间紧密协同合作，在应急知识管理中起着关键作用。

（2）应急救助的参与者

应急救助的参与者主要是指参与突发事件救助的各级应急部门，如消防、公安、交通、水利、气象、医疗部门等（李春娟，2013）。应急救助的参与者主要提供应急救助的专业知识。例如，面对火灾，消防部门主要提供火灾应急知识；再如，公共卫生事件，医疗部门提供医疗专业应急知识。应急救助的参与者在处理突发事件时要与决策者进行持续的知识交流，包括应急救援知识、合作沟通知识等各种显性和隐性知识。应急救助的参与者提供的专业应急知识是应急知识管理决策者应急知识获取的重要来源，因此两者之间形成了若干条双向或多向交流互动的知识链（李春娟，2013）。

（3）应急资源配置的保障者

应急资源配置的保障者主要是指在应急管理过程中，保障物资设备等救援救助资源配置和调度的个人、团体或组织。应急救援救助物资设备主要包括防毒防爆器具、通信和检查设备、工程机械、食品药品、被服帐篷等用品（李春娟，2013）。应急知识管理决策者平时要对应急救援救助物资的储备及信息做好调研，了解各种救援救助物资的种类、数量等知识，并与应急资源配置的保障者建立联系以备在突发事件发生时可以紧急调用救援救助物资。

（4）媒体和公众

在自媒体迅速发展的今天，信息传播方式发生巨大改变，人人都是自媒体，人人都可以制造新闻，与此同时，这种传播方式也为流言、谣言的传播提供了途径。作为应急知识管理主导力量的政府及相关部门，其在处理突发事件的过程中，非常有必要将信息及时、规范、准确地进行报道。突发事件发生之后，应急知识管理决策者应和媒体成为合作者，与媒体进行有效沟通与协作，通过媒体客观、公正报道突发事件，全面、真实地将突发事件情况通报给公众。应急知识管理决策主体通过媒体将信息告知给公众，既保障公众的知情权，又能稳定公众情绪。因此，应急知识管理决策者应重点考虑与媒体和公众的关系，可以设立专门机构与媒体对接，针对突发事件及时公开透明发布相关进展，保障公众知情权，减轻突发事件造成的恐慌情绪，维护社会稳定。

2.1.2.3 应急知识管理客体

应急知识管理客体主要是指各种应急知识。司强等学者按照显性、隐性知识类型和常态、非常态应急状态将应急知识分为四种类型，即常态显性应急知识、非常态显性应急知识、常态隐性应急知识、非常态隐性应急知识。常态显性应急知识主要包括法律法规、标准规范、应急预案和突发事件案例等知识；非常态显性应急知识主要包括与突发事件有关的书本、宣传资料、应急资源等知识；常态隐性应急知识主要包括应急教育培训、演练或突发事件经历形成的经验技能等知识；非常态隐性应急知识主要包括突发事件参与者的感受、经验和阅历等知识(司强和李维梁，2012)。应急知识种类繁多、范围广泛，因此需要对这些应急知识进行管理，提高应急知识利用效率，提升处理突发事件能力，最大限度降低突发事件造成的灾难性后果。

2.1.2.4 应急知识管理流程

应急知识管理流程主要是指应急知识管理主体对应急知识进行管理所经历的阶段。应急管理流程的研究有四阶段、五阶段和六阶段模型。本章依据希斯以及我国学者陈安、李春娟、常慧玲、文斌等的四阶段模型，将应急知识管理流程分为应急预防、应急准备、应急响应、应急评估与恢复四个阶段。

应急预防阶段的主要知识管理活动包括风险预警知识管理活动和危机防范知识管理活动。前者包括突发事件的信息采集、监测、发布等；后者包括对突发事件应对的教育、培训等。应急准备阶段的知识管理活动主要包括组织建设知识管理活动、培训知识管理活动、应急预案编制知识管理活动和应急资源知识管理活动。应急响应阶段的主要知识管理活动包括应急指挥、资源调度、救援知识、协作沟通、媒体合作等方面的知识管理活动。应急评估与恢复阶段的主要知识管理活动包括突发事件灾后损失评估和经验总结、疾病防治、心理干预、灾后重建等知识管理活动。

应急知识管理流程的四个阶段伴随着相应知识管理活动的发生，这些应急知识管理活动相辅相成、相互促进，共同降低突发事件造成的损失。

2.1.2.5 应急知识管理效果

应急知识管理效果是指应急知识管理的结果。现有文献中对知识管理效果的评价主要有传统评价方法（投资回报率法和托宾 Q 法）、标杆管理法、质量屋法、平衡计分卡法等（彭璐，2005），这些对知识管理效果评价的方法更多是从企业知识管理视角进行考虑，企业具有稳定的组织机构，企业战略和绩效具有连续性，而突发事件具有突发性、临时性等特点，应急知识管理指挥中心或办公室也因具体的突发事件临时成立。因此，知识管理效果评价方法并不适合应急知识管理效果的评价。本章认为应急知识管理的效果更多体现在应急知识应用与创新，尤其是应急评估与恢复阶段的应急知识应用与创新。

2.1.3 应急知识管理方法

突发事件知识管理的对象为知识资源，包括“知识”本身，以及人员、技术、文化、组织等。突发事件知识管理方法可以分为针对“知识”本身的管理方法与针对人员、技术、文化、组织结构的管理方法。

2.1.3.1 应急“知识”管理方法

研究如何对应急知识的创造创新、组织存储、传递利用进行有效管理，借助先进的知识管理技术，对应急“知识”进行收集、分类、组织、存储，分析影响应急“数据”、应急“信息”、应急“知识”产生、处理与利用的因素，建立知识组织与存储系统，畅通知识传递与共享渠道，帮助应急知识的使用者快速获取知识，充分利用应急知识为公共安全突发事件的防控与救援提供支持。

2.1.3.2 应急人员管理方法

应急人员的管理是为了提升应急人员的应急处理能力，为公共安全突发事件的处理提供人力资源保障。应急人员的管理首先需要建立严格的准入机制，选拔合格的应急指挥决策人员、一线应急救援人员、应急志愿者等组建公共安全突发事件应急队伍，并组织应急人员的培训与演练，将应急人员的培训演习融入常态工作中，使其掌握应急救援的知识与能力，在日常工作中做好随时应急的准备，而不是突发事件发生时匆忙“抱佛脚”，并对其知识与能力水平进行考核与测评，从而为突发事件的防控与救援提供充足的人力资源。

2.1.3.3 应急技术管理方法

技术的发展与进步为应急管理工作提供了先进的技术手段。应急技术管理方法是通过对应急技术的创新与应用来减少应急工作人员的工作量，并利用先进的工具与方法来减少公共安全突发事件造成的生命财产损失，细化应急工作人员的工作分工，从而提升应急救援工作的质量与效率，并降低突发事件造成的社会影响。应急知识问答系统将常用的应急知识集中组织并存储起来，为社会公众提供常见应急问题的答案，解放了专门提供问答服务的工作人员；应急专家系统将应急预案知识、应急案例知识、应急法律知识、应急专家知识存储于系统中，为应急决策提供知识支持，减少应急专家查询相关知识的时间和精力。

2.1.3.4 应急文化管理方法

应急文化是一定区域内突发事件与应急管理的相互作用在意识形态和行为规律方面的综合反映（韩传峰等，2014），包括我国应急文化大环境、应急组织的凝聚力、应急知识的学习与创新氛围等。营造良好的社会应急文化环境需要提升全民族的应急文化意识，将应急文化的建设与管理上升到制度层面，加强民众对于应急文化的重视程度，开展应急文化宣传和建设活动，培养民众的危机自救和互救能力。此外，应急文化的建设与管理不仅需要应急组织机构的努力，还需要政府的正确引导、媒体的广泛宣传、企业的高度重视、社会公众的全力支持。

2.1.3.5 应急组织管理方法

应急组织结构的建立应能够保障应急部门内部、应急部门与部门之间的信息与知识畅通。应急组织结构要具备一定的柔性，这样便于加强应急人员之间的联系，加速知识在应急组织内外的共享和扩散。同时组织机构的建立要便于资源的协调和调度，为公共安全突发事件的救援与防控提供保障。应急组织在公共安全突发事件的救援中并不能单独发挥作用，还应当与政府、企业、媒体等建立联系，协同开展工作，共同防范与应对公共安全突发事件。

2.2 突发事件数据、信息与知识的转化

公共安全突发事件的知识管理贯穿于整个应急管理周期中，包括突发事件相关数据、信息与知识的相互转化，本节对突发事件前、中、后相关数据、信息与知识的转化与应用进行了分析，如图 2-2 所示。

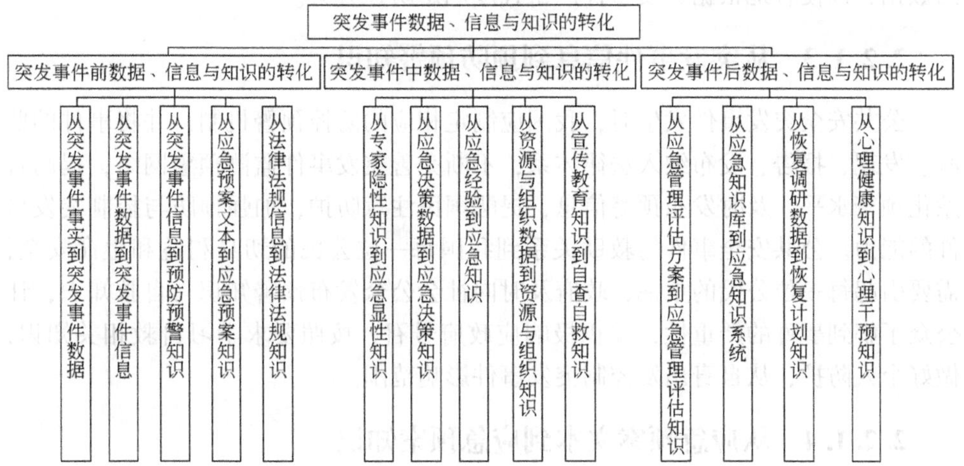

图 2-2　突发事件数据、信息与知识的转化

2.2.1　突发事件前数据、信息与知识的转化

突发事件前数据、信息与知识的收集、转化与应用能够在突发事件发生前或发生初期及时进行信息预报，通过突发事件相关数据、法律与预案知识、预防与自救知识的应用，防患于未然，将损失降到最低。

2.2.1.1　从突发事件事实到突发事件数据

突发事件数据是相关实践部门监测、采集到的相关统计数据。我国应建立完善的突发事件数据报告机制，及时收集各项数据，并上报有关部门汇总分析，包括事件发生时间地点、伤亡人员数量、救援物资情况等。公共安全事件的发生必然会出现相关数据的变化，因此在事件发生之前，我们可以通过突发事件监测系统收集相关数据、信息，并对其进行分析，及时发现公共安全事件发生的征兆，为准确掌握公共安全事件发生情况，编制合理的应急预案提供准确的前期数据。

2.2.1.2　从突发事件数据到突发事件信息

公共安全事件通过数据的监控、搜集、分析，在公共安全事件发生前及时发现苗头，以便及时做出应急救治预案，并在突发事件发生初期及时发出预警，为民众争取自查自救的准备时间。公共安全突发事件的救助往往需要全国范围内的协同合作，因此各地突发事件信息的交流共享可以为全国各地共同防灾救灾提供帮助，各地应共享包括事件发生时间地点、伤亡人员数量、救援物资情况等在内的数据，以便各地根据突发事件严重程度制定防控方案。

2.2.1.3 从突发事件信息到预防预警知识

公共安全突发事件发生时，我国应制定相应的防控预警机制，并将事件的监测、发现、报告、发布纳入法律体系，不断完善突发事件监测预警网络，提高智慧化预警水平，及时发布预警信息，提醒国民注意防护，加强预防与控制突发事件的能力。公共安全事件的救助关系到我国每一位公民的切身利益和生命安全，需要引起每一位公民的重视，政府及时向社会公众发布预警知识与自救知识，让公众了解到事件的严重性，并积极响应政府号召，按照要求学习自救相关知识，做好个人防护，从自身出发控制突发事件影响范围。

2.2.1.4 从应急预案文本到应急预案知识

应急预案又可以称为应急计划，是为保证迅速、有序、有效地针对已经发生或可能发生的突发事件开展控制与救援活动，尽量避免事件的发生或降低其造成的损害，依照相关的法律法规而预先制定的应急工作方案。《中华人民共和国突发事件应对法》颁布以来，我国逐渐建立并完善了以“一案三制”为核心的应急管理体系，目前已经形成专项应急预案、部门应急预案、地方应急预案、现场处置预案等多方面系统综合的应急预案体系，能够较为有效地应对各类突发事件。应对突发事件需要及时做出应急预案，在第一时间采取措施积极应对，控制传播范围，救助患者。因此，我国应制定完善的应急预案，在编制应急预案的过程中，我们应借鉴世界范围内突发事件的应急经验，并根据突发事件的变化情况及时做出调整。

2.2.1.5 从法律法规信息到法律法规知识

我国已经颁布的《中华人民共和国突发事件应对法》等法律条例为突发事件的防控提供了法律保障。应对公共安全突发事件，我国不仅应完善相关的应急法律法规，还应在实际防控工作中充分发掘利用应急法律知识，明确各单位在防疫工作中的职责，使防控工作有法可依。在全国各地共同应对公共安全突发事件的过程中，各地方各机构单独制定应急管理预案与应急管理规章制度，没有形成全国或地区的统一标准，由此出现了各自行动的局面。重大突发事件的应对方案应上升到法律法规的高度，通过制定新的公共安全事件防控法律法规或完善已有的救助法律条例来进行全国性的防控工作安排，明确各地各机构应承担的责任，充分发挥“一案三制”中法制的作用，保障公共安全事件防控工作顺利进行。

2.2.2 突发事件中数据、信息与知识的转化

公共安全突发事件的科学防控与快速救援离不开数据、信息、知识的转化与应用，突发事件防控知识包含专家显隐性知识、决策知识、防疫经验、资源与组织知识、宣传教育知识等。

2.2.2.1 从专家隐性知识到应急显性知识

在公共安全事件防控所需的应急知识中，有一部分是存储于专家脑海中的隐性知识，包括专家在实际工作中积累的经验知识，以及专家自身的知识储备。专家知识的开发利用是科学应对突发事件的重要工作。隐性知识的利用需要经过显性化的过程，可以通过专家之间的交流共享实现知识的创新与应用。公共安全突发事件的防控和救助不只是一个人、一个组织、一个地区的事情，而需要全国甚至全世界范围内的协同合作。例如，在防控突发事件过程中，各地应急专家之间的知识交流与共享至关重要，通过专家之间的交流学习，实现专家隐性知识的显性化与救助知识的创造创新，从而帮助应急专家团队制定出行之有效的救助方案。

2.2.2.2 从应急决策数据到应急决策知识

突发公共卫生事件的应急决策需要决策者的准确预判与快速反应。而快速准确的计划、指挥、调度不能仅仅依靠决策者自身的直觉与先验知识，还需要决策者认真分析各种应急法律、法规、条例、应急预案等政策文件，并充分了解事件的全过程与背景知识，从而掌握充足的决策支持知识，提升知识整合与利用的能力。我国对新冠肺炎疫情的响应之快速、救治之迅速得到了国际社会的广泛好评，这毫无疑问要得益于党中央的正确统筹规划与科学应急决策。而在公共安全突发事件应急决策中应充分发挥信息与知识的作用，在纷繁复杂的数据信息及知识当中，决策者掌握有价值的信息越充分、知识经验越丰富，越能够制定正确的决策（常玲慧，2013）。

2.2.2.3 从应急经验到应急知识

我国在防治 2003 年非典型肺炎、2009 年甲型 H1N1 流感、2014 年 H7N9 禽流感等各种突发公共卫生事件中积累的宝贵经验知识，能够在一定程度上指导新冠肺炎疫情防控实践工作。各地区各医疗单位在实际救治工作中积累的经验也可以通过交流共享，不断完善疫情诊疗方案与抢救措施。在全国突发事件防控行动

中，不少地区成绩突出，在制定应急方案、协调各组织机构、救助受灾者等方面为其他地区树立了典型，而这些成功经验的学习能够帮助其他地区应对类似困难，因此可以通过地区之间的沟通学习促进救灾经验知识之间的共享和创新，为全国各地区共同应对公共安全突发事件提供经验。

2.2.2.4 从资源与组织数据到资源与组织知识

在公共安全突发事件救助过程中，各地对口支援资源数量巨大，并且涉及生活物资、医疗物资、建筑物资等多种资源，而资源的储藏、运输、配送等过程中需要各组织单位间及时进行信息的交流和协同，保持各组织间物流信息的畅通，从而确保各种物资能够及时运送到受灾地区，保障受灾百姓就医和生活。新冠肺炎防治，我国采取“各省市协同，一省包一市”的对口支援方式驰援湖北，各地纷纷派出医疗人员、医疗物资、生活物资驰援湖北疫情防控工作。应急资源的调度与应急组织的建设是新冠肺炎疫情防控的基础，建设应急救援机构，组建应急救援队伍，合理分配调度资源离不开相应知识的运用。只有充分利用资源与组织知识，建立知识协同机制，才能有效集成各机构应急知识，实现各机构信息的沟通与知识的共享。

2.2.2.5 从宣传教育知识到自查自救知识

新冠肺炎疫情中，我国确诊人数高达数万，不少企业停工停产，各地纷纷封锁交通，给我国人民生产、生活、就业等方面带来了诸多困难，宣传教育知识是帮助国民应对危机的救心丸。习近平总书记《在中央政治局常委会会议研究应对新型冠状病毒肺炎疫情工作时的讲话》（载《求是》2020 年第 4 期）中指出：“当前疫情防控形势严峻复杂，一些群众存在焦虑、恐慌心理，宣传舆论工作要加大力度，统筹网上网下、国内国际、大事小事，更好强信心、暖人心、聚民心，更好维护社会大局稳定。”通过正面地宣传教育，影响国际舆论，帮助国民坚定战役胜利的决心。面对公共安全突发事件给国民生活带来的损失与不便，政府和官方媒体应及时进行正面的舆论引导与宣传教育，引导国民掌握正确的防控知识，积极参与防控工作，及时向社会大众通报防控工作中取得的成绩，并对虚假不实信息及时辟谣，让社会公众及时了解我国应对公共安全事件工作的真实进展，树立信心。

2.2.3 突发事件后数据、信息与知识的转化

公共安全突发事件过后，评估突发事件防控工作，总结经验与教训，建立或

完善突发事件知识库，救治心理疾病患者等同样需要数据、信息、知识的转化、运用与创新。

2.2.3.1 从应急管理评估方案到应急管理评估知识

应急管理评估是对应急管理体系的全方位、系统性评价与检测，是实现系统自我改进、组织机构完善、法律法规修订的一个不可或缺的途径（曹海峰，2014）。公共安全突发事件应急管理评估工作应建立科学的评估知识体系，确定评估的对象、标准与原则，建立应急管理评估方案与评分方法，并采用合适的评估工具，建立评估系统，对应急管理全过程进行评估，寻找应急管理工作的不足，积累应急管理经验。在评估公共安全事件造成的损害时，应记录事件中伤亡情况以及对各行业及百姓生活造成的损失，并从应急预案、决策指挥、信息畅通、应急救援、后勤保障等方面评估应急管理工作，从优秀的工作案例中汲取经验知识，总结工作中值得反思与改进的地方，完善我国突发公共卫生事件应急管理知识体系。

2.2.3.2 从应急知识库到应急知识系统

新冠肺炎的疫情知识库可以实现知识共享、知识创新、语义检索等功能。国家卫生健康委员会推出了“新型冠状病毒肺炎疫情防控知识库”，能够进行新冠肺炎科普知识问答，对不实信息权威辟谣，还有“应对新冠肺炎疫情中国经验知识库”（英文版），包含中国应对新冠肺炎疫情防控的新闻发布会直播、防治新冠肺炎的中国经验分享，以及应对新冠肺炎疫情的相关文件。突发公共卫生事件过后，我国应建立相关事件的知识库与知识管理系统，对事件发生、救治、恢复等整个过程中的事实知识、理论知识、专家经验进行存储与组织，建立相关信息、人员、事件之间的链接，将关联与推理知识进行存储，为公共安全事件研究工作提供检索，并为未来公共安全突发事件的防控工作积累经验。

2.2.3.3 从恢复调研数据到恢复计划知识

公共安全突发事件得到全面控制后，各行各业复工计划提上日程，生产生活恢复常态化的过程需要按照复工计划有序进行。我国政府需成立灾后恢复工作小组，根据受灾情况制定合理的恢复计划，对能否进行恢复工作的各项数据指标进行考察，评估是否能够进行灾后恢复工作，有序安排交通解禁、企业复工、学生复学等工作，并在恢复经济建设的同时加强重点地区、重点场所的防控，既要保证生产生活逐渐步入正轨，又要做好保护工作，避免二次受灾。

2.2.3.4 从心理健康知识到心理干预知识

新冠肺炎疫情持续时间长、影响范围广、伤害程度大。疫情过后，可能会出现抑郁情绪、强迫障碍、适应障碍、精神创伤等心理问题或精神疾病。这些心理疾病的治疗，需要充分尊重患者的隐私与人格，并采用科学的心理健康知识，帮助患者恢复正常的心理状态。公共安全突发事件作为一种强烈的应激源，会使相关个体产生相应的灾难事故应激反应，轻者会导致认知、行为、情感等功能失调，重者会罹患心理障碍乃至精神疾病，甚至伤人伤己，影响社会稳定（鞠鑫等，2013）。因此，突发事件过后，不仅应关注民众的身体健康情况，还应关注事件对社会民众造成的心理伤害，并及时采用心理知识进行干预与治疗，消除或降低灾难对民众的恶性心理影响。

2.3 突发事件知识共享与创新

公共安全突发事件的防控与处理需要多主体各司其职、协同合作（图2-3），充分发挥政府的资源调度作用、应急机构的指挥救援作用、企业的志愿捐助作用、媒体的宣传教育作用、公众的群体智慧作用。

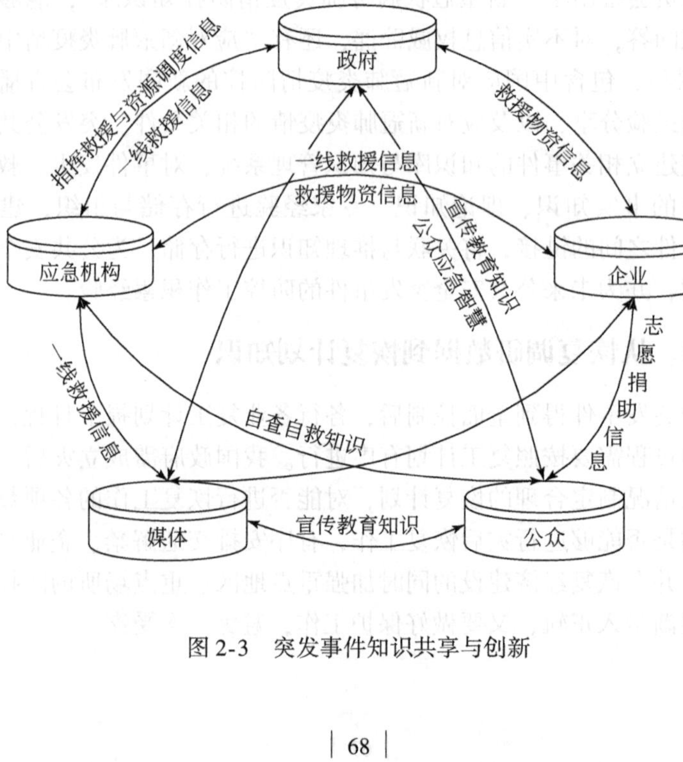

图2-3 突发事件知识共享与创新

2.3.1 政府知识的共享与创新

公共安全突发事件发生后，政府应在第一时间掌握突发事件地理位置、突发事件严重程度、当地地形地貌、救援资源存量等知识，为政府应急决策提供充分依据。人民政府是公共安全突发事件救援中的关键一环，起到桥梁作用。政府部门应充分沟通一线应急机构、企业、大众媒体与社会民众，将政府知识与决策情况及时传递给一线应急机构、企业、媒体与民众，将指挥救援信息与资源调度信息传达给武警、军队、医院等应急组织与机构，指挥应急机构救助受灾群众；将救援物资与企业慈善捐助物资运送受灾地区，支援突发事件救援与受灾百姓生活；通过大众媒体向公众传递正确的自救知识，公共安全突发事件前，政府应对民众进行自查自救知识的培训，帮助民众学习吸收相关知识，在公共安全事件发生时，减少生命财产损失。

2.3.2 应急机构知识的共享与创新

应急机构处于公共安全突发事件的一线，公共安全突发事件的救助与防控工作牵动着全国人民的心，因此应急机构可以将一线报道传递给媒体，并通过媒体帮助社会公众及时了解到突发事件的进展情况。公共安全突发事件发生后，军队、武警、医院、红十字会等应急机构会在第一时间赶到现场并在一线承担突发事件救援与防控工作。及时、准确的一线救援信息对于政府制定科学正确的应急决策至关重要。应急机构在为受灾民众提供救助时，不仅仅需要为他们提供救援物资与就医条件，还需要为他们提供自查自救的教育知识，帮助民众掌握必要的自救知识，减少突发事件带来的损失与伤害。

2.3.3 企业知识的共享与创新

企业在公共安全突发事件应急处理中承担救援物资生产责任，因此需要及时了解救援一线物资需求信息，按需生产救援物资，并将生产信息与物流信息及时告知应急救援机构，为应急救援提供后勤保障。重大公共安全突发事件发生后，一些企业会主动承担社会责任，捐助善款与救援物资，这些善款与救援物资会通过政府或慈善机构捐助到受灾地区，帮助灾区恢复建设以及满足灾民生活所需。企业捐赠物资数量、种类、位置等信息应及时与协同单位共享，从而保障救援物资按时到达所需地区。

2.3.4 媒体知识的共享与创新

大众媒体是各种知识、信息的集散地。突发事件发生前后，大众媒体应主动承担突发事件预防与应对的宣传教育工作。应急知识宣传教育是一种安全教育、生命教育，同时也是一种民族素质教育，能够提升民众的自救能力与应急知识储备，是应对公共安全事件的有效方法，也是提高全民危机应对意识，推动整个民族危机治理实践的有力措施，理应体现人本价值，应当向全社会分阶段、持续地普及分享与传播，进而提高社会整体的危机应对技能（董帅，2016）。大众媒体还应及时向全国人民通报突发事件进展真实信息，对虚假不实信息进行辟谣，助力民众克服恐慌情绪，全力应对危机。

2.3.5 群众智慧的共享与创新

社会公众是公共安全突发事件的第一响应人，并将经历突发事件发生到恢复的全过程。民众在经过公共安全突发事件后，会积累不同的防灾救灾经验，这些经过实践检验的防灾救灾经验能够为类似突发事件的防控提供借鉴。因此，政府可以通过搭建平台，让公众发表应对公共安全突发事件的经验，将社会公众的隐性智慧显性化后加以整合，形成系统化的应急知识体系。加强应急知识体系在全国范围内的传播、共享、增补与创新，切实提升民众应对公共安全突发事件的意识与能力，减少民众的反应时间与生命财产损失。

2.4 突发事件知识管理模式

突发事件知识管理模式是系统规范的知识管理，不仅包括对突发事件知识获取、知识挖掘、知识转化、知识存储、知识组织、知识共享、知识创新、知识服务、知识应用等一系列知识活动的规范，还包括对人员应急能力的培养与管理，以及对知识管理相关技术的充分应用。

2.4.1 基于知识管理流程的突发事件知识管理模式

基于知识管理流程的突发事件知识管理模式以知识管理流程为基础，通过应急知识获取、应急知识转化、应急知识存储、应急知识组织、应急知识共享、应急知识创新、应急知识服务、应急知识应用等流程进行突发事件的知识管理，如图 2-4 所示。

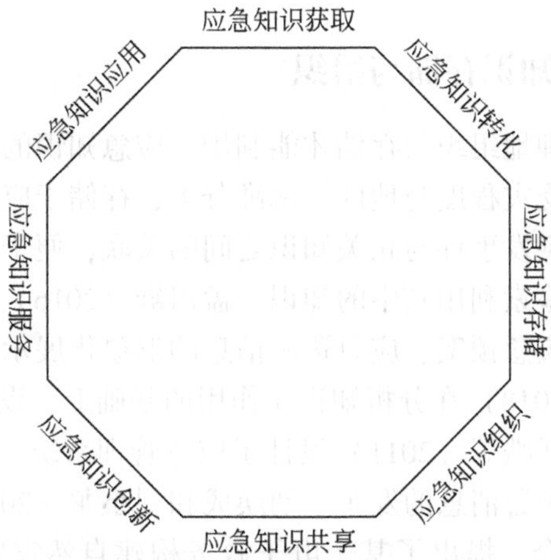

图 2-4　基于知识管理流程的突发事件知识管理模式

2.4.1.1　应急知识获取

管理大师彼得·德鲁克曾指出："人类社会必将向知识社会转变，知识成为管理中重要的环节与要素。"应急知识是应急管理的重要因素与关键一环，而应急知识的获取与充分挖掘是应急知识共享利用的前提。因此，政府与应急机构应充分收集应急公共安全突发事件相关数据、信息、知识等，在突发事件发生之初检测数据信息的变化，如自然灾害发生前地理信息的显著变化，事故灾难与社会事件发生时位置信息的及时获取，疫情发生初医疗数据的相关变化等。数据、信息对于应急管理的价值并不是浮于表面的，而是需要充分的分析与挖掘，从而形成解决问题的知识与方案，为应急管理与应急决策提供依据，进一步推动我国公共治理体系走向科学规范。

2.4.1.2　应急知识转化

应急知识不能仅仅掌握在少数几个人手中，其只有通过转化交流，才能被更多人了解，从而真正发挥作用。应急知识转化包括群化、外化、内化与融合。突发事件发生时，政府与应急机构在救援过程中，可以通过媒体将应急宣传教育知识传递给广大的受灾民众，提高民众对于公共安全突发事件的应对意识与应对能力；掌握一定应急知识的民众也可以通过应急知识系统分享存储于头脑中的应急知识，将隐性应急知识显性化后发布于应急知识管理平台，为公共安全突发事件的救援与防控贡献自己的知识；广大民众还可以通过应急管理平台交换应急知识，从而帮助自己掌握更全面准确的应急知识，为公共安全突发事件的防范与应对提供知识储备。

2.4.1.3 应急知识存储与组织

应急知识需要合理地组织与存储才能利用。应急知识的存储可以按照公共安全突发事件的种类、受灾程度与地区等标准分类，存储于应急知识库与应急知识管理系统中，并建立突发事件与相关知识之间的关联，便于使用者根据公共安全突发事件的实际情况检索利用其中的知识。孟川舒（2016）构建了铁路应急知识管理系统，能够实现应急预案、应急资源信息的形象化展示，信息的快速汇聚和自动关联。李纲等（2018）在分析知识库作用的基础上，设计了应急知识库系统的模块结构与功能。任皓等（2011）设计了应急管理系统，主要用于应急知识的获取、处理、检索与预警消息的发布。刘焕成和刘小龙（2013）将自然灾害应急管理同知识管理相结合，提出了基于电子政务构建自然灾害应急知识管理系统框架。

2.4.1.4 应急知识共享与创新

公共安全突发事件的应对与防控，不是一个人、一个单位的事情，而是需要整个地区，甚至全国范围内的协同行动。因此，各应急管理主体应当充分交流与共享应急数据、信息与知识，将分散的应急信息、应急人员、应急资源协同起来，形成系统化的应急知识体系与跨部门、跨地区的联动应急力量，为相关突发事件救援提供知识支持。王兴鹏和吕淑然（2016）提出建立应急知识协同团队、知识型虚拟应急政府组织与应急知识社区来构建跨地区的应急协同网络，从而完善应急组织机构，规范信息共享机制，扩展与创新应急知识的范围与深度，在突发事件发生时实现快速高效的应急救援。

2.4.1.5 应急知识服务与应用

公共安全突发事件应急知识的获取、处理、共享与创新均是为了给应急管理工作提供借鉴。应急管理服务通过应急管理平台或系统为应急管理工作相关人员提供查询服务。应急知识只有动起来、用起来才能真正发挥其价值。应急知识服务为政府、企业、媒体、社会公众提供应急知识的查询与利用，需要应急知识的用户可以通过应急知识服务机构或应急知识服务平台获取相关服务，也可以通过平台为其他人提供应急知识，促进应急知识的共享、应用与创新。

2.4.2 基于人员应急能力的突发事件知识管理模式

培养公共安全突发事件相关人员应急能力，能够有效提升全民应对危机的意识，在全国范围内营造良好的危机管理文化，帮助相关人员快速应对突发事件，迅速恢复常态工作，减少突发事件带给民众的损失与伤害。

2.4.2.1 危机应对与危机准备意识

危机应对意识是危机应对行动的前提，反映突发事件相关人员对于突发事件的重视程度。只有在思维意识上认识到突发事件应急管理与应急文化的必要性与重要性，才能在突发事件实践中有所准备，快速应对。公共安全突发事件的应急工作，不能仅仅在突发事件发生后才展开救援，应该在工作中融入应急管理准备意识，在组织日常管理中营造应急文化氛围。同时，在常态化工作中做好应急预案与应急人员、应急物资的战时准备，并建立跨部门跨区域的应急协同网络，为信息的报告、传递建立渠道，当公共安全突发事件发生时，能够立即进入应急状态展开救援。

2.4.2.2 快速反应与准确决策能力

公共安全突发事件的防控与救援工作关系到社会稳定、民众生命财产安全，因此救援工作必须做到争分夺秒，而对突发事件做出及时有效反应、准确迅速决策则要求相关人员具有快速反应与准确决策的能力。快速反应不仅要求相关人员具有敏捷的思维与反应能力，还要求相关人员对现场数据、应急预案、相关法律、相关案例有充分地了解与掌握，以及对突发事件相关数据、信息、知识具有收集与分析能力，从而减少决策的盲目性与片面性，保证应急决策的科学性与及时性。

2.4.2.3 后勤保障与资源供给能力

公共安全突发事件的发生可能导致道路瘫痪、生活物资短缺等问题，突发事件的救援也需要救援物资的消耗与补给，而资源补给也要求快速及时，资源的生产运输能够跟上应急所需。应急资源的供给需要协同救援物资的生产企业、交通运输相关部门，保障救援物资能够按时运送到受灾地区，为突发事件的救援提供强有力的后勤保障。在其过程中，各部门之间应建立畅通的信息沟通体制，及时沟通资源的数量、种类与位置信息，共同保证资源能够按时按需运送到受灾地区，为突发事件应急救援与灾区百姓生活提供保障。

2.4.2.4 灾后计划与恢复重建能力

公共安全突发事件往往会给社会、企业、民众带来危机与损失，如果不能及时处理，就会对社会稳定造成不良影响，甚至对国家形象造成严重损害。因此，快速反应、及时控制，在最短时间内处理事件、快速恢复突发事件前的常态至关重要。灾后恢复工作应由相应的恢复工作小组组织，并按照实际情况确定恢复重建的目标，制定恢复计划，按部就班地实施恢复重建，并在突发事件发生之后，建立突发事件评估机制，对突发事件的起因、过程、程度、责任等进行调查和总结，完善相关的应急预案、法律法规与应急知识库。

2.4.3 基于知识管理技术的突发事件知识管理模式

现代通信技术、网络技术、系统技术等的发展，为公共安全突发事件的知识管理提供了技术支撑，也为充分利用技术手段、提高公共安全突发事件的处理能力提供了机遇与平台。因此，突发事件的知识管理要充分利用先进的现代知识管理技术，对突发事件所需知识进行管理，为应急知识的组织存储、共享创新提供便利。

2.4.3.1 突发事件信息监测技术

对于突发事件的应对，事前预防比事后救援更加有效。防患于未然能够减少甚至避免民众生命财产损失，而想要在突发事件发生之前发现苗头，及时预警则需要利用突发事件信息监测技术，建立突发事件预警系统。突发事件监测技术能够对方位、气候、地形等地理信息，生产安全信息，交通安全信息，以及医疗卫生信息等进行监测，当数据发生非常规的变动时，及时预警，提醒相关企业、人员做好安全防护，躲避危险。

2.4.3.2 突发事件数据挖掘技术

近些年来，自然灾害、事故灾难、公共卫生事件、社会安全事件等公共安全突发事件频繁发生，给我国社会安全稳定、民众生命财产安全造成了威胁。突发事件相关数据的变化能够反映突发事件的类型、性质、严重程度等，如能及时掌握突发事件相关数据，并对其进行分析挖掘，预测突发事件走向，就可以为突发事件的救助提供依据，并为应急预案的修订与法律法规的完善提供指导。因此，将数据挖掘技术应用到突发事件知识管理中，不仅能够提升突发事件知识管理的质量与效率，还能够提升突发事件的防控与救援能力。

2.4.3.3 应急知识库管理技术

公共安全突发事件应急知识库的管理，需要知识库管理技术的支撑，利用知识库管理技术建立突发事件应急知识库，将应急常识、应急案例、应急法律条例、应急预案等应急知识进行组织，存储于应急知识库中，并在应急知识与事件之间建立链接与推理，便于根据事件的名称、性质、位置等检索利用相关知识。应急知识库与知识系统的管理不是静态的，而需要及时维护，并根据事件的发生与进展及时更新，剔除陈旧的知识，补充新知识，为突发事件的应急处理与应急决策提供可靠的知识源。

2.4.3.4 应急知识检索技术

应急知识检索技术提供应急知识库中的知识检索，用户将所需知识请求提交给应急知识检索系统，应急知识检索系统通过对存储于系统中的应急常识、应急案例、应急法律条例、应急预案等应急知识进行检索，然后将用户所需知识提供给用户利用。应急知识检索系统可以充分利用信息检索领域的新技术与新发展，允许用户使用自然语言检索，并为用户提供文字、图片、音视频等多种形式的应急知识，或将检索结果以二维、三维的可视化图形提供给用户，更加便于用户理解和使用。

第3章 自然灾害应急知识管理

早在1987年底，在美国科学院院长法兰克·普勒斯博士的倡议下，美国、日本等几十个国家联合向第42届联合国大会提出议案，并被第42届联合国大会通过形成第169号决议，该决议把1990～2000年作为“国际减轻自然灾害十年”，其目的就是通过各国一致的国际活动减轻自然灾害所带来的生命和财产损失以及因此而引起的社会发展和经济发展的停顿，同时要求联合国秘书长组织国际科学技术团来规划和实施“国际减轻自然灾害十年”的活动。2000年以来，国际上自然灾害频发，自然灾害应急管理更为迫切和重要。本章包括案例分析与自然灾害应急知识管理模型两个主要部分。其中，案例分析部分选取国内外自然灾害事件各一个，即国内案例“11·13浙江丽水山体滑坡灾害事件”与国外案例“马来西亚丁加奴州甘马挽洪灾应急管理”。自然灾害应急知识管理模型部分从自然灾害应急知识管理要素分析、自然灾害应急知识管理模型构建与自然灾害应急知识管理模型应用三方面展开。本章旨在汲取国内外自然灾害领域应急知识管理成功案例经验的基础上，更好地理解知识管理在应急管理当中的重要意义，推广和应用自然灾害应急知识管理模型，使其发挥实际的效用和价值，最终建立更加科学、高效的自然灾害应急知识管理体系，减少自然灾害给人民带来的生命威胁与财产损失。

3.1 国内案例分析：“11·13”浙江丽水山体滑坡灾害事件

3.1.1 案例背景

2015年11月13日22时50分许，浙江省丽水市莲都区雅溪镇里东村发生山体滑坡灾害，造成了重大人员伤亡和财产损失。“11·13”浙江丽水滑坡灾害被国家减灾委员会办公室列为2015年全国十大自然灾害事件之一。

里东村位于浙江省丽水市莲都区雅溪镇东北7.5km处，包括里东中心村和梅树弄、东弄坑、淘坑口、小玉坑、小桃村5个自然村。灾害事发点位于里东中心村，其是重点（A 类）地质灾害隐患点，当地有住户 368 户，户籍人口总计 820 人。

此次山体滑坡体长约 220m、宽约 100m、厚约 15m，塌方量近 30 万 m^3，堆积面积约 2 万 m^2，掩埋房屋 27 户。滑坡体前缘越过溪沟，到达 G25 金丽温高速公路里东大桥，形成一个长约 100m、宽约 20m、深约 3m 的堰塞湖。最终造成倒塌房屋 146 间（面积为 7500m^2），严重受损房屋 66 间（面积为 1280m^2），一般受损面积为 4700m^2。事故导致 38 人遇难、1 人受伤、433 人受灾，水利、道路、通信和电力设施、农作物等被冲毁，直接经济损失约为 2917 万元。

“11 · 13”灾害发生后，国务院和浙江省各级政府、军队、武警部队、民间力量紧急响应。围绕“救人第一”主线，3000 多位救援人员经过 7 天 6 夜的连续搜救，实现了“三个有效”的救援目标：一是有效实施全面搜救；二是有效阻止次生灾害及疫情发生；三是有效安抚受灾群众和遇难者家属。浙江丽水“11 · 13”山体滑坡灾害协同专业救援是近年来我国重大自然灾害应急救援中的一个成功案例。

——摘编自《应急管理典型案例研究报告》（2018）

3.1.2 案例分析

3.1.2.1 自然灾害应急知识需求

自然灾害是指威胁或损害人类生命安全的自然现象，包括地震、山体滑坡、沙尘暴、龙卷风、高温、低温、寒潮、冰雹等，具有突发性、危害性强、影响力大、可控性弱等特点。自然灾害的发生往往会带来严重的经济损失甚至对人类的生命安全产生威胁，而一定的知识存量是自然灾害应急管理的重要支撑。所谓自然灾害应急知识管理，是指在面对突发自然灾害事件时，调用既往应急管理的经验与智慧，利用知识的重组、分享与再创造来支撑应急决策，最终通过采取及时、有效的措施将人员伤亡与财产损失降至最低。因此，当自然灾害发生时，应急知识管理是降低灾害损失的关键一环。理解应急知识管理，应先明晰自然灾害应急知识需求，包括应急知识需求主体、应急知识需求动机与应急知识需求内容。

（1）应急知识需求主体

根据管理职能的纵向层次，本章将应急知识需求主体分为决策者、管理者、操作者和辅助者，如图 3-1 所示。

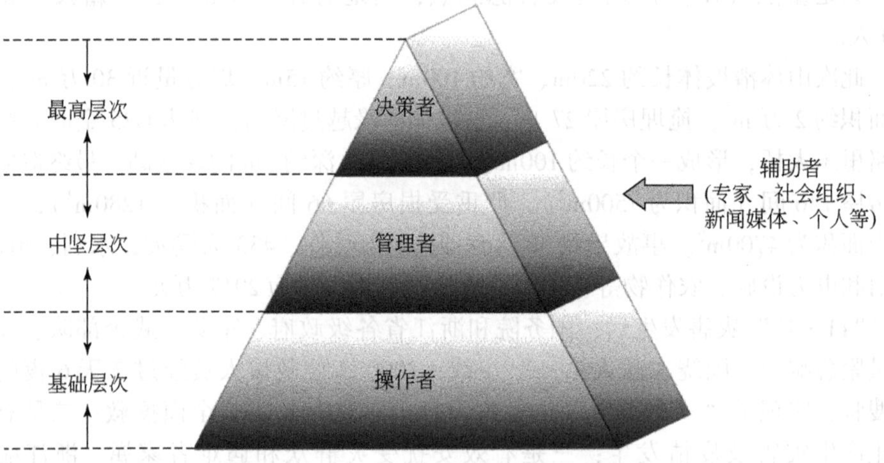

图 3-1　应急知识需求主体

决策者作为个体或群体的高层管理人员，负责宏观规划与统筹决策，有效领导和管理整个团队。自然灾害应急管理的成功与成效往往取决于决策者。决策者在自然灾害应急知识管理中扮演着至关重要的角色，同时，因决策需要，其对于应急知识的准确性、全面性有着较高的要求。决策者的应急知识需求具有宏观特征。"11・13"浙江丽水山体滑坡灾害发生后，李克强总理立即做出重要批示，要求"抓紧全力搜救被埋群众，救治受伤人员，尽最大努力减少伤亡。同时，全面排查周边地质灾害隐患，加强监测预警，防止发生次生灾害，确保搜救人员安全。要尽快核实情况，并做好后续工作"。浙江省政府也在第一时间启动地质灾害Ⅰ级响应，浙江省委书记夏宝龙、省长李强立即对丽水市相关人员做出批示。

管理者作为中层管理人员，在整个团队中担当组织、协调、监管的责任。应急管理当中，一方面管理者本身对于应急知识具有较大的需求，另一方面其在上、下级之间担负知识传递与沟通的使命，同时是知识协同活动的主干力量。"11・13"灾害发生后，丽水市、莲都区两级政府立即启动地质灾害特别重大Ⅰ级响应，丽水市委书记王永康、代市长朱晨等主要负责人，立即奔赴灾害现场，第一时间成立了由市委书记任总指挥的抢险救援指挥部，下设综合协调、抢险救灾、医疗救护、社会维稳、物资保障、交通保障、通信电力保障、信息宣传、调查评估、善后安抚和灾后重建 10 个专项工作组。

操作者作为基层人员，负责对团队做出的决策方案进行具体实施、执行与操作，是微观层面应急知识的直接运用者。"11・13"浙江丽水山体滑坡发生后，解放军、武警部队（包括消防部队、交通部队）等携带搜救犬、生命探测仪与挖掘机第一时间驰援灾区，供电公司、电力公司抢修损坏电路，石油石化企业保障油料供应充足，环卫部门有序清理现场垃圾，主体协同争分夺秒，积极救援。

辅助者通常由专家、社会组织、新闻媒体、个人等组成。应急活动中，辅助者运用自身丰富的经验和知识技能，给予团队一定的支持与帮助，协助团队实现组织目标，是应急知识协同活动的重要组成部分。“11 · 13”浙江丽水山体滑坡事件中，水利、国土资源、安全生产监督、气象等部门的专家们凭借其专业的领域知识为应急管理团队建言献策，成为最为重要的决策参谋；浙江省及丽水市红十字救援队等社会组织起到辅助专业救援的作用；社会志愿者纷纷自发组织募集捐款；浙江省人民医院等医疗团队的心理医生为遇难家属和受灾群众进行心理辅导；各大新闻媒体及时的正面报道与正向引导，缓解了社会猜测与恐慌，弘扬了在危难关头万众一心、众志成城的正能量。

（2）应急知识需求动机

1）自然灾害突发事件的预防和控制。自然灾害突发前，社会与公共管理部门应加大对防灾减灾知识的宣传普及，学校与专业培训机构应加强应急技术培训，消防、医院等机构应强化应急演练，从整体的角度来全面提高社会公众风险防范意识与应急反应能力。应急管理部门制定与优化应急预案，密切监测、预测自然环境的变化，通过构筑全面的知识体系来预防自然灾害突发事件的发生。自然灾害突发后，中层管理部门准确核实灾害的发生时间、发生地点、灾害类别、危害程度、发展趋势，确保应急知识传递与情报响应系统的通畅，便于高层决策人员第一时间做出灾情处置部署，以及基层业务人员迅速赶赴灾害现场展开救援。通过有效的知识协同来控制危机蔓延和事态的进一步恶化，赢得更多危机化解的机会。

2）受灾群众救治与财产保护。自然灾害发生后，相关管理部门结合专家团队经验和技能知识，在第一时间做出专业判断与科学决策，可以有效提高灾区处置的效率。“11 · 13”浙江丽水山体滑坡灾害发生后，迅速形成权威高效的救援组织指挥体系，分配急需资源与技术设备，聚合多元力量驰援一线。通过人尽其职、物尽其用，将百姓的生命安危放在第一位，不惜一切代价在“黄金 72 小时”内抢救受伤人员、疏散涉险人员，同时及时挽救受灾群众的财产与物资，尽可能减少灾害带来的经济损失。

3）灾区民众生活安置与善后处理。自然灾害结束后，民政部门做好灾区民众的生活安置与善后处理，及时进行卫生防疫消杀工作，挨家挨户上门开展心理咨询与辅导。另外，应结合受灾群众的具体情况将社会捐款与政府救助金及时补贴到人，为灾区人民奉献爱心与关怀。同时，应制定灾后重建计划，摸清底数，有序推进房屋重建和复工、复产工作，保障灾区民众生活质量。此外，应急部门必须认真总结教训，形成案例报告，并将新的经验吸纳到应急知识库当中，补齐短板，完善自然灾害应急知识体系。

（3）应急知识需求内容

1）领域知识。领域知识是对某一领域涉及信息与知识对象的描述，具有独立性和专业性特征，包含概念表述（如专有名词或特定术语的表述）、特征描述（如描述概念的相关属性）、关系表示（如不同概念之间的具体关系）等。在不同领域，知识需求主体对知识需求的内容是不同的。例如，突发自然灾害知识包括台风知识、山体滑坡知识、地震知识、沙尘暴知识等；而山体滑坡知识又可分为判断山体滑坡的成因或诱发因素，即岩土类型、地质构造条件、地形地貌条件、水文地质条件等，山体滑坡迹象表现，山体滑坡监测、救援、影响等基础知识。在自然灾害应急管理领域，相关知识的专业性很强，当灾害发生后需要具备与之相对应的、有丰富专业知识和专业技能的专家参与应急决策，更加科学高效地围绕特定灾害展开专业救援，以挽救更多的生命与财产损失。因此，毫无疑问，领域知识在应急管理活动中是举足轻重的。

2）任务知识。任务知识即在具体环境或情境下，为达成终极目标而制定一系列宏观、微观策略，并根据策略采取应对措施与行动方案的集合。在自然灾害应急知识管理过程中，有关部门应根据自然灾害的预防与准备阶段、监测与预警阶段、应急处置与救援阶段、事后恢复与重建阶段预设不同的目标任务。“11·13”浙江丽水山体滑坡灾害发生后，总目标为保障民众生命安全，尽可能减少损失，但在应急处置与救援的不同任务阶段，搜救协同主体因地制宜、因时制宜，根据实时的气象环境、地质条件、搜救难度、救援空间等知识及时调整子目标，监测分析各项变动的数据指标，制定新目标，适时更新应对策略，科学开展应急救援。

3）推理知识。推理知识指运用现有的、已掌握的信息，将信息加工转化为知识，通过分析知识间固有的关联，预测与推算下一个可能发生的现象或树立新的目标。在应急领域，处置知识是推理知识的一种（张浩，2010）。狭义的处置知识是关于“在遇到何种情景下应当执行什么行动”的知识，即领域知识到任务知识的因果关系。而更广义的处置知识还包括从领域知识到领域知识的因果关系、从任务知识到领域知识的任务关系以及从任务知识到任务知识的因果关系，它们共同组成了一个突发事件及其处置的完整过程。在自然灾害应急管理中，善于运用推理知识能够帮助决策人员发现领域知识与任务知识之间的因果关系。“11·13”浙江丽水山体滑坡灾害发生后，相关人员全面收集取证有关数据，建立3D数据模型，及时评估，总结规律，做出预测，精准施策，做好充分的准备预防次生灾害的发生，尽全力将损失降至最小。

3.1.2.2 自然灾害应急知识类型

知识类型可以按照不同的知识分类标准划分，如从知识运动转化视角可将知识类型分为显性知识和隐性知识。不同学科对知识的分类也不同，现代心理学将知识类型分为陈述性知识、程序性知识和决策性知识；Anderson 等（2000）在 Bloom 分类体系的基础上，将知识分为事实性知识、概念性知识、程序性知识和元认知知识；古希腊哲学家亚里士多德将知识分为理论知识、实践知识和创造知识（邓仲华等，2012）。随着知识经济理论的发展，经济合作与发展组织（Organization of Economic Co-operation and Development，OECD）将知识归纳为四种类型：事实知识（know-what）、原理知识（know-why）、技能知识（know-how）和人力知识（know-who）。

然而，上述知识分类体系与本案例中山体滑坡灾害应急管理演化阶段所需知识的契合度较低。本章遵循《中华人民共和国突发事件应对法》中对突发事件的预防与应急准备、监测与预警、应急处置与救援、事后恢复与重建四个阶段的界定，将自然灾害应急知识类型分为预防性知识、监测预警知识、应急处置知识、综合经验知识，如图 3-2 所示。

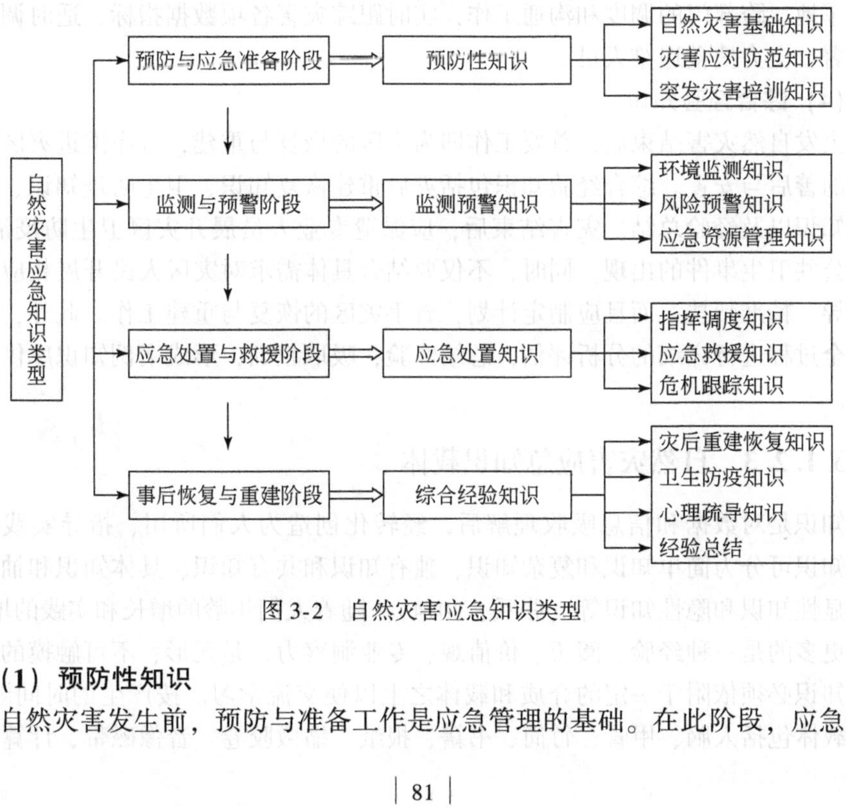

图 3-2 自然灾害应急知识类型

（1）预防性知识

自然灾害发生前，预防与准备工作是应急管理的基础。在此阶段，应急管理主体需要具备预防性知识，包括自然灾害基础知识、灾害应对防范知识、突发灾害培训知识等。自然灾害基础知识主要包含自然环境知识、灾害概念相关知识、地理空间知识等；灾害应对防范知识则包括国家、社区对相关知识的宣传与普及以及社会教育等；突发灾害培训知识主要涉及应急演练仿真模拟、技术培训等。

(2) 监测预警知识

自然灾害的发生具有突发性、不确定性、严重危害性。“千丈之堤，以蝼蚁之穴溃；百尺之室，以突隙之烟焚。”因此，监测与预警阶段至关重要。监测预警知识包括环境监测知识、风险预警知识、应急资源管理知识。环境监测知识即对自然环境中多变且不确定性因素进行实时监察检测并做出研判；风险预警知识即监测发现异常情况后及时制订应对方案，拉响预警信号；应急资源管理知识涉及人力资源、物资、财力的摸排以及组织建设相关知识等。

(3) 应急处置知识

自然灾害突发后，有关控制事态恶化的决策刻不容缓。如果出现人员伤亡的情况，应本着以人为本的宗旨，全力以赴，确保人民群众生命安全，将损失最小化。应急处置知识包括指挥调度知识、应急救援知识、危机跟踪知识。有关部门核实灾害相关情况后确定响应级别，启动应急预案，指挥机构协同作战，做好央地、军地、跨部门的调度和沟通工作，实时跟踪灾害各项数据指标，适时调整战略部署，全力搜救遇难人员。

(4) 综合经验知识

突发自然灾害结束后，首要工作即为灾区的恢复与重建，有序推进灾区人员生活的善后与安置。综合经验知识包括灾后重建恢复知识、卫生防疫知识、心理疏导知识以及经验总结。灾害结束后，应派遣专业人员展开灾区卫生防疫清查，防止公共卫生事件的出现。同时，不仅要结合具体需求对灾区人民开展相应的心理辅导，精准帮扶，而且应制定计划，着手灾区的恢复与重建工作。此外，要对事件全过程进行详细的分析评估，总结经验，吸取教训，形成案例知识库供后人借鉴。

3.1.2.3 自然灾害应急知识载体

知识是对数据和信息吸收理解后，经转化创造为人们所用、指导实践的过程。知识可分为简单知识和复杂知识、独有知识和共有知识、具体知识和抽象知识、显性知识和隐性知识等（张兵，2014）。随着人们年龄的增长和实践的增多，知识更多的是一种经验、阅历、价值观、专业洞察力，是无形、不可触摸的。因此，知识必须依附于一定的介质和载体之上以便交流学习。按产生的时间顺序，知识载体包括人脑、甲骨、竹简、书籍、报纸、缩微胶卷、音像磁带、计算机系统等。自然灾害应急知识载体包括应急预案、法律法规、监测预警系统、应急知识管理系统、应急知识管理方案/机制、应急专家或组织的经验、典型案例总结、研究文献等，如表 3-1 所示。在自然灾害发生的不同阶段，即预防与准备阶段、监测与预警阶段、应急处置与救援阶段、事后恢复与重建阶段，不同的知识载体也发挥了不容忽视的作用。

表 3-1　自然灾害应急管理阶段知识载体

应急管理阶段	知识载体	“11 · 13”灾害知识载体
预防与应急准备阶段	应急预案	应急处置预案 地质灾害特别重大Ⅰ级响应预案 突发事件重大舆情Ⅰ级响应预案
监测与预警阶段	法律法规	依据相关法律法规收集、调阅相关资料，调查相关人员
	监测预警系统	S-SAR 型监测预警系统
应急处置与救援阶段	应急知识管理系统	应急指挥系统
	应急知识管理方案/机制	现场维稳方案 军地联合指挥工作机制 专家集体会商机制
事后恢复与重建阶段	应急专家或组织的经验	52 名专家团队丰富经验
	典型案例总结	总结案例经验，建立地质灾害大数据共建共享机制
	研究文献	《国土资源部积极指导协助地方做好浙江丽水特大滑坡灾害应对处置工作》《130 小时不放弃希望 —— 浙江丽水里东村山体滑坡灾害大救援纪实》

（1）预防与应急准备阶段

应急预案是根据国家、地方法律、法规和各项规章制度，综合本部门、本单位的历史经验、实践积累和当地特殊的地域、政治、民族、民俗等实际情况，针对各种突发事件类型而事先制定的一套能切实迅速、有效、有序解决问题的行动计划或方案（钟开斌和张佳，2006）。应急预案通常在自然灾害发生的预防与准备阶段产生。究其本质，自然灾害应急预案是面向自然灾害发生前、发生过程中、发生后以及事后恢复等不同阶段，应急人员对各类突发自然灾害基础知识、特征、发生条件、发生概率、危害性、可能引发后果进行思考与总结后，所制定的具体应急计划。自然灾害应急预案不仅能够帮助非专业人员冷静应对，也能够让专业应急管理人员协同各方迅速做出应急决策，控制突发事件的发展，并因地制宜做出详细救援计划，将自然灾害对人、财产和环境的损失和影响减小到最低限度（吴宗之和刘茂，2003）。

（2）监测与预警阶段

法律法规大多数以文本的形式呈现，是通过现行有效的法律与规定来明确救援各主体的职责权限和应急处置的流程，以起到约束、规范与校正行为的作用。例如，自然灾害类法律法规包括《中华人民共和国水法》《中华人民共和国防洪法》《中华人民共和国防汛条例》《水库大坝安全管理条例》《蓄滞洪区运用补偿暂行办法》《中华人民共和国气象法》《中华人民共和国防沙治沙法》《人工影响天气管理条例》《中华人民共和国防震减灾法》《破坏性地震应急条例》《中华人民共和国森林法》《森林防火条例》《森林病虫害防治条例》《中华人民共和国森林法实施条例》《草原防火条例》《中华人民共和国自然保护区条例》《地质灾害防治条例》《中华人民共和国海洋石油勘探开发环境保护管理条例》等（师花艳，2010）。

监测预警系统利用相关监测技术，对自然灾害现场的图像、视频进行及时分析，密切收集和分析数据，实时监测环境的变化，以做出预警、调整方案，同时预防二次灾害的发生，确保救援人员的生命安全。

（3）应急处置与救援阶段

进入大数据时代，知识以数量多、分布广、种类杂的特点分散在各个空间角落。随着互联网和计算机技术的迅猛发展，应急知识管理系统利用公开平台将异化数据结构统一标准，以数字化的形式把自然灾害应急知识组织起来。同时，应急知识管理方案与应急知识管理系统的结合，便于应急处置与救援阶段管理和人员知识共享、数据挖掘、资源置换，并高效有序地研判局势、科学决策、协同救援。

（4）事后恢复与重建阶段

突发自然灾害事后恢复与重建阶段的知识载体主要有典型案例总结、研究文献和应急专家或组织的经验。研究文献大多以学术成果发表，通过构建框架模型，提出相应理论，供广大学者参考学习。

典型案例总结是以书面或电子化的形式，将历年发生过的自然灾害案例分门别类留存至知识库中，通过对案例发生原因、经过、应急措施的详细记载，便于检索和运用，辅助相关应急部门对比学习，监测与预警自然灾害的发生。

应急专家或组织宝贵的经验应以文档或书面形式保存，是隐性知识显性化的典型表现。在探索自然灾害事件的本质规律、深度反思、吸取教训的同时，应急经验文书也能够为后人学习借鉴，向应急管理者提供智力支持，以未雨绸缪、快速应对。

3.1.2.4 自然灾害应急知识协同体系

所谓独木难支、孤立无援、孤掌难鸣，自然灾害破坏力大、影响范围广，仅凭某一地区或某级政府的一己之力无法科学、高效应对，往往需要跨地区、跨行业、跨领域以及不同应急知识需求主体的协同联动。《淮南子·主术训》有言："乘众人之智，则无不任也；用众人之力，则无不胜也。"知识协同是以知识创新为目的，运用协同理念，整合多个知识行为主体（组织、团队或个人）之间的知识资源，实现更高效的知识共享和创新，达到协同效应的知识活动的过程（罗南，2012）。在自然灾害突发事件中，应急管理知识协同是在突发事件发生前后，由多个拥有知识资源的行为主体（各应急组织、团队、个人）协同参与，通过对知识的识别、获取、转换和共享，充分发挥其价值，进而提高应急管理水平与效率（李春娟和宋之杰，2011）。结合王兴鹏和吕淑然（2016）的研究认识，我们将自然灾害应急知识协同体系分为自然灾害应急知识协同组织、自然灾害应急知识协同平台、自然灾害应急知识协同保障机制三个部分，如图 3-3 所示。

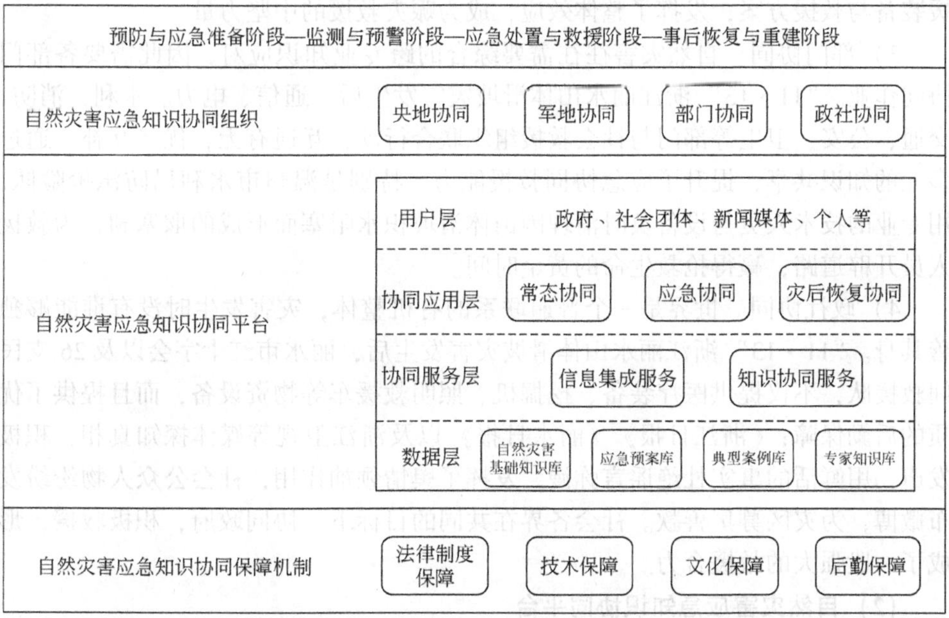

图 3-3　自然灾害应急知识协同体系

(1) 自然灾害应急知识协同组织

1）央地协同。"11·13"浙江丽水山体滑坡灾害发生后，迅速形成中央与地方跨层级、跨地域协同作战的局面。党中央、国务院高度重视，李克强总理做出重要批示后，当地组织全力搜救被埋群众，救治受伤人员，并全面排查周边地质灾害隐患，做好监测预警工作。国土资源部派遣相关人员协助指导浙江省、丽水市、莲都区救援工作组。浙江省政府第一时间启动地质灾害Ⅰ级响应，通过远程视频连线了解灾情，成立应急指挥中心，省委书记与其他省委领导先后奔赴现场指挥救援。丽水市委书记、代市长等成立10个专项救援小组，坚守一线；莲都区建立24小时领导轮流值班制度，积极组织救援。

2）军地协同。处理突发事件中的军地协同是指在突发事件发生后，依据突发事件性质、危害程度和地方政府应急处置力量的强弱，在当地政府的统一领导下，由部队或地方政府和军事机关一起联合指挥，共同研究制订、协调处理重大突发事件（杨洋，2013）。军地协同处理突发事件既是科学统筹方法在实践中的检验，也是发达国家的通行做法（佘廉等，2016）。“11・13”浙江丽水山体滑坡灾害发生后，形成军地联合救援机制，中国人民解放军第一集团军、浙江省武警总队、中国人民解放军第二炮兵部队、中国人民武装警察部队交通部队、浙江省公安消防队等，权责分明，层级清晰，相互配合，提供了专业的救援队伍、救援装备与救援方案，发挥了整体效应，成为赈灾救援的中坚力量。

3）部门协同。自然灾害往往需要综合的跨专业知识应对，因此需要各部门协同作业。“11・13”浙江丽水山体滑坡灾害发生后，通信、电力、水利、消防、交通、公安、卫生等部门与社会救援组织联合行动，互通有无，优势互补，通过多元的知识共享，提升了应急协同救援能力。特别是温州市水利局防汛抢险队，用专业的技术人员与设备及时清理因山体滑坡积水阻塞而形成的堰塞湖，为救援人员开辟道路，赢得抢救生命的黄金时间。

4）政社协同。世界是一个普遍联系的有机整体，灾害发生时没有谁能够独善其身。“11・13”浙江丽水山体滑坡灾害发生后，丽水市红十字会以及26支民间救援队，不仅提供医疗装备、挖掘机、照明救援车等物资设备，而且提供了优质的后勤保障；《浙江日报》《丽水日报》以及浙江卫视等媒体探知真相，积极发声，用鲜活的事实杜绝谣言弥漫，发挥了舆情领袖作用；社会公众人物纷纷发布微博，为灾区募集善款。社会各界在共同的目标下，协同政府，积极救援，形成了一股强大的救援合力。

（2）自然灾害应急知识协同平台

1）数据层。数据层处于自然灾害应急知识协同平台底层位置，是平台中最为基础的一部分，它将自然灾害应急知识集中存放至各大数据库中，主要包括自然灾害基础知识库、应急预案库、典型案例库和专家知识库（刘焕成和刘小龙，2013）。

2）协同服务层。协同服务层主要包括信息集成服务与知识协同服务。信息集成服务将分散在各大应急管理知识库中的异构数据转化为同一标准数据，方便知识需求主体间知识的提取与整合；知识协同服务通过计算机系统等技术，组织知识、按规律排序，形成知识地图或知识图谱，创新知识，为应急决策人员提供智力支持。

3）协同应用层。协同应用层由常态协同、应急协同、灾后恢复协同构成。常态协同即在非战时期，知识协同团队利用自然灾害应急知识协同平台，在平台上分享应急知识，交流实战经验，互学互鉴，积累知识，将隐性知识转化为显性知识。自然灾害发生后则需要应急协同，辅助应急知识网络中的各节点协同作战，识别分析灾情，做出响应，结合典型案例知识库做好灾情处置。灾后恢复协同即在自然灾害的恢复与重建阶段，评估本次知识协同全过程，总结经验，反思不足，扬长避短，趋利避害，沉淀知识，完善应急知识库，在实践中勇于创新。

4）用户层。用户层是平台与知识协同体的接口，即为政府（中央、军队、地方各部门救援专家与团队）、社会团体（红十字会、民间紧急救援团队等）、新闻媒体、个人等提供更舒适简洁的界面，提升用户体验感，优化知识服务。

(3) 自然灾害应急知识协同保障机制

1）法律制度保障。自然灾害应急知识协同是一个将多元力量聚合在一起的过程，需要法律法规予以保障。常态化时，法律制度能够对知识协同主体起到监督管理作用。灾害突发后能以立法的形式细化政府、社会团体、媒体以及个人应急责任与义务，规范行动，避免出现权责交叉、混乱无序的局面。

2）技术保障。技术保障是自然灾害应急知识协同平台的有力支撑。通过现代通信技术、计算机技术、物联网技术等支持自然灾害应急知识协同系统和知识协同网络，促进知识流动、转换、共享与创新。同时，还可以运用地理信息系统、遥感系统、音频生命探测仪、蛇眼探测仪、红外线热成像仪等装备进行技术监测与分析研判，协助有关部门科学高效决策，全力搜救受灾人员。

3）文化保障。自然灾害应急知识协同由来自四面八方不同的组织与个人组成，各主体间必然存在文化背景和价值观的差异。文化保障机制作为桥梁与纽带，可以加强各主体间的联系。通过自然灾害应急知识协同平台，可以举办应急知识分享与学术交流活动，打破藩篱，增强跨地区、跨部门、跨专业主体间互动，建立认同感与使命感，互信互助，沟通协作。

4）后勤保障。“11·13”浙江丽水山体滑坡灾害发生后，一支“娘子军”的出现尤为醒目。11 月 14 日 5 时左右，公羊会浙江总会丽水分会的女“战士”们带着近 200 份早餐与 10 壶热水抵达现场，为奋战在一线彻夜未眠的救援人员送上温暖。环卫部门派遣专门人员驰援灾区，及时清理现场垃圾，为女“战士”们营造干净舒适的救援环境，做好大家的后勤保障工作。

3.2 国外案例分析：马来西亚丁加奴州甘马挽洪灾应急管理

因地质地貌原因，洪水是马来西亚常见的自然灾难。马来西亚丁加奴（Terengganu）州甘马挽（Kemaman）地区团队是第一个获得洪水灾害管理金标准奖的洪水管理团队。本章以此为例分析甘马挽开展洪灾应急知识管理计划、内容与关键成功因素，以及采用的洪水知识整合措施。

3.2.1 案件背景

马来西亚的地理位置使该国极易遭受自然灾害的侵袭，其中洪水是马来西亚常见的灾难事件。洪水是由气候因素引起的自然灾害，如降雨、温度、蒸发、气流和地球环境的自发运动（Patel，1984）。随着西南和东北两股季风带来的强降雨，马来西亚的洪水灾害发生次数逐年增加，造成了严重损失。马来西亚不断恶化的洪水状况，迫使人们开始思考如何从整体上改善洪水管理。

马来西亚东海岸是洪灾的频发地区，特别是丁加奴州和吉兰丹（Kelantan）州。2013 年，丁加奴州的甘马挽是受灾最严重的地区之一。这是 1971 年以来，丁加奴州遭遇的最为严重的重大灾难，共计 2 万多人被疏散到洪灾救济中心，所有的道路都被封闭。为了安全起见，当地不得不切断电线、交通及通信等渠道，这导致居民无法与外界沟通、食物和基本生活必需品短缺。一时间，甘马挽变成了一个孤岛，损失惨重（Bernama，2013）。

甘马挽办事处从这起严重的自然灾害事件中吸取了教训，采取了一系列系统性的计划，防止这种情况再次发生。自 2014 年 4 月以来，当地成立了洪水灾害委员会，确定了 69 个洪灾救济中心。地区当局制定了一项自然灾害管理计划，以用于灾前准备、灾难应急和灾后重建。该地区在 2014 年因此获得了洪水灾害管理金标准奖。2014 年 12 月，马来西亚总理宣布，甘马挽的洪水管理方案将成为标准操作程序（standard operating procedure，SOP）模型，作为一种应急规范用于洪水管理。

这样的应急规范马上起到了作用。2014 年 12 月中旬至 2015 年 1 月初，东北季风带来的强降雨达到 255mm，淹没了马来西亚的几个州：丁加奴、彭亨（Pahang）、吉兰丹（Kelantan）、霹雳（Perak）、柔佛（Johor）、雪兰莪

(Selangor) 和玻璃市 (Perlis)。吉兰丹州的勒比尔 (Lebir)、吉兰丹和戈洛克 (Golok) 三条主要河流的洪水已经淹没了6个地区的16条道路。同样，在丁加奴州，洪水淹没了5个地区的15条主要道路。船只和直升机等运输工具数量有限，陆地通道被淹没，这严重阻碍了灾害救援。据马来西亚公共政策研究中心报道，这次灾害疏散了近25万居民，总计20人死亡，财产损失约10亿令吉。在同样极端的环境下，丁加奴州的甘马挽成功地降低了这次严重灾害带来的影响，引起了社会的特别关注。由于甘马挽的洪水应急工作按照标准操作程序方案进行，积极建立洪灾受害者与参与者数据库、明确社区领导人责任、成立充足的洪灾救济中心，甘马挽卓有成效地降低了此次洪灾带来的危害。丁加奴州州务卿 Wan Nawaw 在谈到甘马挽的洪灾时说，"疏散进行得很顺利，援助也能够及时提供。尽管条件艰难，也在洪灾救济中心为灾民提供了舒适的环境"，对开展的洪灾管理工作表示认可。甘马挽2014年洪灾管理的成功表明，他们的洪水管理程序在减小洪水影响方面是效果显著的，可被马来西亚其他易发洪水地区借鉴和采纳。

——根据 *Knowledge Integration Improves Flood Disaster Management: A Case Study of Kemaman* (2016); *Flood disaster management in Malaysia: A review of issues of flood disaster relief during and post-disaster* (2016); *The 2014 flood disaster in Kemaman, Terengganu: Lessons from the Kemaman experience in Zulikha* (2014); *Knowledge integration among flood disaster management team: Lessons from the Kemaman district* (2018); *Critical success factor of information management and governance: A case from 2014 flood in Kemaman, Terengganu* (2019) 等文献整理。

3.2.2 案例分析

3.2.2.1 甘马挽的自然灾害应急知识管理计划

洪水灾害管理强调搜集信息的准确性和及时性，以支撑后期的决策和预测工作。从自然灾害应急管理的角度来看，知识管理被视为获取灾害相关数据的一个重要环节 (Seneviratne et al., 2010)。甘马挽的洪灾应急管理工作各方面也离不开知识管理，如制定人员疏散方案和物资储备计划、使用洪水管理系统，以及各机构之间的工作分工与协调。

在标准操作程序之前，马来西亚的洪水管理程序面临诸多挑战，尤其在信息共享和机构协调能力方面较为薄弱 (Rodzi et al., 2016)。参与灾害管理的机构有多个，但没有任何机构发布关于协调跨机构合作的有效文件。一般而言，抗洪救灾行动由马来西亚国家安全理事会协调。马来西亚国家安全理事会面临的主要问题是与各机构间缺乏协作和沟通，不能有效执行救灾行动。虽然每一个机构都有自己的网站和门户，但是各机构之间是相互独立的，并未与其他机构进行知识共享。由于“信息孤岛”的存在，各个机构虽然报道的是同一件事，但内容却不同；受众也会产生信任危机，对灾情的认知缺乏清晰度，甚至不愿意相信报道内容。虽然马来西亚各机构提供了大量有关洪水管理的知识，但因管理不善，抗洪救灾工作进行得并不顺畅。

知识整合（knowledge integration）是一个能够产生新形式知识的组合过程（Rodzi et al.，2014），知识整合使隐性和显性的知识跨越组织边界，并与个人和团队共享。此外，知识整合还包括识别领域知识以及整合现有知识，从而创造新知识的过程。利用马来西亚各个机构提供的大量洪水管理知识，进行知识整合可以有效地降低任务复杂性，提升洪灾管理工作的效率。

3.2.2.2 自然灾害应急知识整合

甘马挽的案例让我们认识到洪灾管理工作中知识管理的重要性。本章将知识整合的概念融入自然灾害管理计划的制定的三个阶段中：灾前准备阶段、灾害应急阶段和灾后重建阶段。

（1）灾前准备阶段

在初步洪水阶段，地方和国家当局实施了各种洪水应急预案，进行洪水管理工作培训，其中包括普及处理洪水的各种方法、为受害者提供洪水工具包和传达洪灾救济中心的信息等。主要参与机构包括地区当局、马来西亚国家安全理事会、青年俱乐部、医疗队和后勤支援组织。在此期间，还确定了安置中心、烹饪区、食品仓库和存放公众捐赠物品的地方。应急预案中，还通过洪水模拟检验各机构的准备程度，其中包括基本物品的收据、登记分配到各个洪灾救济中心的受害者的基本信息、粮食管理，以及分发捐赠的物品等。

在汛期开始前，保证确认和测试完所有必需的设备项目，以使灾害管理工作顺利进行。设备项目包括发电机组和后勤设备项目，如船只、对讲机和便携式移动蜂窝站点。地区管理局与 Celcom Axiata Bhd、Maxis Bhd、DiGi 等电信公司密切合作，确保通信系统在洪水期间能够正常运行。甘马挽的洪水管理团队已经利用这一电信技术进行知识整合。

所需要的最新知识还通过 WhatsApp 和 Telegram 社交媒体应用软件，在受害者和相关机构之间进行良好的共享和融合。应急管理人员广泛使用社交媒体工具，与其他人建立联系，以便获取和接受知识，以及相互答复和获取居民定位。社交媒体工具的使用，有效促进了人们以更快、更有效的方式对与洪水有关的知识进行交流和整合。

位于丁加奴州的东海岸地区有三个直升机停机坪，配有全球定位系统（global positioning system，GPS）坐标，有助于缩短向灾民发送食物和其他必要援助所需的时间。每个洪灾救济中心都配备了临时诊所，以检查洪灾受害者的健康状况。医院还单独列出了病重的患者，包括将在汛期分娩的准妈妈，以制定应急计划。总之，与洪水管理有关的每一件事都是在洪水前阶段精心策划的，足以见得应急预案与计划在应急管理中发挥的重要先导作用。

(2) 灾害应急阶段

一旦第一个洪灾救济中心为灾民开放，整个洪水管理工作流程就正式启动。每天下午8:00所有参与洪水应急管理的当局和机构召开行动协调会议，以报告和协调第二天需要采取的计划和关键活动。洪水管理小组之间的密切监测和互动交流，是促进洪灾应急知识整合顺利进行的一个重要原因。

在实际的洪灾应对阶段，利用社交媒体在委员会和社区之间分享和整合知识，对自然灾害应急管理极为有益。与传真、电子邮件等通信方式相比，WhatsApp和Telegram成为洪水响应中快速交流知识的有力手段，提供了获得快速反馈和即时信息的理想途径。

(3) 灾后重建阶段

洪水退去后，当局对桥梁、建筑物和道路等公共财产以及私人财产（房屋和汽车）的损害进行评估，各地区办事处负责集中管理所有捐款和捐赠物品，用于日后重建以及向受害者发放补偿金。

在最后一个洪灾救济中心关闭一周后，应急团队需要对整个洪水管理行动进行审查，并提出进一步改进的建议。至此，2014年袭击甘马挽的洪水已经得到控制，并且控制效果比2013年好很多。

总的来看，在整个洪水应急管理工作流程中，洪水知识被整合到不同应急信息需求方当中。为了更好地整合知识，应急管理部门和机构需要各司其职、共担责任。此外，作为一种新的知识创新与传播工具，社交媒体作用显著。WhatsApp和Telegram等已经被用作甘马挽洪灾应急管理团队通信工具的一部分。总体而言，这种形式的知识整合来源于不同的自然灾害应急管理行动者：应急管理部门、机构、社区和居民，他们共同参与制定了洪灾应急管理战略，以减轻该地区洪灾的影响。

3.2.2.3 自然灾害应急知识管理内容

甘马挽2014年洪灾应急管理获得的进步与成功，充分检验了以标准操作程序为代表的应急知识管理模式的成效。Saad等（2019）回顾了近年来有关马来西亚洪灾应急管理实践的重要文献和文件，并对甘马挽执行的标准操作程序进行了详细的研究。通过对洪灾中的关键人物的访谈，对洪灾救济中心、指挥中心和受灾严重的地点进行灾后访问，讨论了2014年甘马挽洪灾应急管理的一些工作细节，以及洪灾应急知识管理的主要内容。

（1）制定应急管理规划，做好充足准备

甘马挽在2014年洪灾应急管理中，建立了以部门负责人和相关机构为主的洪灾委员会，收集后勤数据，并让村庄（社区）委员会也参与到洪灾委员会的工作中。洪灾救济中心的领导负责监测灾前阶段预先计划的活动，以确保其符合所用标准操作程序。除此之外，应急部门要确保7天内所有日用品的供应充足，并在洪灾救济中心和指定区域准备充足的汽艇、卡车和移动厕所等物资。各个机构事先开展安全培训和灾害管理模拟工作，确保做好充分准备以应对洪灾。

（2）加强应急管理领导，树立决策权威

除了拥有计算机系统外，良好的领导能力也是对甘马挽洪灾应急管理产生积极影响的因素之一。在灾难期间，领导者需要组织多方人员投入具体的工作，如建立洪灾救济中心，制定食品和物资储备计划。领导者还应具备洪水灾害的背景和知识，通过降水率、水位，以及河流溢流到主干道等来监控洪水情况，或者通过历史经验来管理洪水（Boehm and Turner，2003）。甘马挽的做法是让当地具备管理洪水经验的人参与进来，并负责指导日常工作。当地群众更加了解汛情和险情的严重程度，能够使搜救工作更有组织性和可管理性。

（3）设立战略救济中心，优化资源分配

甘马挽当局在Kampung Air Putih准备了一个特殊的战略洪灾救济中心。该中心位于高地的安全区域，可容纳3000名灾民。该洪灾救济中心在洪水前期已经待命，事先准备好食物、水源、卫生用品及其他救援物资，如帐篷和毯子等，物资按家庭进行分配。

（4）利用社交媒体工具，及时共享知识

自然灾害是一种突发事件，需要多个机构之间随时保持协作和沟通，确保在整个应急管理周期内及时收集信息并将其传递给管理者进行决策（Latif，2018）。社交媒体具有极高的易用性，它提供了一种可用于自然灾害活动的新信息来源。对于参与救灾的机构来说，收集高质量的数据是一项极具挑战性的关键任务，社交媒体工具有助于收集数据和促进各机构之间的知识共享。WhatsApp和Telegram等社交媒体应用，已经被用作甘马挽洪灾应急管理团队通信工具的一部分，辅助管理团队掌握及时且准确的数据，帮助各机构对洪灾状况做出适当的反应（Zakaria et al.，2018）。

（5）建立洪水管理系统，整合多源知识

甘马挽区洪涝灾害综合管理门户（District of Kemaman Integrated Flood

Disaster Management Portal）由马来西亚通信与多媒体委员会（Malaysian Communications and Multimedia Commission，MCMC）开发，受甘马挽和土地局控制监管。该系统具有洪水早期预警、洪水预报、集水区洪水风险提示、洪水报告等功能，对于应急计划和在应对洪水紧急情况时立即采取行动都具有重要作用。当河流水位达到警戒点时，系统将向受影响范围的所有注册居民及其所在社区广播洪水警报。这种情况涉及两个模块，即“洪水预报”和“我的警报”。其中，“我的警报”模块还负责发布特定集水区救济中心的信息。此外，该系统还包含一个重要的功能：允许甘马挽居民预先登记其家庭成员的姓名、地址、电话号码等信息，以便管理洪灾救济中心、定位受害者和准备洪水后的食品供应。这些信息有助于各部门管理和控制洪水期间的疏散，同时也有助于监测在洪水期间失去联系的家庭成员。

（6）实施保险保障计划，确保善后补偿

甘马挽当局建立了洪水保险保障计划，向灾民提供赔偿。根据系统预先登记的详细信息，灾民最高可获得 1000 令吉的赔偿，并向所有易受洪水影响地区的居民支付 70 令吉的保险费（Boehm and Turner，2003）。这项保险补偿将在灾后面向所有户籍居民发放，以减轻洪水造成的财政负担。

3.2.2.4 自然灾害应急知识管理的关键成功因素

根据 2014 年洪灾事件中的经验，Saad 等（2019）认为，甘马挽洪水应急管理工作获得成功的关键因素为：沟通、合作和协调。

（1）沟通

良好的沟通可以减小危害成为灾害的可能性。应将灾害警告信息及时传递给有风险的居民和社区（Dorasamy et al.，2014）。最方便的方法是使用短信系统（short message system，SMS）。例如，在甘马挽 Kampung Air Putih 的案例中，议员们通过短信将灾害信息用当地方言发送给有危险的民众。使用共同语言（方言）是向受害者传达准确和正确含义（信息）的一个重要因素。使用“绿线=安全水位，黄线=警戒水位，红线=危险水位”的方式向受害者传递信息显得过于专业，因为居民并不能理解标签的概念。将专业用语转变为居民更易理解的语言，在一定程度上有助于减少灾难造成的伤亡和损害。

（2）合作

所有机构之间通过洪水灾害综合管理门户合作是洪水管理工作顺利的另一个关键因素。洪水机构、受害者和管理团队通过使用该系统进行协作。洪水灾害综合管理门户提供了有关受害者人数、社会团体和私营公司的详细资料，这些资料对向受害者提供援助和支持（如食品、咨询、道德支持等）至关重要。所有的援助必须通过洪水灾害综合管理门户，以确保执行时间准确、执行部门无误、执行效果到位。各机构之间的合作既是向应急管理中枢部门（土地局和地区办事处）提供协助的支柱，也是向受灾群众提供帮助的桥梁。甘马挽的做法是让所有机构在应急预演期间就着手合作事宜，并且参与机构应发挥其在实际洪水应急处置中的作用。

(3) 协调

自然灾害应急管理需要在规划和行动过程中的系统协调。在甘马挽，所有参与洪水管理的机构都在土地局和地区政府设立办事处。该办事处也是洪水期间的地区灾害管理中心。所有的操作活动必须经过地区灾害管理中心的授权和批准。除此之外，甘马挽当局通过管理居民的个人信息进行分批处理，首先将患者、残疾人、孕妇和远离人口稠密地区的居民带到洪灾救济中心，然后根据居民通过门户网站输入的信息对其他人进行安置。

总之，从甘马挽洪灾应急知识管理内容以及应急知识管理关键成功因素的角度而言，一方面，丰富的洪灾管理知识使领导人在面对突发灾害时能够及时做出应急决策；另一方面，规范的操作规程、系统的应急规划、结构化的实施方案，以及全面的技术支持，都为甘马挽洪灾应急管理成功开展提供了重要支撑。

3.2.2.5 总结

本章在充分研究和分析多位学者研究文献及其他来源资料的基础上，从洪灾应急知识管理计划、内容、关键成功因素以及知识整合等多元视角出发对马来西亚丁加奴州甘马挽 2014 年洪灾应急知识管理进行了案例分析。

与马来西亚其他洪水管理团队相比，甘马挽的洪水管理计划已达到一流标准。从甘马挽洪水管理团队吸取的经验教训引发了人们对应急知识管理问题的重视。按照标准操作程序，甘马挽将洪灾应急管理工作分为灾前准备阶段、灾害应急阶段和灾后重建阶段。以往应急管理工作中对信息分享和知识整合的忽视，导致沟通不畅、协调实践中缺乏共识以及洪水管理机构之间不能顺利达成共识等问题频繁产生。为此，甘马挽在灾前准备、灾害应急和灾后重建三阶段中充分融入知识管理的概念，明确角色分工，提高各个机构间的合作意识，开设多个急救中心并提供充足的物资储备，同时通过 WhatsApp 和 Telegram 等社交媒体应用以及洪水传感器等技术及时获取最新情报。正如 Zakaria 等（2016）所言，意识到管理和知识在洪水应对中的重要性是甘马挽的最大优势。Saad 等（2019）也表示，规划和准备、洪水管理系统的使用、明确的权力和领导以及以社区为基础的文化是保证甘马挽洪水应急管理工作顺利进行的必要条件。而沟通、合作和协调也是洪水管理工作的关键成功因素。充分的沟通有助于将知识结合起来，提高团队的应急管理水平。在甘马挽洪水管理工作的三个阶段，所有成员都表现出较高的沟通水平，以避免沟通差错或误导性知识的产生。较强的合作意识确保了洪水应急管理工作能够高效进行。所有的机构在灾前准备阶段就开始进行合作，通过开展安全培训和灾害应急管理模拟，提高各个机构之间的合作意识。良好的协调能力离不开明确的角色分配和责任划分。协调能力体现在决策过程中的领导指挥能力、物资的供应及分配、疏散中心的人员分配、面对突发状况及时反应等多个方面。通过沟通、合作和协调，不仅能够拉近洪灾应急管理工作中政府、机构、社区及居民之间的亲密度，还能保证洪水应急管理知识的全面性与及时传递。

3.3 自然灾害应急知识管理模型

自然灾害是指给人类生存带来危害或损害人类生活环境的自然现象（毛德华，2011）。自然条件或人类生产生活使得自然环境发生变化，全球各个地区都遭受自然灾害带来的严重威胁。中国幅员辽阔，地形复杂多样，以山地、丘陵和高原为主，地处太平洋板块、亚欧板块与印度洋板块的交叉地带，东临太平洋，南与印度洋相望。这样的地理环境使得中国成为一个自然灾害频发的国家，2006 年出台的《国家突发公共事件总体应急预案》将自然灾害分为水旱灾害、气象灾害、地震灾害、地质灾害、海洋灾害、生物灾害和森林草原火灾等。随着人类活动范围的大幅度增加，自然灾害的频率和程度在全球范围内扩增，自然灾害带来的损失越来越惨重（Warren，2010）。让人类得以欣慰的是，随着大数据、人工智能、5G 等的发展，构筑于互联网、信息通信技术基础之上的现代知识管理方法与手段对于自然灾害应急管理产生了尤为重要的帮助，人类进入了“数字化应急管理”新的历史阶段。

3.3.1 自然灾害应急知识管理要素分析

自然灾害应急管理工作旨在减少或避免危害造成潜在的、再次的损失，对受灾者及时和适当地援救，并寻求快速、有效地恢复正常生产生活秩序、重建家园的办法（Khan et al.，2008）。在整个过程中，政府应急部门要合理调配人力、物力、财力等资源来解决各种突发状况，及时快速获取、掌握并利用各种信息与知识将自然灾害带来的不确定的、紧急的损失降到最低，并为应急决策提供依据。因此，信息和知识在自然灾害的应急管理过程中具有至关重要的作用。应急管理同时也是知识管理的过程（赵林度和孔强，2009）。

自然灾害应急知识管理就是将各种法律法规、应急预案、研究文献等文档中的显性知识与自然灾害应急决策者的决策方案、应急技术人员的技术方法、救援人员的经验等隐性知识集合起来，并在自然灾害应急管理各阶段进行知识的整合、转换、应用与共享，从而形成知识地图。

长期以来，自然灾害应急管理一直都在政府的领导下进行，各个参与主体在政府的统一指导下发挥作用。知识管理起源于企业战略决策，是一种工作方法，核心是将组织内部的知识集合起来为决策提供帮助。将自然灾害应急管理与知识管理结合起来，是后知识时代应急管理以人为本、创新知识服务能力的体现。

国外在自然灾害应急知识管理方面的研究为我国应急管理提供了参考借鉴。欧美等发达国家致力于构建知识型政府，通过知识管理提升政府工作效率，创新公共管理服务。在自然灾害发生前，通过大量基础性知识收集工作，将应急知识与自然灾害分布相关知识进行整合，如空间地理环境、人口分布状况、工业布局情况等，从而分析自然灾害发生前的预防措施以及自然灾害发生后的应对方法。

Seneviratne 等（2010）通过访谈灾害管理过程中专家关于亚洲海啸和斯里兰卡的实际经验，确定自然灾害应急管理周期内的成功因素清单，总结良好做法和经验教训，将自然灾害领域的知识管理成功要素归结为技术、社会、法律、环境、经济、功能、体制和政治。

Yap 等（2010）认为，影响知识管理系统性能的因素包括文化、共享、技术、领导、安全以及组织、信息、人员；而 Boondao（2013）提出，影响自然灾害知识管理系统绩效的因素包括组织文化、领导力和承诺、员工参与、培训、值得信赖的团队合作、信息系统基础设施、基准和知识结构。Pujadi 和 Sardjono（2018）根据知识管理理论和灾害管理理论和概念，研究发现决定自然灾害应急知识管理系统的主要因素包括知识管理系统的功能、企业文化和知识管理系统中的数据，管理层的支持和参与，知识管理系统的易用性，信息和数据的更新和监控。Généreux 等（2019）以评估灾害管理的每一个阶段如何整合环境卫生专业知识为目标，分析得出六个关键成功因素：融合传统和现代方法的精华、促进社区参与、培养关系、投资准备和恢复工作、将知识付诸实践以及确保足够的人力和财政资源。Rodzi 等（2016）基于马来西亚现有的管理实践提出以本体论为骨干的洪灾应急知识管理框架（图 3-4），其中知识管理过程包括索引、分类、共享、链接、创建、维护、获取和过滤，而人、架构与本体是洪灾应急知识管理的核心成功因素。

国内学者围绕自然灾害应急知识管理开展了研究。尚士雄和王煊（2006）认为，知识管理对政府环境危机管理系统的影响主要包括技术、环境、人员等方面。赵林度和孔强（2009）认为应急管理过程中的知识管理要注重危机信息管理、危机事件的性质管理及危险源知识管理、应急预案知识管理、信息技术知识

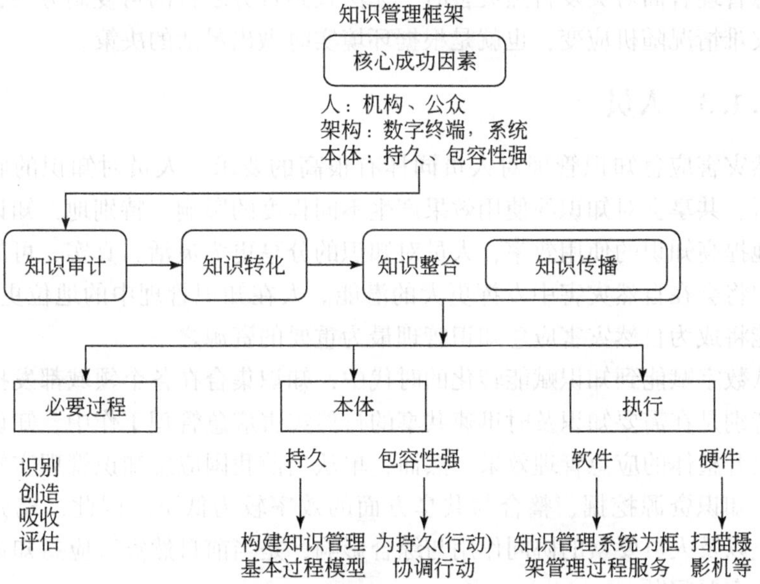

图 3-4　洪灾应急知识管理框架

资料来源：Rodzi et al.（2016）

管理以及指挥决策经验管理。从档案管理的视角，邓岚（2016）讨论了实施自然灾害档案知识管理的重要性，并认为以人为本、以知识为核心、以信息技术为工具是实现自然灾害知识共享利用的主要特征。

结合国内外的相关研究成果，本章将自然灾害应急知识管理核心要素分为技术、环境与人员三个方面。

3.3.1.1　技术

现代信息技术、网络技术、通信技术的发展使自然灾害应急知识管理能够在线实时进行。在技术的加持下，知识互通更为便捷，管理更为高效。特别是随着智能与智慧社会的到来，知识管理技术与智能技术不断融合，这不仅可以从宏观上解决自然灾害管理问题，也可以挖掘应急管理的知识潜能，最大限度发挥知识管理在自然灾害应急决策中的效能。

3.3.1.2　环境

环境即进行自然灾害应急知识管理所处的多元宏观环境，包括文化、社会、政治、经济等。在不同国家与地区环境中，往往需要使用不同的措施来应对不同自然灾害的应急管理现状。自然灾害知识管理活动的实施受环境的影响和制约极大。应急管理者面对突发自然灾害时，无法找到百分之百的可复制方案，需要根据具体灾难情况随机应变，也就是根据环境实时做出灵活的决策。

3.3.1.3 人员

自然灾害应急知识管理对人员同样有很高的要求。人员对知识的收集、整理、分析、共享会对知识的使用效果产生不同程度的影响。特别地，知识的共享将极大地提高知识的使用效率，人员对知识的分享更为灵活、真实、可靠。这意味着知识将会在自然灾害中发挥更大的潜能。人在知识管理中的地位更为重要，人的潜能将成为自然灾害应急知识管理最为重要的资源之一。

在从数字赋能到知识赋能转化的时代中，知识集合在各个领域都发挥着极大作用。特别是在需要知识及时迅速共享的自然灾害应急管理工作中，知识的深度应用将提升整体的应急管理效果。然而，单从当前我国应急知识管理实施效果来看，其在知识资源挖掘、整合与共享方面的效率较为低下。因此，充分认识技术、环境以及人员要素的协同作用与综合影响，是当前自然灾害应急知识管理亟须考虑的主要问题。

3.3.2 自然灾害应急知识管理模型构建

当一个极端的地质、气象或水文事件超过一个地区对该事件处理能力时，自然灾害就会发生（Shafiai，2016）。应急管理的目的是向受自然灾害影响的人提供紧急物资救助与医疗救治，并采取措施防止二次灾害的发生，以及对受灾地区进行灾后恢复与重建。自然灾害应急知识管理模型，就是利用知识保证自然灾害应急管理工作的顺利实施过程中呈现出的方法、流程与范式。若自然灾害应急管理主要应用的是个人隐性知识，那就需要大量的工作将个人的隐性知识集合建立起来，这样会导致缺乏增量学习，从而限制战略决策的制定。因而，需要建立一定的模式将整个知识管理过程整合起来，通过知识的高效共享和流转来帮助自然灾害应急管理的顺利进行。

在有关自然灾害应急知识管理模型的研究中，Moe 和 Pathranarakul（2006）从泰国自然灾害管理的角度出发，提出自然灾害应急管理包括独特的产品、服务、技能、工具等一系列知识，而有效的制度安排、协调协作、配套法律法规、信息系统、管理者与团队成员的能力、沟通机制、关键目标与利益者的承诺、物流管理以及可充分调动的资源是成功的关键。在自然灾害发生期间，知识共享在帮助拯救生命、提供救济、支持灾民和减少灾害上发挥重要作用。Ahmand 等（2015）以社会认知理论为基础提出知识共享行为决定因素概念模型，研究受灾人的知识共享行为，其中，自我效能感、社会支持、社会认同对知识分享意愿有显著影响。王图亚等（2019）在居住区抗震减灾的基础上，引入抗震防灾信息管理系统，系统包括档案数据统计、抗震能力评估、避震疏散管理等功能，最终以北京市朝阳区某社区为实施案例，建立居住区抗震防灾管理的实体模型。

自然灾害应急管理过程中信息的及时传递尤为重要，在信息技术与网络技术发展的推动下，应急知识管理系统的建立将实现信息的实时互通与交流。从根本上说，知识管理是由一个有效地信息技术解决方案来实现的。知识管理系统是现代自然灾害应急管理实践的一个重要标志。它能够存储和管理数据，并及时、高效地进行知识处理，有效实现自然灾害应急管理中的知识的传递和信息沟通。因此，关于自然灾害应急知识管理系统的开发与研究尤为重要，也是应急知识管理模型的重要组成部分。刘焕成和刘小龙（2013）将电子政务和知识管理结合起来，将客户端、服务器端、存储端集成一体，形成 C/S（服务器/客户机）模式的自然灾害应急知识管理系统，具体架构如图 3-5 所示。

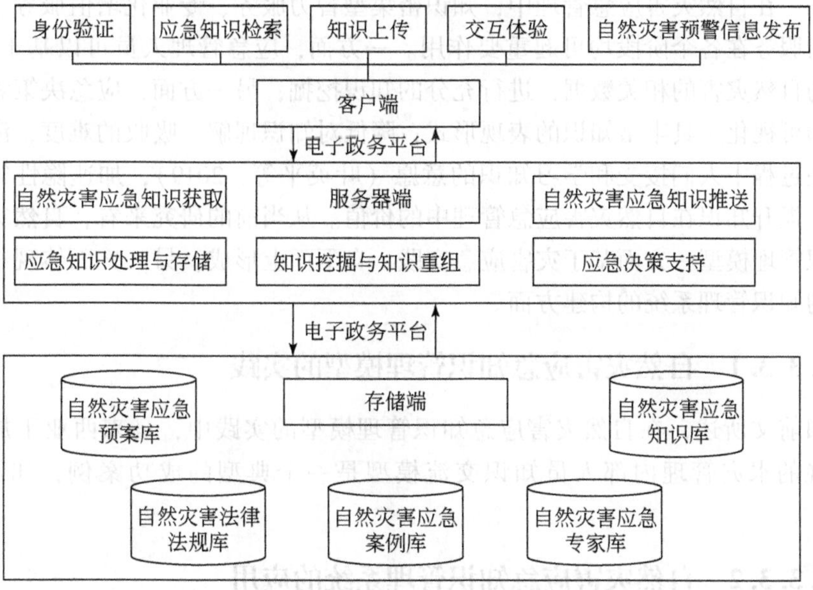

图 3-5　基于电子政务的自然灾害应急知识管理系统框架图
资料来源：刘焕成和刘小龙（2013）

综上所述，本章认为，自然灾害应急知识管理模型的建立，应剖析知识管理的具体步骤，关切整个知识管理过程，并从自然灾害周期、知识分享等角度进行多元考虑。另外，自然灾害应急知识管理系统的必要性也十分明显。它不仅可以向广大群众普及自然灾害应急知识，提升自然灾害的灾前识别、防御效果，也为普通用户检索灾害信息提供了方便，能在一定程度上提升公众的防灾自救能力，将灾害带给人们的影响降到最低。

总之，自然灾害应急知识管理模型的实际落地才是一切实现的可能，方能在应急管理实践中实际发挥知识管理的价值。随着人类防灾救灾意识的加强与信息技术的不断发展，越来越多的国家建立起科学的自然灾害应急管理体系，把每个受灾地区和每种灾害类型都纳入其中；同时，运用不断丰富的知识库，对自然灾害进行全过程、全生命周期管理，最终目标是将自然灾害带给人类的影响降到最低。

3.3.3 自然灾害应急知识管理模型应用

自然灾害应急知识管理过程也是知识服务的过程。所谓知识服务是以知识和智慧为基础，运用知识技术、方法和手段满足知识需求、解决各种问题的一种专门服务。在自然灾害应急管理中，知识密集型智力服务、专业化增值服务、知识化创新服务在各个阶段均可起重要作用。一方面，应急管理人员可以基于动态、海量的自然灾害的相关数据，进行充分的知识挖掘；另一方面，应急决策者还能够借助可视化工具丰富知识的表现形式，降低对知识理解、吸收的难度，激发应急管理过程中人们接受和学习知识的意愿（叶英平等，2019），加速隐性知识显性化，提升知识在自然灾害应急管理中的价值。从当前的研究来看，自然灾害应急知识管理模型一方面基于灾害应急实践，自下而上形成；另一方面体现在自上而下的知识管理系统的构建方面。

3.3.3.1 自然灾害应急知识管理模型的实践

如前文所述，在自然灾害应急知识管理模型的实践中，马来西亚丁加奴州甘马挽的水灾管理内部人员知识交流模型是一个典型的成功案例，如图 3-6 所示。

3.3.3.2 自然灾害应急知识管理系统的应用

在实验室/模拟器条件下开发和测试良好的系统，会因未应用于现实世界而变得毫无意义。将知识管理技术和系统应用于实际灾害方面还需要更多的工作。一方面，在知识管理系统设计上，应将系统目标、功能映射到灾害情况的不同阶段上；另一方面，研究人员可以继续使用知识管理系统，并在模拟自然/人为灾害的实际演习中不断进行测试。

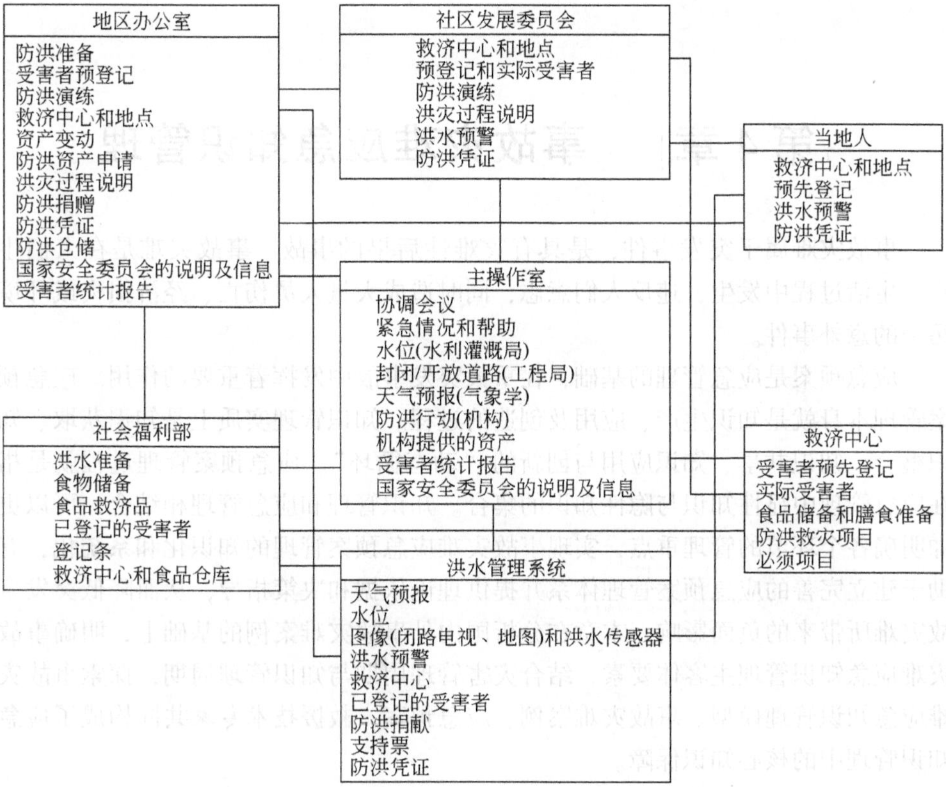

图 3-6　甘马挽洪灾管理团队之间的知识互动

资料来源：Zakaria et al.（2016）

自然灾害应急知识管理通过运用集体知识来实现自然灾害发生前、发生过程中与发生后的应急管理目标。这不仅可以加强应急管理组织内部的合作，也促进了应急管理与决策人员的知识互通。在自然灾害应急管理过程中，通过知识赋能可以激活知识主体的内在潜能，提升对自然灾害应急相关知识的认知与转化能力，重塑自然灾害利益相关者自身知识体系，推动知识创新和知识价值化。

第4章　事故灾难应急知识管理

事故灾难属于突发事件，是具有灾难性后果的事故。事故灾难是在人们生产、生活过程中发生，违反人们意志，同时造成大量人员伤亡、经济损失或环境污染的意外事件。

应急预案是应急管理的基础，在重大突发事故中发挥着重要的作用。应急预案管理本身就是知识生产、应用及创造的过程。知识管理实质上是知识获取、知识整合、知识共享、知识应用与创新的"动态循环"。应急预案管理过程就是指在应急管理中显性知识与隐性知识的集合。知识管理和应急管理相结合，可以更加明确各个环节的管理重点，实现事故灾难应急预案管理的知识化和系统化，有助于建立完善的应急预案管理体系并提供理论依据和决策指导，从而降低突发事故灾难所带来的负面影响。本章在分析国内外事故灾难案例的基础上，明确事故灾难应急知识管理主客体要素，结合灾害管理周期与知识管理周期，探索事故灾难应急知识管理模型。事故灾难案例、应急预案、救援技术专家共同构成了应急知识管理中的核心知识保障。

4.1　国内案例分析："8·12"天津港爆炸事故

4.1.1　案例背景

4.1.1.1　事故基本情况

2015年8月12日，位于天津市滨海新区天津港的瑞海国际物流有限公司（简称瑞海公司）危险品仓库发生特别重大爆炸事故。22时51分46秒危险化学品堆垛发生火灾，23时34分6秒发生第一次爆炸，23时34分37秒发生第二次更剧烈的爆炸。事故共造成165人遇难（其中参与救援处置的公安现役消防人员24人，天津港消防人员75人，公安民警11人，事故企业、周边企业员工和周边居民55人），8人失踪（其中天津港消防人员5人，周边企业员工、天津港消防人员家属3人），798人受伤住院治疗（其中伤情重及较重的伤员58人、轻伤员

740 人）；304 幢建筑物（其中办公楼宇、厂房及仓库等单位建筑 73 幢，居民 1 类住宅 91 幢、2 类住宅 129 幢、居民公寓 11 幢）、12 428 辆商品汽车、7533 个集装箱受损。同时事故造成了严重的大气污染、水污染以及土壤污染，直接经济损失 68.66 亿元人民币，对人民群众健康存在潜在风险与损害，是一起特别重大生产安全责任事故。分析此次事故应急管理过程中存在的问题，有利于提升应急决策效率，促进应急知识管理的发展。

4.1.1.2 事故经过

2015 年 8 月 12 日 22 时 52 分，天津市公安局 110 指挥中心接到瑞海公司火灾报警，立即转警给天津港公安局消防支队。与此同时，天津市公安消防总队 119 指挥中心，也接到群众报警。

8 月 12 日 22 时 56 分，天津港公安局消防四大队到达现场进行灭火。由于火势猛烈且消防通道被集装箱堵塞，消防车无法靠近灭火。指挥员向瑞海公司现场工作人员询问具体起火物质，但现场工作人员均不知情，消防人员只能利用水枪和车载炮冷却保护毗邻集装箱堆垛。

8 月 12 日 23 时 13 分，增援力量陆续到达现场。至此，天津港公安局消防支队和天津市公安消防总队共向现场调派了 3 个大队、6 个中队、36 辆消防车以及 200 余名公安消防人员参与灭火救援。

8 月 12 日 23 时 34 分 6 秒和 23 时 34 分 37 秒发生两次剧烈爆炸，救援人员被困，伤亡惨重。次日 3 时 40 分，国家级陆上核生化应急救援队参与救援。

8 月 14 日 16 时 40 分，现场明火被扑灭。

事故发生后，天津市委、市政府迅速成立事故救援处置总指挥部，确定应急救援方案。8 月 15 日 19 时，调集北京、河北、辽宁等 8 省（直辖市）公安消防部队的专业人员和特种设备参与救援处置，启动跨区域应急增援预案。

8 月 18 日，经国务院批准，成立天津港“8·12”瑞海公司危险品仓库特别重大火灾爆炸事故调查组，深入开展各项调查工作，总结教训，提出建议。

9 月 13 日，现场处置清理任务全部完成。

4.1.2 事故中的应急知识管理分析

经过调查组查明，认定事故直接原因为：瑞海公司危险品仓库运抵区南侧集装箱内硝化棉由于湿润剂散失出现局部干燥，在高温（天气）等因素的作用下加速分解放热，积热自燃；引起相邻集装箱内的硝化棉和其他危险化学品长时间大面积燃烧，导致堆放于运抵区的硝酸铵等危险化学品发生爆炸。

4.1.2.1 事故中应急知识管理不到位分析

此次事故暴露出了如下应急知识管理问题。

(1) 档案部门处理能力不足，信息提供不到位

此次爆炸事故中，公安消防人员在获取到现场有关信息时，立即查阅与之相关的国家标准及国家安全生产事故灾难应急预案，此时档案信息应由相关部门及时提供给事故救援总指挥部，为领导决策和公安消防的救援提供知识支持。但是，档案管理部门反应不及时，上报不主动，没有在第一时间查阅相关资料，而是等到有关部门明确表达需求之后才进行查阅；同时，对档案信息的处理能力不足，对国家有关危险化学品的安全管理条例了解不够，浪费了宝贵的时间，影响了救援效率及决策质量。

(2) 企业内部应急知识管理缺失，安全教育培训不足

瑞海公司违反有关规定，部分工作人员并没有取得相关部门颁发的从业资格证书，无证上岗。同时，公司也没有对员工进行相关危险货物作业安全知识培训，导致公司工作人员对危险品防护知识了解不足，对各类危险物质的隔离要求、防静电要求、事故应急处置方法等均不了解，火灾发生后，工作人员对事故原因不知情，集团对违规操作隐瞒不上报，导致公安消防无法从现场获取最有用的救援相关知识，应急救援人员被困，最终酿成惨剧。

(3) 政府信息发布滞后，影响政府公信力

爆炸事故发生后，最先发布信息的是新浪微博的一名普通用户，随后，主流媒体报道又先于政府发声，政府未能及时对事件进行权威报道，引起了公众的不满（张宝慧和彭锁，2020）。

爆炸事故 17 小时后，天津市政府才召开第一次新闻发布会，公众对此次新闻发布会高度关注。但在发布会过程中，记者提问时，会议直播突然中断，造成公众对事件发生原因的怀疑和猜测。政府对此次直播事故并没有充分重视，反而在之后的五次新闻发布会中接连发生同样的情况，引起了公众更大的不满，政府自身公信力受到影响。此次爆炸事故是地方政府违背信息公开性原则的一个典型的“错误案例”。

4.1.2.2 事故中应急知识管理到位分析

此次事故中，知识管理在以下方面也有所体现。

(1) 应急响应及时

火灾一发生，周边群众及工作人员就立即向天津市公安局 110 指挥中心及天津市公安消防总队 119 指挥中心报警，指挥中心在接到报警电话后，短时间内快速整合所得到的现场情况信息等显性知识，并结合以往处理火灾现场时所积累的经验等隐性知识，作出应对此次事故的新的部署及指示，调派各中队紧急赶往现场。从接警到公安消防人员赶到火灾现场仅用了6分钟，应急响应及时。

（2）应急知识共享，提高决策及救援效率

1）国务院先后召开十余次会议，上传下达，研究部署救援工作。各方专家将头脑中关于此次事故的应急救援知识分享出来，研究讨论，最后制订了应对此次事故的工作方案，建立了紧密高效的应急机制，完善协同指挥系统。

2）天津市图书及档案管理有关部门向救援指挥部提供爆炸区域的相应资料，为应急决策及之后的责任追究提供了依据。

3）在事故发生后，国家级、市级专家组成了专家救治组和专家巡视组，面对伤员共同制订诊疗方案。同时，通过沟通、交流等方式向伤员及遇难者家属提供心理干预治疗，帮助他们走出事故带给他们的伤害。

4.1.3 案例启示

“8·12”天津港爆炸事故造成了严重的伤亡，敲响了应急知识管理的警钟，这一案例给我们带来以下启示。

4.1.3.1 建立应急管理系统模型，提高效率及决策质量

应急知识管理过程是一个螺旋式上升的过程，需要不断改进及更新。因此，构建一个基于知识管理的应急预案管理体系是非常有必要的。应急预案知识应能够及时准确地传递给有需要的部门和个人。

同时，政府应建立一个基于知识管理的应急管理系统模型。在这个系统中，有应急经验的专家学者将自己的见解、知识和经验填充到这一系统中，用户既可以从这个系统中获取自己所需要的知识和经验，同时也可以向系统提供有关应急管理方面的、个人所掌握的隐性知识，促使隐性知识向显性知识转化，真正做到知识的传播与共享。

4.1.3.2 企业内部设立知识主管，营造良好的学习氛围

瑞海公司从事危险化学品经营，却没有开展风险评估和危险源辨识评估工作，应急预案流于形式，应急处置力量及装备严重缺乏，不具备初起火灾的扑救能力。首先，企业内部应建立学习型组织，定期开展应急管理知识的交流讨论与考核，让应急知识深入人心，避免类似事故的再次发生。其次，企业应设立知识主管（chief knowledge officer，CKO）这一岗位，从知识管理视角为企业制定战

略，以达到长期生存和发展的目的。同时，作为知识管理实施的领导者，监督企业内部应急知识的沟通交流及共享情况，使应急知识教育真正落实到每一位员工，在企业内部进行安全培训和应急预案演练，让每一位员工将安全知识牢记于心。

4.1.3.3 增强危险化学品事故应急处置能力

从此次事故来看，瑞海公司缺乏基本的公共安全意识，工作人员对危险化学品缺少基本的危机意识及应急处置能力；公安局消防支队没有针对不同性质的危险化学品准备相应的预案、灭火救援装备和物资，消防队员缺乏专业训练演练，危险化学品事故处置能力不强；天津市政府在应急处置中的信息发布工作一度安排不周、应对不妥。从全国范围来看，专业危险化学品应急救援队伍和装备不足，无法满足处置种类众多、危险特性各异的危险化学品事故的需要。

因此，应对企业工作人员及公安消防人员进行危险化学品知识教育，定期进行考核；同时配备相应的救援装备及物资，定期训练演练，增强危险化学品事故应急处置能力。政府内部对此次事故的应急预案管理进行复盘，找出不足，把安全生产工作摆在更为突出的位置，制定相应的应急预案，加大对危险化学品的监管力度，避免事故的再次发生。

4.2 国外案例分析：韩国“世越号”沉船事故

4.2.1 案件背景

4.2.1.1 事故基本情况

2014 年 4 月 16 日（以下时间皆为首尔时间），载有 475 人的韩国“世越号”（原译“岁月号”）客轮在全罗南道珍岛郡屏风岛以北 20km 海上翻沉，事故造成包括 4 名中国籍游客在内的共 295 人死亡，9 人失踪（几乎无生还可能），仅 172 人获救，其中大多数遇难者为韩国某中学的学生。韩国“世越号”沉船事故救援不力引发韩国国内民众不满。为平息民众怒火，韩国当局将海洋警察厅的搜查和情报职能移交给警察厅，将海洋搜救、海洋警备职能移交给新设的国民安全处（直属国务总理）所属海洋警备安全本部，而韩国海洋警察厅亦于 2014 年 11 月 19 日 0 时起正式解散。时任韩国总理郑烘原也引咎辞职。

韩国“世越号”沉船事故成为韩国近些年来死亡人数最多的海上灾难事故之一，是世界海难和应急救援的重大事件。分析韩国“世越号”沉船救援处置中存在问题，有利于提升政府应急管理能力和水平。

4.2.1.2 事故经过

2014 年 4 月 15 日 20 点，“世越号”客轮离开了仁川港，驶往济州岛。

4 月 16 日 7 时 55 分，据获救游客描述，事发船体发生倾斜，集装箱等货物向一边倾斜，船上广播通知危险，告诫乘客不要走动，船体发生侧翻。

4 月 16 日 7 时 58 分，客轮发出求救信息，韩国海警赶往救援。在客轮刚开始发生侧翻危险到完全沉没，客轮船长一共与韩国海警通话 11 次，接电海警并没有对客轮异常情况做出明确预警，对客轮情况掌握较少，尤其是没有考虑到船体快速下沉的情况，导致后续救援失利，多数乘客丧命。

4 月 16 日 9 时 40 分，韩国出动 60 名海警、7 艘海军舰艇、2 架直升机奔赴救援现场，但因未携带专业救援设备，无法对客舱被困人员进行救援，只能救援漂浮在海上的乘客。专业人员携带专业设备于 14 时赶到救援现场，15 时 23 分美国军舰参与救援。

4 月 16 日晚 19 时，因天气情况不佳，韩国海警暂停搜救工作。韩国救援指挥出现失误，海警部队及海洋水产部权责不清，导致应急预案未能及时响应，直到 17 日才形成统一指挥救援的国家机构 —— 中央灾害对策本部。在救援过程中，信息发布也十分混乱，韩国当局和主流媒体 YTN 电视台多次发布救援信息，被救人数多次更改，前后甚至矛盾，造成严重社会负面影响，救援应急知识管理也存在诸多问题。

2017 年 4 月 9 日，韩国“世越号”沉船最终被打捞上岸。

4.2.2 事故暴露出的应急知识管理问题

2017 年 10 月 6 日，经过 5 个月的调查，韩国大检察厅得出结论，认为“世越号”所属船务公司为扩大载重量而改装船体，破坏了船体的稳定性。在通过急流时，操作不熟练的舵手进行了急转弯，致使船体左倾，船舶失稳最终沉没。这是“世越号”沉船的主要原因。同时，韩国大检察厅也指出韩国海警应对灾难救援不力，导致了众多乘客遇难。

此次事故从应急知识管理的角度分析，存在以下问题。

4.2.2.1 应急指挥体系混乱，缺乏统一指挥

韩国“世越号”沉船事故造成约 300 人死亡，暴露了韩国应急救援体系混乱的问题。事故初期主要由韩国海警负责救援，由于缺乏相应的专业人员和救援设

备，韩国海警未能对船舱被困人员进行及时救援，错过救援黄金时间。后海军救援船事发次日凌晨才赶到救援现场，救援收效甚微。由于缺乏相应的应急救援统一指挥体系，韩国海警部门、海洋水产部、安全行政部门等应急救援力量彼此割裂，没有形成统一救援力量，致使救援现场专业人员和专业救援设备匮乏。直到事发次日，国家层面的应急救援主导部门中央对策本部才形成，韩国政府应急体系未能及时调动，救援力量没有充分发挥，致使大量被困人员遇难。

4.2.2.2 应急知识获取渠道较少，应急决策失误

韩国海警部门未能对“世越号”客轮进行有效监督检查就放任其航行。事发后，海警反复询问报警学生沉船经纬度等客船基本信息，海警对于沉船信息没有形成有效的信息分析决策，导致事发初期参与的救援力量与沉船救援现实严重错位，到达救援现场的海警船只没有专业救援人员和设备，只能搜救海上漂浮落难人员。赶来的海军救援队也因不是专业救援队，只能负责事发水域的监测。直至事发下午 14 时，才有专业人员携带设备参与船舱救援，但已错过救援黄金时间。缺乏有效的知识管理，使得韩国政府部门在事发初期应急决策出现严重失误，救援力量初期未能发挥作用，造成大量乘客死亡。

4.2.2.3 信息发布混乱，严重影响政府公信力

“世越号”客轮沉没后，韩国政府和媒体多次更改已发布救灾信息和救援情况。事发当日 10 时 15 分，韩国 YTN 电视台报道称，338 名学生已经全部获救。至上午 11 时，韩安全本部曾召开紧急记者会表示，客轮已完全沉没，全部乘客都已逃生。但到下午 14 时，韩方通报船上人员共 459 人，已救出 164 人，2 人遇难，295 人失踪。韩国政府和媒体多次更改此前发布的信息，尤其是对获救人数和救援投入人数的数量多次变更，这种举动加大了韩国民众对政府应急救援的质疑，使得政府公信力大大降低，也阻碍了救援工作的快速开展。

4.2.2.4 缺乏全民应急知识管理

此次“世越号”沉船事故也暴露了韩国缺乏全民应急知识管理。首先，船员缺乏基本应急训练，在发现船体事故后，没能及时上报情况到海警部门求救，也没能向乘客传达正确的逃生指令进行自救。其次，韩国海警部门应急体系不健全，工作人员应急素养不高，没有在黄金救援时间及时开展救援工作。最后，国民应急教育缺乏。危机发生后，学生们缺乏基本的危机意识和自我保护意识，盲目服从“待在原地不要走动”的错误广播指示，错过最佳逃生时间；在船体发生倾斜时，缺乏基本的自救互救能力和逃生经验。

4.2.2.5 应急信息共享程度低，难以协同国际救援力量

韩国“世越号”沉船事故发生后，美国参与了事故救援。事发当日 15 时，美国两栖攻击舰赶赴韩国海域参与搜救，日本政府也向韩国表达了如有需要，将派遣日本海上保安厅参与救援。由于应急信息共享缺乏有效国际合作机制，美国舰艇救援力量没有得到充分发挥，对船只沉没相关情况掌握较少，韩国也没有协同周边国家共同参与救援，致使国际救援力量没有发挥应有的作用。

4.2.3 案例启示

韩国“世越号”沉船事故造成了重大伤亡，是一次令人警醒的海难，凸显了加强应急知识管理的重要性。这一案例也带给我们一些启示。

4.2.3.1 建立高效的应急指挥体系，统一指挥，权责分明

随着社会发展，建立起高效的应急指挥体系是应急工作的重中之重。建立统一的应急指挥体系，可以发挥风险预测、应急响应、应急处置和应急善后等一套应急体系的功能和作用。

1）树立应急知识管理的理念。应急工作人员树立应急知识管理理念是提升应急管理的前提。应急工作人员尤其是领导干部要摆脱传统思维，把应急知识管理理念应用到日常工作中。要用知识管理的理念去开展工作，比如，如何确定最需要哪些应急知识，如何从专家学者中获取应急知识，如何在事前预防、事中救援和事后总结时发挥知识管理的作用等。应急工作人员应当把知识管理的理念全面应用于应急工作中，发挥应急管理的作用。

2）构建基于知识管理的应急系统。要加大力度开发适合本国国情的应急系统，注重对知识管理的应用。国际上许多国家都已经应用了应急知识管理系统，使得知识管理的技术和方法在应急全流程上得到全面应用，具有代表性的便是美国政府联邦紧急事务管理署建立的灾害知识管理网站和印度内政部建立的灾害知识管理网络。

3）建立统一指挥的应急队伍。由于应急工作的复杂性，事故灾难的多样性，必须加强各种类型应急队伍的建设和完善应急物资的储备。韩国“世越号”沉船救援不力，很大程度上就是专业救援人员和设备的缺乏。因此，要建立起统一指挥的应急队伍，权责统一，使对突发事件处理的能力发挥到最大。

4.2.3.2 加强信息治理，提高信息发布透明度

1）建设统一的应急信息发布渠道。在事故灾难中，准确有效的信息发布既

是政府应急工作扎实的表现，也是人民群众安心放心的信心来源。“世越号”事故救灾信息发布混乱，极大削弱了政府公信力，影响了救援工作开展。因此，必须明确统一发声平台，这既有利于应急工作开展，也有利于保证人民群众知情权。

2）抵制虚假信息。重大突发事件中，虚假信息的增多严重扰乱社会秩序，影响社会稳定。“世越号”事故中，传媒机构发布未经确认的信息，严重干扰了救援情况。所以必须加强信息治理，抵制虚假信息，提升人民群众辨别虚假信息的能力，提高应急信息发布透明度，让应急工作在人民群众和社会的广泛监督下有序开展。

4.2.3.3 加强全民应急知识普及和应急训练

1）加快全民应急知识学习和训练。此次事故严重暴露了韩国全民应急知识普及的漏洞，学生盲从错误指令，老师未能及时指挥学生逃生，造成重大悲剧。要在全国范围内强化人民群众应急素养教育，加大应急知识宣传和普及，加强相应的应急模拟训练，提高全民应急响应水平和能力。

2）构建应急知识库。利用现代信息和科学技术，对已有的应急信息和知识要加强整理、存储和利用，发现应急知识间的联系，构建应急知识图谱，一方面为应急决策提供知识支撑，另一方面为应急准备提供知识储备和知识宣传。

4.2.3.4 打造国际合作平台，加强应急救援力量

1）加强应急信息共享。在应急管理中，应急信息和知识的共享必不可少。随着全球化深入发展，应急工作逐渐从各国内部扩展到国际合作中，尤其全球性气候灾害和恐怖主义等问题，都需要各国加强应急信息共享，共同面对应急问题，这有利于各国取长补短，交流经验，提升应急业务能力。

2）打造国际合作平台。随着时代发展，各国你中有我，我中有你。在国际突发事件中，没有一个国家能够独善其身，因此必须建立起一个国际合作平台，协调各国的应急救援力量，让各国在“应急救援命运共同体”中发挥各自的力量和作用。

加强区域及国际的应急知识共享，实现跨域应急救援，同时，对相邻地区的公安消防人员进行协同培训，加强彼此间的默契，增强彼此间的合作，填平不同地区应急管理的鸿沟。

将知识管理的相关技术引入应急管理中，既是提高决策及救援效率的手段，也是未来应急管理研究的一个重要方向，是处理突发公共事件的重大突破口。

4.3 事故灾难应急知识管理模型

从醉驾车祸到空难矿难，从高层建筑失火到输油管道爆炸，21 世纪科技高速发展的同时，因各类人为过错与技术问题引发的事故灾难也不曾缺席，因事故灾难留下的伤痛和眼泪也不曾停止。4.1 节和 4.2 节通过国内外事故灾难案例分析了知识管理可以为防灾减灾提供的价值，特别是对应急预案管理中的知识转化进行了分析。本节将进一步分析事故灾难环境下的应急知识管理，通过明确事故灾难应急知识管理要素，构建知识管理模型，进而通过应急知识管理加强事故灾难防治与恢复，以减少事故灾难对人们生产生活造成的生命、财产损失及心理创伤。

4.3.1 事故灾难应急知识管理要素分析

事故是在劳动、工作或生产过程中导致人员遭受人身伤病或者死亡的事故，分为致死性事故和非致死性伤害事故两大类，也可分为一般事故和重大事故两大类。重大事故是指工厂、机器或工作场所其他行为造成的灾难性后果。事故灾难主要是指人的操作失误、技术性过错引发的破坏性事件。随着我国产业结构转型升级、城市化水平不断提升，如何减少技术过错带来的巨大生命财产损失成为重要课题。事故灾难应急知识管理是为应对事故灾难的危险问题而提出的，可应用于政府机构应对突发事故灾难事件的事前预防、事发应对、事中处置和善后恢复过程。通过建立必要的事故灾难应急知识管理机制，提升灾难风险预判与事故处置能力，利用一系列科学、必要的知识管理措施，综合应用城市规划、风险评估与知识管理等手段，保障社会公众生命、健康和财产安全，促进社会和谐健康发展的有关活动。

党和国家始终高度重视应急管理工作，我国应急管理体系不断调整和完善。国内最早公开探讨事故灾难应急管理的是 1989 年 5 月 27 日《人民日报》刊发的《我核安全工作进入法制轨道——已发布 6 个核安全法规 24 个安全导则》。因此，我们除了要关注相关法规政策与研究推进，更应从政府对于重大事故灾难的处理和应对看到政府应急管理的措施。2019 年 11 月 29 日习近平总书记在主持中共中央政治局第十九次集体学习时强调：“应急管理是国家治理体系和治理能力的重要组成部分，承担防范化解重大安全风险、及时应对处置各类灾害事故的重要职责，担负保护人民群众生命财产安全和维护社会稳定的重要使命。”他还强调：“要发挥我国应急管理体系的特色和优势，借鉴国外应急管理有益做法，积极推进我国应急管理体系和能力现代化。”

事故灾难不同于自然灾害，不是地质或气象等外部不可抗力因素造成的，多是技术故障和人员操作错误共同造成的。结合习近平总书记的讲话精神，可以看到只有建立健全重大事故灾难调查评估制度，明确各应急管理部门及各相关部门的分工与责任，衔接好“防”和“救”的责任链条，才能形成整体合力，保障事故灾难发生时的应急反应能力。

本章广泛收集各国相关法律政策及前沿研究，对事故灾难的知识管理要素进行分析，并通过对前述事故灾难案例的归纳，发现事故灾难应急知识管理过程中最需要注意的三大风险要素：生命安全风险、财产安全风险和责任风险。

造成事故灾难发生的主要因素则是：技术系统的复杂性、人为错误的耦合性。而应对事故灾难的应急知识管理要素则是与之相对应的面对复杂知识技术环境的管理协同与如何迅速调用知识进行高效执行。事故灾难的复杂性与耦合性也导致了事故源头预警、应急处置及恢复评估呈现出超越时空界限、突破既有行政区域管理边界的特点，形成所谓的“跨界危机”（transboundary crises）。随着城市化水平的提升、技术系统的互联互动，大型“跨界危机”的事故灾难的可能性呈现出增长趋势。这使得具有“公共产品”特征的事故灾难应急知识管理必须在保障效率的同时尽可能支持跨区域协同合作。上述事故灾难风险特征、发生因素共同促使事故灾难应急知识管理须明确以下要素。

4.3.1.1 事故灾难应急知识管理的主体要素

在现代社会生活中，事故灾难是不可回避的应急管理内容，但也是可以预警评估并控制的。事故灾难应急知识管理属于公共管理范畴，其核心主体是政府的应急管理相关部门。国家安全生产监督管理总局曾是我国应对事故灾难，特别是生产安全类事故灾难的最主要国家层面政府主体。《中共中央关于全面深化改革若干重大问题的决定》就“改进社会治理方式”进行了明确的阐述：“坚持系统治理，加强党委领导，发挥政府主导作用，鼓励和支持社会各方面参与，实现政府治理和社会自我调节、居民自治良性互动。”作为社会治理的主体，事故灾难应急管理能力体现了政府的治理水平，是政府职能的题中之意。提高国家应急管理能力和水平，提高防灾减灾救灾能力，确保人民群众生命财产安全和社会稳定，是我们党治国理政的一项重大任务。事故灾难应急知识管理也需要通过政府应急管理部门得以高效落实。

2018 年，根据党的十九届三中全会审议通过的《深化党和国家机构改革方案》，第十三届全国人民代表大会第一次会议审议批准，为防范化解重特大安全风险，健全公共安全体系，整合优化应急力量和资源，推动形成统一指挥、专常兼备、反应灵敏、上下联动、平战结合的中国特色应急管理体制，中华人民共和国应急管理部（简称应急管理部）作为国务院组成部门正式成立。应急管理部部属单位有中国地震局、国家矿山安全监察局、消防救援局、森林消防局、国家安全生产应急救援中心，不再保留国家安全生产监督管理总局。将国家安全生产监督管理总局的职责，国务院办公厅的应急管理职责，公安部的消防管理职责，民政部的救灾职责，国土资源部的地质灾害防治、水利部的水旱灾害防治、农业部的草原防火、国家林业局的森林防火相关职责，中国地震局的震灾应急救援职责以及国家防汛抗旱总指挥部、国家减灾委员会、国务院抗震救灾指挥部、国家森林防火指挥部的职责进行了深度整合。

应急管理部组织编制国家应急总体预案和规划，指导各地区各部门应对突发事件工作，推动应急预案体系建设和预案演练。要处理好防灾和救灾的关系，明确与相关部门和地方各自职责分工，建立协调配合机制。随着应急管理部的成立，我国应急管理行政体系产生重大变革。各省（自治区、直辖市）层面政府先后组建应急管理厅（局），整合原省（自治区、直辖市）安全生产监督管理部门事故灾难应对的相关职责。在“一案三制”的事故灾难国家应急管理体系指导下（“一案”是指制定修订应急预案；“三制”是指建立健全应急管理的体制、机制和法制），纵向的层级管理和横向的协调协作一起构成了事故灾难应急知识管理主体（图 4-1）。

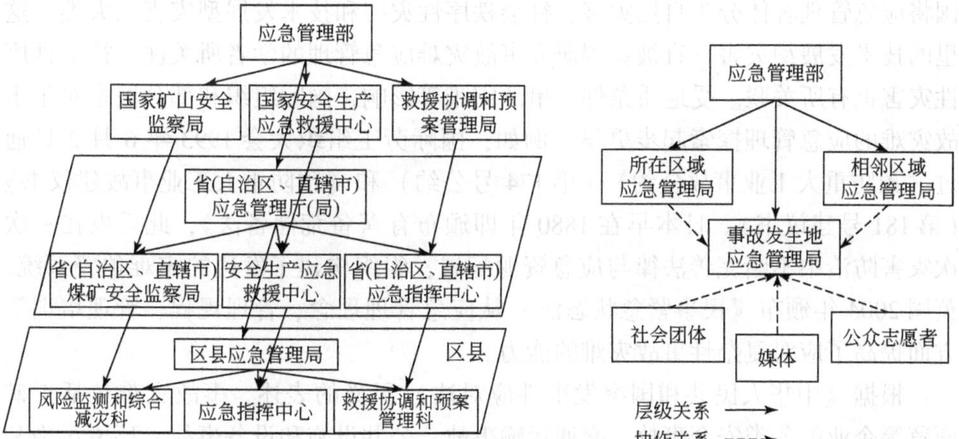

图 4-1　事故灾难应急知识管理主体构成

应急管理部的成立与“一案三制”的应急管理体系可以跨区域、跨部门协同应对事故灾难。对基层政府而言，区域内事故灾难应急管理协同也更为高效有序。在政府之外，事故灾难应急知识管理的主体还包括社会团体、媒体、社区组织、志愿者、学术界、甚至军队等多个主体的共同参与。不同的主体拥有各自专业领域的知识资源和知识传播能力，只有识别这些主体特征、高效整合事故灾难信息才能够在防灾、救灾、减灾、灾后重建中提供高质量的知识管理保障。例如，基层媒体是事故灾难的重要的预警、救援、重建知识传播窗口（高嘉潞，2020），在常态下主要针对基层事故灾难应急知识进行宣传教育和传播普及，在应急状态下进行信息及时、公正的发布以及社会救治的聚合、引导等。企业作为利益相关者，在紧急情况下也可以通过各种方式为事故灾难发生地提供物资、技术设备甚至专业技术人员的支持。

重大事故灾难波及范围大，可能波及多个相对独立的行政区域；系统性技术设计失误也可能同时影响某一行业的安全。公共治理理论强调政府不再是唯一的应急管理主体。作为公共服务的事故灾难应急知识管理不限于传统的政府机构，更是涉及各类社会团体、企业和社会公众的知识权力。通过知识管理集合事故灾难所波及的所有区域和应急组织的力量。事故灾难应急知识管理不是单一的政府部门信息聚合，更是上述相关主体知识聚合、协同互动的中心。

4.3.1.2 事故灾难应急知识管理的客体要素

事故灾难应急知识管理客体是管理的对象，主要指各类事故灾难突发事件及其涉及的知识。不同国家根据自身的国情，对应急管理事件的分类有所不同。美国将应急管理客体分为自然灾害、社会秩序性灾害和技术发展型灾害三大类，这里的技术发展型灾害一直被我国研究事故灾难应急管理的学者所关注，社会秩序性灾害也有所关联。受地质条件、事故灾难等影响，国际组织和部分国家对于事故灾难的应急管理探索起步更早。例如，国际劳工组织大会 1993 年 6 月 2 日通过《预防重大工业事故公约》（第 174 号公约）和《预防重大工业事故建议书》（第 181 号建议书）。日本早在 1880 年即颁布有《备荒储备法》，此后也在一次次灾害防治中不断完善法律与应急资源配置，组织构建了发达的灾难预警系统。英国 2004 年颁布《民事紧急状态法》从应急管理理念、管理规程、管理培训等方面提高了应对复杂性事故灾难的能力。

根据《中华人民共和国突发事件应对法》释义的表述，事故灾难包括工矿商贸等企业的各类安全事故、交通运输事故、公共设施和设备事故、环境污染和生态破坏事件等（李飞，2014）。为了有效应对各种突发事故灾难事件，依据突发事件可能造成的危害程度、波及范围、影响力大小、人员及财产损失等情况，将其由高到低划分为特别重大、重大、较大、一般四个级别的突发事件。

围绕事故灾难应急知识管理主体对客体的有效管理，事故灾难应急知识管理模型应运而生，以满足应急情境下的事故灾难应急知识管理策略与政策需要。一般认为应急知识管理模型需要简单易懂的结构、高效的知识转化路径、尽可能的扁平协作管理、参考决策支持等部分。处于核心地位的是知识决策中枢和高速互通的知识支持部分、外部智库咨询部分、运营部分和信息保障部分。在事故灾难应急管理实践中，事故灾难应急知识管理主体通过知识管理系统对应急知识管理客体实施有效的管理。

4.3.2 事故灾难应急知识管理模型构建

知识管理指通过知识的创造、组织、传播、分析、开发与利用等途径，使之发挥效用的一种理论与方法，其本质是知识的智能性转化。将知识管理理念与技术引入事故灾难应急管理中可以提升事故灾难预警、救援及灾后重建的水平，知识而非信息层面的应急管理是公共治理可行的突破口。如何对事故灾难进行行之有效的应急知识管理，成为一项重要研究课题。事故灾难应急知识管理涉及多种主体及多样客体，并具有跨区域、涉及多行业领域的潜在安全威胁等特征。对主导解决事故灾难的政府应急管理部门而言，知识管理重在尽可能高效地提供决策支持，使突发事故灾难事件产生的生命、财产危害最小化；对于发生事故灾难的利益相关行业组织与社会公众而言，应对与处置事故灾难，必须考虑在知识的获取、组织、存储、交流、利用等阶段如何采取适当的策略、正确的方法，即对事故灾难应急知识进行知识生命周期管理，促使知识收益最大化，避免事故灾难带来的生命健康威胁与财产损失。

生命健康权是第一位的，事故灾难对社会公众生命健康的威胁可分为生命危险和健康危险。有研究以灾难事故患者为分析对象，对照采用常规救治、院前急救全程化操作两种不同救治方法的效果，发现针对突发性事故患者应用院前急救模式可以起到较好的效果，急救反应时间、进入绿色通道时间、住院时间和死亡率数据都明显优于对照组。可以看出以院前急救为代表的事故灾难应急预警与处置有助于提升事故灾难的生命安全保障。心理健康方面的研究也与之相类似，有研究选取天津经济技术开发区 21 家企业的 2456 名员工，对天津港特别重大火灾爆炸事故发生后民众创伤后应激障碍（post-traumatic stress disorder，PTSD）和抑郁状况进行了调研（布威佐热姆·艾力等，2018），发现创伤后应激障碍、抑郁、两者共病检出率分别为 20.09%、28.29%、14.36%，身体受伤、爆炸造成严重损失是创伤后应激障碍和抑郁的风险因素，而心理韧性是创伤后应激障碍和抑郁的保护因素。因此，在事故灾难应急知识管理中对身心健康都需要进行持续长期的关注。

事故灾难对财产安全的危害除了考虑灾难发生时的直接损失外，还应考虑灾后恢复过程，以及事故灾难对周边环境的破坏带来的财产安全、行业与生产安全威胁。生命与财产危机是由事故灾难、事故灾难发生的可能性及蕴藏事故灾难发生可能性的危险状态构成的。事故灾难可能出现多灾种相互增强，甚至出现多米诺效应，产生事故灾难链。因此，事故灾难应急知识管理需要结合其自身特征进行深入分析。尽管在实际事故灾难发生过程中，灾难事故的发生阶段可能存在重叠，但在应急知识科普、预警、救灾、恢复的每一阶段都可以制定更有针对性的知识管理目标。只有平衡好“防”与“救”的关系，才能真正做到“促一方发展、保一方平安”。

综合分析各类事故灾难在生命安全、财产安全和责任风险中的知识管理要素，可以看到，受行政管理层级、应急管理机构职能、时空的跨越性影响，事故灾难应急知识管理存在较强的不确定性。为了减少不确定性，提供更为精准的决策支持，知识管理模型必须避免知识系统负荷过重、效率降低的问题，以快速支持知识决策与公众知识服务。为此，随着对事故灾难管理周期的认识越发深入，从公共物品特征角度，充分考虑跨界危机的事故灾难应急知识模型更具价值。例如，构建跨区域、跨层级的应急知识组织实体或组织体系；或基于应急效率最高、应急负载最小的多目标决策模型，模拟分形应急协同知识组织的可能。基于上述分析，本章结合我国现有事故应急管理体系，从预警防灾知识管理、事故灾难应急处置知识管理、灾后重建知识管理三阶段，构建了支持复杂知识技术环境下高效执行与协同的事故灾难应急知识管理支持模型（图4-2）。

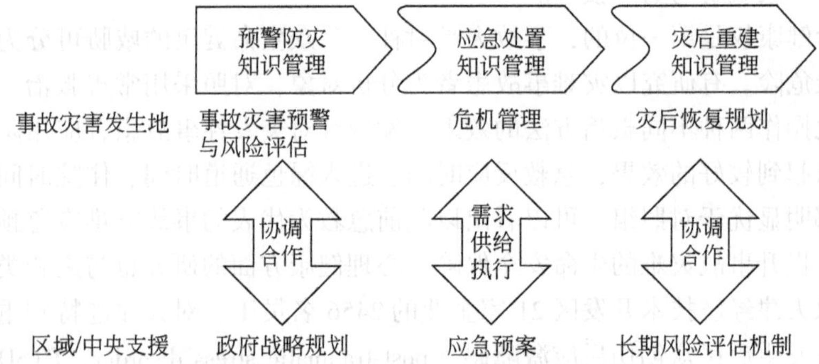

图4-2　事故灾难应急知识管理支持模型

模型能够全面反映我国事故灾难应急知识管理体系对事故灾难发生地“一方有难八方支援”的优良传统，也能系统体现“一案三制”与应急知识管理的生命周期特征。通过分析我国事故灾难应急知识管理面临的各阶段特点，构建事故灾难发生地与区域/中央支援的双控预防与应急处置机制；根据我国网格化基层社会治理与突出固有事故灾难风险的原则，“点”“面”结合辨识事故灾难风险，将事故灾难应急知识管理拆分到具体的预警评估、应急处置、灾后重建阶段，并针对所处层级、区域、行业、组织特点进行针对性知识服务；还结合我国事故灾难应急知识管理体系特色和我国知识管理进展，设计构建事故灾难应急知识管理系统模型（图 4-3），从知识需求层、知识服务层、知识供给层，对事故灾难应急知识的开放、组织、服务、传播进行系统性支持，以有效推动事故灾难的应急知识管理。

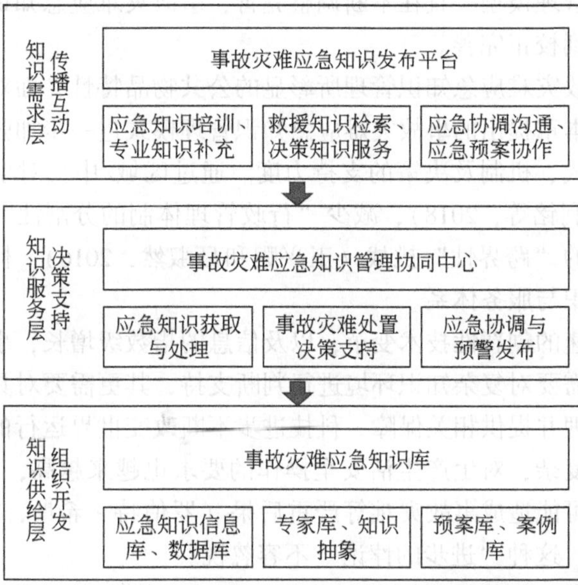

图 4-3　事故灾难应急知识管理系统模型

面对前所未有的复杂知识技术环境，知识供给层的事故灾难应急知识库聚合应急信息、专家学者、各地区各类型灾难应急预案，对事故灾难知识进行组织与开发；知识服务层通过对知识供给层知识案例的编码分析，集合专家智慧，为事故灾难应急处置提供决策支持，同时，集中协调应急需求与供给两端知识信息，进行事故灾难相关预警信息协同发布；知识需求层是事故灾难应急知识发布平台，也是互动交流平台，面向公众与应急管理机构根据事故灾难所处阶段提供相对应的应急知识培训、救援知识检索、应急协调沟通等内容。

通过事故灾难应急知识管理系统模型（图 4-3），公众与应急管理决策者可以获取所需要的事故灾难相关应急知识与处置经验，也可以向事故灾难应急知识发布平台提供补充性应急管理知识。将个人或组织在事故灾难事件中掌握的隐性知识向显性知识转化，进而实现应急知识的传播与共享。

4.3.3 事故灾难应急知识管理模型应用

应急管理是一项多领域、跨学科、多主体共同参与的活动，事故灾难也有多灾种多阶段的不同侧重，事故灾难应急知识管理模型需要综合上述特征系统构建。从工业化前期的“常态—应急混合管理”、工业化初中期的“单灾（单一灾害）应急管理”到如今的“应急管理部”“一案三制”的综合高效管理方式，我国事故灾难应急管理模型一直在不断调整完善，事故灾难应急知识管理模型也将在应用中不断得到校正完善。

结合前述事故灾难应急知识管理所彰显的公共物品特性，面对越来越清晰的跨界危机特点，本章提出的事故灾难应急知识管理模式进一步加强了对区域应急知识管理联动模式、机制及决策的支持力度。通过区域/中央对事故灾难发生地的协同支持（锁利铭等，2018），减少“行政管理体制的分割性”矛盾对事故灾难应急知识管理的“跨界性”挑战（王兴鹏和吕淑然，2016），构建协同应对事故灾难的知识组织与服务体系。

面对持续高速的创新性技术变革，以及信息的指数级增长，事故灾难应急知识管理模型不仅需要对复杂知识环境进行判断支持，其更需要对具体事故灾难进行高效的知识管理并提供相关保障。科技进步不断改变世界运行的模式，但更先进的技术也更为复杂，对生产生活安全操作的要求也越来越高，人为操作失误、系统设计漏洞都可能造成事故灾难等严重后果（罗伯特·希斯，2004）。在拥抱技术进步的同时，这种“进步的悖论”不容忽视。

借助电子政务（刘焕成和刘小龙，2013）、政府数据公开平台的不断建设完善，事故灾难应急知识管理系统也在不断探索应用之中。有研究通过对移动社交网络进行大数据分析，构建事故灾难应急管理所需面对的公众情绪变动（Othman et al.，2014）；有研究通过分布在环境中的智能传感器（摄像头、麦克风等），探索数据融合对应急管理机构及救援人员的决策影响（Foresti et al.，2015）；也有研究通过基于物联网的医疗传感器，测试事故灾难突发情况下的实时响应程度（李柏奎，2017）。

综上，事故灾难应急知识管理研究在多个领域取得了阶段性成果。数据驱动的应急知识管理模型为事故灾难预警与救援提供了更多可能。但这些模型往往忽视了知识本身的再生特质。

知识不同于信息，需要提供切实的建构与有效关联才能成为在紧急情况下做出决策判断的关键依据。很多事故灾难知识管理研究缺乏足够的信息/知识转化与知识内化机制研究，这可能导致防灾减灾信息未能真正转化为有用的救生知识，也无法支持应急管理部门进行决策，致使事故灾难知识管理应用效果欠佳。

本章在分析前述事故灾难应急知识管理主客体要素的基础上，结合灾害管理周期与知识管理周期，得出综合事故发生地与区域/中央的协作支持模式。以应急知识信息库、专家库、预案库、案例库为基础的事故灾难应急知识供给层是应急知识管理的知识保障基础，在突发事故灾难中发挥着重要的作用。应急预案、事故灾难案例、救援技术专家是核心知识资产，而知识资产产生的过程即应急知识管理中知识组织、聚合、应用及创造的过程。事故灾难知识管理实质上是对事故灾难相关应急知识的获取、整合、共享、传播的“动态循环”。知识管理和应急管理相结合，通过对灾难周期特征、知识转化特征的梳理，可以更加明确事故灾难应急知识管理重点，强化事故灾难应急知识管理模型的可靠性与可行性，有助于建立完善的应急知识管理体系，进而为防灾减灾提供理论依据和决策指导，降低突发事故灾难对人民生命与财产的威胁。

事故灾难应急知识管理模型应用需要强有力的执行保障。良好的执行运营需要依托应急管理部门即事故灾难应急管理主体富有成效的支持，同时还需要各主体要素的协作互动，以及明确事故灾难知识管理客体的相关制度。习近平总书记在中共中央政治局第十九次集体学习时强调：“加强应急管理体系和能力建设，既是一项紧迫任务，又是一项长期任务。”习近平指出：“要健全风险防范化解机制，坚持从源头上防范化解重大安全风险，真正把问题解决在萌芽之时、成灾之前。要加强风险评估和监测预警，加强对危化品、矿山、道路交通、消防等重点行业领域的安全风险排查，提升多灾种和灾害链综合监测、风险早期识别和预报预警能力。”事故灾难应急知识管理模型正是对防灾、救灾、减灾进行全方位支持，从而健全我国事故灾难应急知识管理体系，落实各环节责任和措施，支持高效有力的事故灾难应急精准治理。

第 5 章　公共卫生事件应急知识管理

现代公共卫生（public health）的概念出现时间不长，主要有以下几种被认可的概念：1920 年，美国耶鲁大学一位公共卫生教授认为，公共卫生是一种可以预防疾病、促进健康、延长寿命和有效进行卫生资源配置的科学和艺术，通过建立一套机制控制传染病疾病、维持环境卫生、提供个人卫生教育，使每个人都有足够能力维持健康的生活标准，从而使得每一个公民都意识到他们生来就有健康和长寿的权利（张彩云等，2009）。1988 年，美国医学研究所认为，公共卫生是通过创建安全健康的居住环境满足人们的社会需求。《不列颠简明百科全书》认为，公共卫生是通过有组织的社区活动来预防疾病、延长寿命、促进健康的科学和艺术。这些工作包括改善环境卫生、传染病的控制、卫生学教育、早期诊断和预防措施以及适当的生活标准。虽然没有形成统一概念，但就医学领域而言，公共卫生主要是针对社区或社会的医疗措施，是区别于在医院进行的针对个人的医疗措施。

公共卫生事件具有突发性、复杂性和危害性等特点，如食物中毒、突发重大疫情等。国务院颁布的《突发公共卫生事件应急条例》将突发公共卫生事件定义为：突然发生，造成或者可能造成社会公众健康严重损害的重大传染病疫情、群体性不明原因疾病、重大食物和职业中毒以及其他严重影响公众健康的事件。突发公共卫生事件主要分为特别重大突发公共卫生事件级、重大突发公共卫生事件级、较大突发公共卫生事件级、一般突发公共卫生事件级四个等级。

知识分为显性知识和隐性知识，依据知识分类可知，应急知识是指各类突发事件发生前后所涉及的各种显性知识和隐性知识的总和。这些应急知识是应急知识管理主体进行管理的对象，是可以被收集与获取、组织和整合、交流和共享、应用和创新的。因此，本章所指的公共卫生事件应急知识是指公共卫生事件发生前后应急管理全过程中收集、获取、存储、共享、应用的各类显性知识与隐性知识的总和。突发公共卫生事件应急管理是由特定的组织机构实施的一系列预防和控制措施，以及采取相应的医学防治和卫生监督行动等综合性行为（常玲慧，2013）。目的是为了保证公共卫生安全，保护人民群众的健康和生命安全。

依据公共卫生事件应急知识和突发公共卫生事件应急管理相关概念，本章认为公共卫生事件应急知识管理是指对公共卫生事件应急知识的管理，不仅包括公共卫生事件应急知识的获取与收集、存储与组织、交流与共享、赋能与转移等内容，还注重对经验、知识的应用、创新和升华，是公共卫生事件应急知识管理主体在应对突发公共卫生事件过程中获取、使用和创造知识并以此提高突发公共卫生事件应对能力的一系列活动。实施公共卫生事件应急知识管理的目的是降低事件造成的损失，保障人们的生命和财产安全。

5.1 国内案例分析[①]：2020 年新冠肺炎疫情

5.1.1 案例简介

2020 年初，新冠肺炎疫情从武汉蔓延至全国，给全国人民的身体健康和生命安全造成严重威胁。人们正常的生产生活受到明显影响，直接影响我国社会经济的平稳发展，给经济发展带来冲击。2020 年 6 月 7 日，国务院新闻办公室发布《抗击新冠肺炎疫情的中国行动》白皮书，白皮书详细记录了我国抗击疫情的艰辛过程。

在党中央的领导下，全国人民贯彻“坚定信心、同舟共济、科学防治、精准施策”总要求，积极配合疫情防控，用巨大代价控制了疫情。我国取得抗疫的胜利为世界防控疫情做出了重要贡献。

截至 2020 年 6 月 30 日 24 时，我国 31 个省（自治区、直辖市）和新疆生产建设兵团累计报告确诊病例 83 534 例，累计治愈出院病例 78 479 例，累计死亡病例 4634 例，治愈率 93. 9%，病亡率 5. 5%。

我国抗击新冠肺炎疫情的艰辛历程主要分五个阶段：迅即应对突发疫情，初步遏制疫情蔓延势头，本土新增病例数逐步下降至个位数，取得武汉保卫战、湖北保卫战决定性成果，全国疫情防控进入常态化。

5.1.1.1 迅即应对突发疫情阶段

时间节点：2019 年 12 月 27 日至 2020 年 1 月 19 日。

疫情特点：①湖北省武汉市监测发现不明原因肺炎病例，中国第一时间报告疫情，迅速采取行动，开展流行病学和病因学调查，阻断疫情蔓延。②及时主动向世界卫生组织以及美国等国家通报疫情信息，向世界公布新型冠状病毒基因组序列。③武汉地区出现局部社区传播和聚集性病例，其他地区开始出现武汉关联确诊病例，中国全面展开疫情防控。具体如图 5-1 所示。

① 本节国内案例分析内容和所有图内容暂不包含香港、澳门和台湾地区数据。

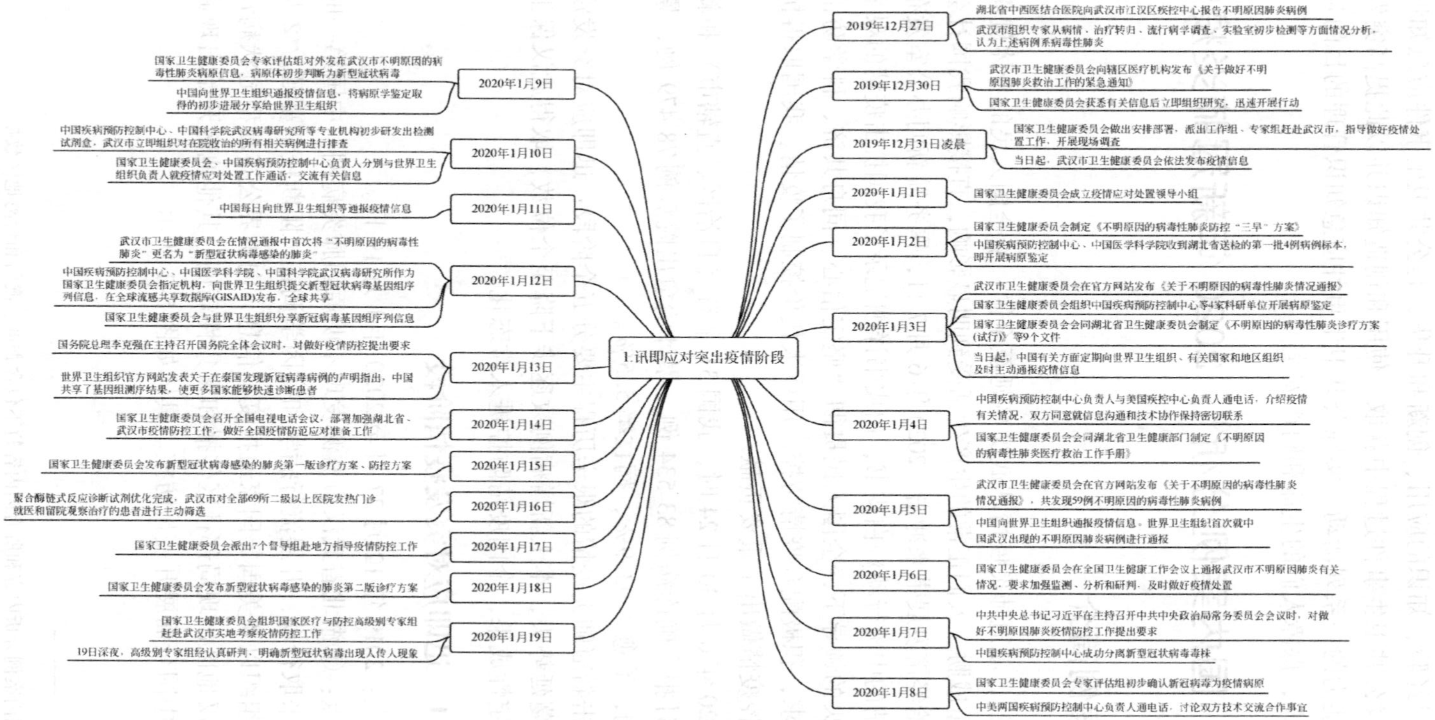

图 5-1　迅即应对突发疫情阶段

5.1.1.2 初步遏制疫情蔓延势头

时间节点：2020 年 1 月 20 日至 2020 年 2 月 20 日。

疫情特点：①面对全国严峻的防控形势，中央坚决果断关闭离汉离鄂通道，武汉保卫战、湖北保卫战全面打响。②中央成立应对疫情工作领导小组，并向湖北等疫情严重地区派出中央指导组。国务院先后建立联防联控机制、复工复产推进工作机制。③全国集中资源和力量驰援湖北省和武汉市。④各地启动重大突发公共卫生事件应急响应。最全面最严格最彻底的全国疫情防控正式展开，疫情蔓延势头初步遏制。具体如图 5-2 所示。

5.1.1.3 本土新增病例数逐步下降至个位数阶段

时间节点：2020 年 2 月 21 日至 2020 年 3 月 17 日。

疫情特点：①湖北省和武汉市疫情快速上升势头均得到遏制，全国除湖北省以外疫情形势总体平稳，3 月中旬每日新增病例控制在个位数以内，疫情防控取得阶段性重要成效。②根据疫情防控形势发展，中央做出统筹疫情防控和经济社会发展、有序复工复产重大决策。具体如图 5-3 所示。

5.1.1.4 取得武汉保卫战、湖北保卫战决定性成果

时间节点：2020 年 3 月 18 日至 2020 年 4 月 28 日。

疫情特点：①以武汉市为主战场的全国本土疫情传播基本阻断，离汉离鄂通道管控措施解除，武汉市在院新冠肺炎患者清零，武汉保卫战、湖北保卫战取得决定性成果，全国疫情防控阻击战取得重大战略成果。②国内疫情零星散发，境外疫情快速扩散蔓延，境外输入病例造成关联病例传播。③中央把握疫情形势发展变化，确定了“外防输入、内防反弹”的防控策略，巩固深化国内疫情防控成效，及时处置聚集性疫情，分类推动复工复产，关心关爱境外中国公民。具体如图 5-4 所示。

5.1.1.5 全国疫情防控进入常态化

时间节点：2020 年 4 月 29 日以来。

疫情特点：①国内疫情总体呈零星散发状态，局部地区出现散发病例引起的聚集性疫情，境外输入病例基本得到控制，疫情积极向好态势持续巩固，全国疫情防控进入常态化。②加大力度推进复工复产复学。具体如图 5-5 所示。

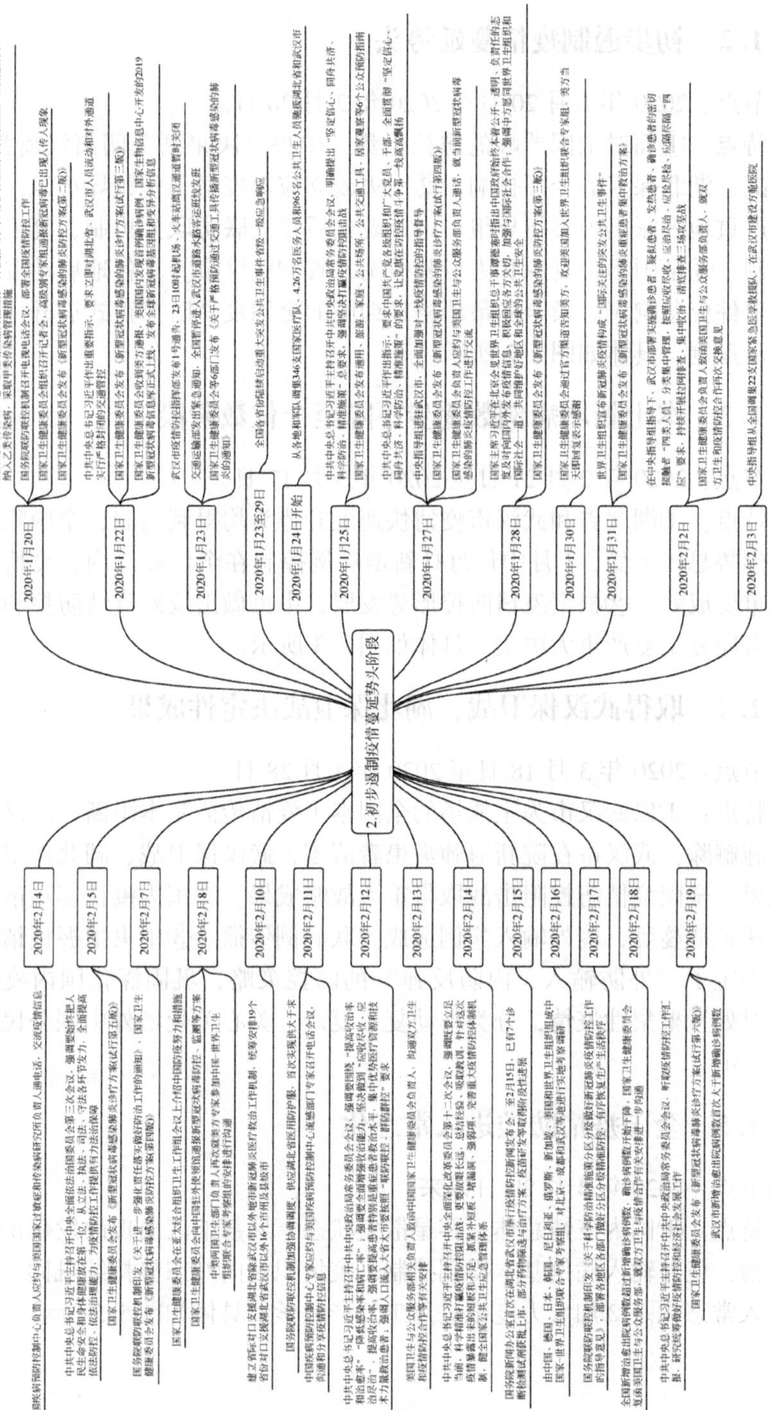

图5-2 初步遏制疫情蔓延势头阶段

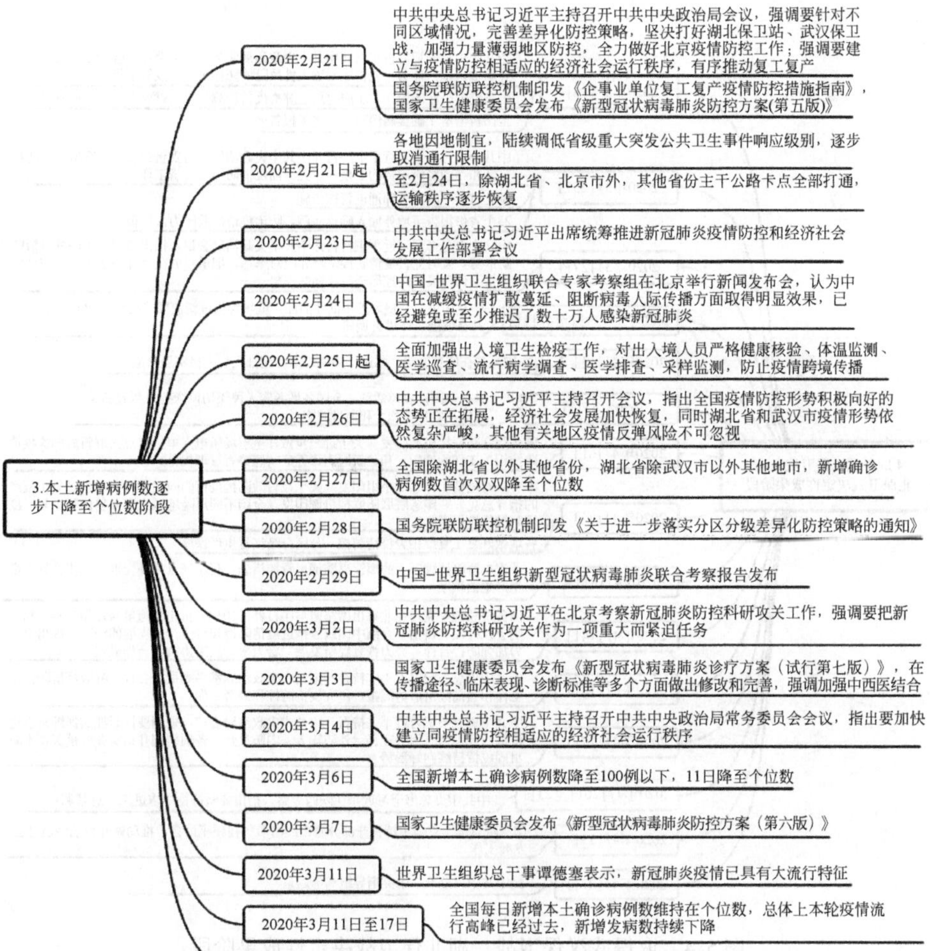

图 5-3　本土新增病例数逐步下降至个位数阶段

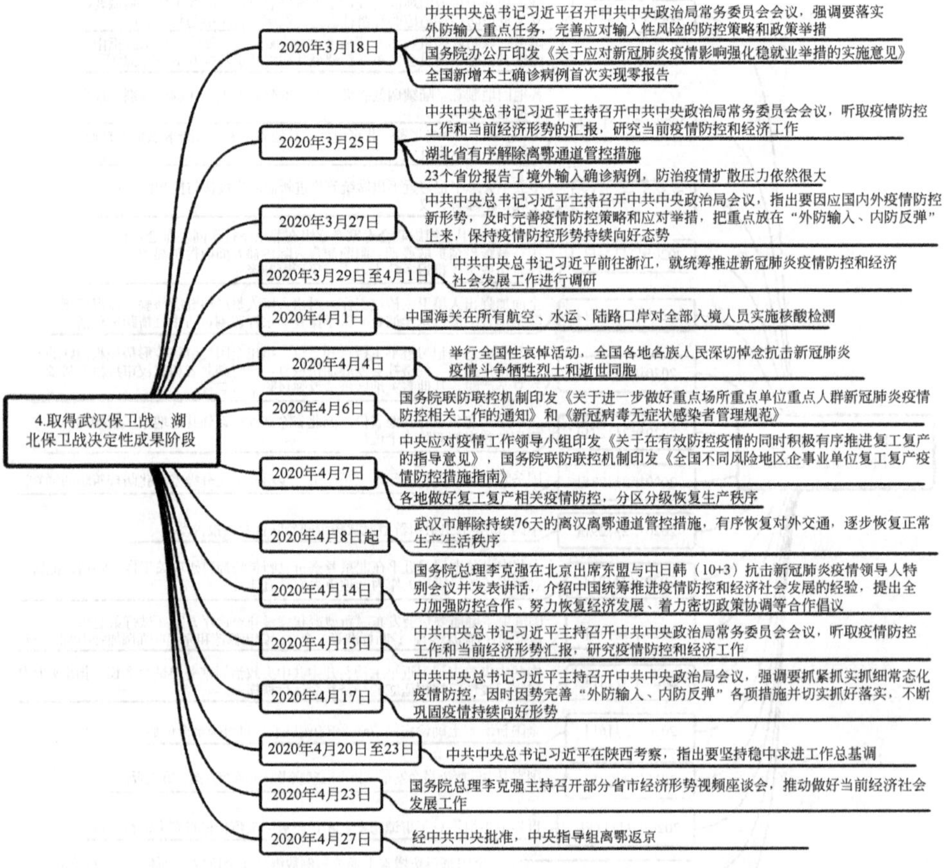

图 5-4　取得武汉保卫战、湖北保卫战决定性成果阶段

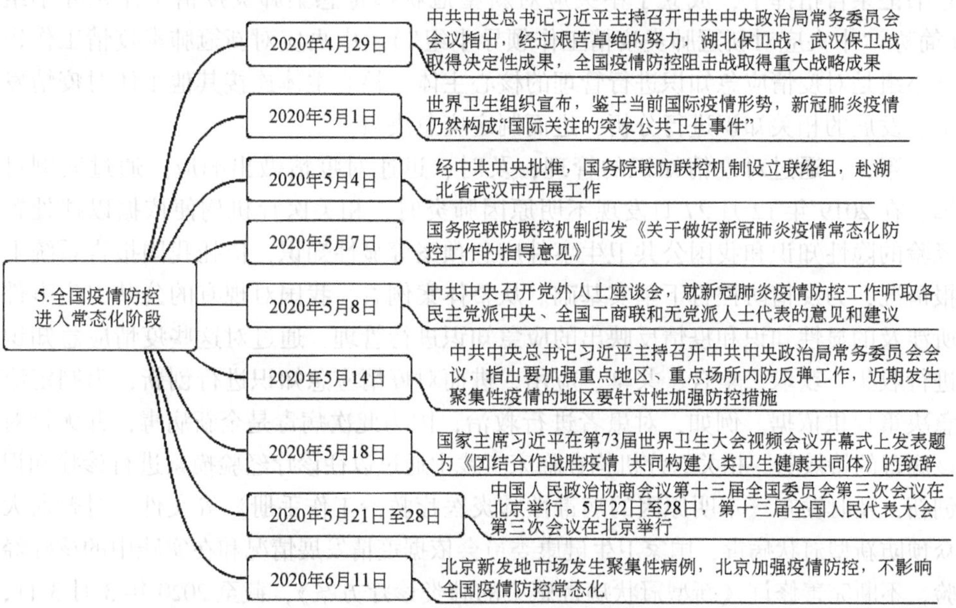

图 5-5　全国疫情防控进入常态化阶段

资料来源：中华人民共和国国务院新闻办公室，《抗击新冠肺炎疫情的中国行动》白皮书. http://www.scio.gov.cn/ztk/dtzt/42313/43142/index.htm(2020-06-07)[2021-03-02]

5.1.2　案例分析

通过上述案例可以看出，新冠肺炎疫情的发生属于突发公共卫生事件。从公共卫生事件的级别来看，新冠肺炎疫情应属于重大急性传染病疫情。国家将新冠肺炎疫情规定为乙类传染病，但按照甲类传染病防控，可见新冠肺炎疫情对人民身体健康和生命安全造成重大威胁。在新冠肺炎疫情防控过程中，为更高效取得疫情防控的胜利，降低疫情造成的危害，保障人民群众的生命安全，需要对新冠肺炎疫情中涉及的应急知识进行管理。我国防控疫情的效果显著与疫情中的应急知识管理不无关系，主要体现在以下方面。

第一，应急知识管理理念先进——"人的生命高于一切"。疫情防控过程中，在人的生命与经济利益博弈过程中，我国选择以"人民生命至上"为救治理念。我国一直把"提高治愈率、降低病亡率"作为首要任务。疫情初期，面对激增的患者，采用集中力量办大事的原则，将优质资源集中到救治一线，保证了疫情防控得到有效遏制。

第二，形成高效的应急知识管理主体指挥体系。疫情防控过程中，在习近平总书记亲自指挥下，成立了中央应对新型冠状病毒感染肺炎疫情工作领导小组（简称“中央应对新冠肺炎疫情工作领导小组”）。中央应对新冠肺炎疫情工作领导小组是对疫情应急知识进行管理的核心主体，核心主体连接其他主体对疫情发生、发展的相关知识进行分析，进而制定应急决策。

第三，通过对疫情知识的管理，及时、迅速对疫情做出响应。通过案例可知，在 2019 年 12 月 27 日发现不明原因肺炎时，相关医疗机构便依据以往处置经验的隐性知识和我国公共卫生事件应急预案等显性知识，依托我国报告系统上报情况，为疫情防控打下坚实基础。从整体案例看，我国对现有的公共卫生事件所涉及的显性知识和疫情反映出的应急知识进行管理，通过对这些疫情应急知识进行收集、获取、整合、共享、应用，进而对疫情应急知识进行创新，为制定应急决策提供依据。例如，对患者进行救治，因为此次病毒是全新病毒，并无针对该病毒的特效药，相关医疗机构在临床实践中通过以往诊疗经验摸索进行诊疗知识创新，及时发布《不明原因的病毒性肺炎医疗救治工作手册》等文件。对普通大众预防新型冠状病毒，国家卫生健康委员会依据疫情发展情况和在实践中的诊疗经验，不断完善修订《新型冠状病毒感染的肺炎诊疗方案》，截至 2020 年 3 月 3 日，该诊疗方案已发布第七版，这些版本都是对疫情诊疗知识的应用与创新。

第四，通过应急知识协同遏制新冠肺炎疫情发展。从案例中可以看出，我国在疫情防控过程中，采用疫情防控和救治患者两方面知识相互协同战略。中央应对新冠肺炎疫情工作领导小组统筹协调各部门力量，一方面保障患者救治，另一方面保障人民生产生活。建立全民参与防控体系，发挥中国人民的智慧，同时通过媒体公开透明发布疫情信息，减轻人民群众恐慌情绪，维护社会稳定。

第五，积极开展疫情知识交流与共享活动。通过案例可以看出，疫情发生以来，中国始终将疫情有关知识共享给全世界。从 2020 年 1 月 3 日起，中国有关方面就开始定期向世界卫生组织、有关国家和地区组织及时、主动通报疫情信息。1 月 12 日，国家卫生健康委员会将新型冠状病毒基因组序列信息分享给世界卫生组织。与此同时，中国与世界卫生组织、美国疾控中心、美国卫生与公众服务部等组织或机构就新冠肺炎疫情相关知识进行多次交流与共享，为开展国际疫情知识交流与合作奠定基础。

通过上述国内案例可知，我国对应急知识的管理在应对疫情过程中起到重要作用。新冠肺炎疫情防控的每一阶段都存在对应急知识的管理，如我国开展疫情流行病学调查属于知识获取、整合、应用与创新，我国与世界共享疫情情况属于知识交流与共享等。同时，疫情防控还涉及高效指挥体系、应急资源保障、全民参与防控、公开透明发布疫情信息、科技对疫情的支撑等方面和公共卫生事件应急知识管理有没有关系？有什么样的关系？这些是本章所关注和需要分析的。

5.2 国外案例分析：德国 EHEC感染

5.2.1 案例简介

2011 年5 月初，德国罗伯特·科赫研究所公布第一例肠出血性大肠埃希氏菌（enterohemorrhagic Escherichia coli，EHEC）所致的溶血性尿毒综合征病例，随后疫情继续扩散，截至5 月31 日，德国死亡人数为15 人，瑞典死亡人数为1 人；感染人数已超过1200 人，涉及瑞典、丹麦、英国和荷兰多个国家。截至当年6 月，EHEC 造成至少18 人死亡，9 个国家1500 人患病，其中470 人出现肾衰竭症状。

不久，欧洲疾病预防控制中心表示，产自西班牙的黄瓜可能是感染源之一。随后，欧洲各国纷纷停止进口并下架西班牙黄瓜。德国汉堡卫生研究部门也表示，在西班牙进口的黄瓜上发现 EHEC，但不确定其他果蔬是否也带有 EHEC。因此，德国卫生部门建议民众将黄瓜、西红柿等蔬菜煮熟后食用。

与此同时，世界卫生组织也发出警告，表示 EHEC 复制能力更强，造成危害大、感染速度快且主攻成年人。EHEC 可通过人际、食物、水和接触动物等渠道传播，建议民众注意个人卫生和饮食卫生，有症状及时就医，不要乱用药，要遵医嘱，以防加重病情。

为了精准确定 EHEC 来源，德国汉堡卫生当局在对涉及进口黄瓜的两家西班牙公司调查后发现，德国的 EHEC 致病原并非西班牙进口黄瓜。2011 年6 月初，德国西北部下萨克森州农业部长林德曼表示，在一个有机农场的豆芽等芽苗样本中发现 EHEC，初步怀疑其为疫情源头。随后证实，豆芽等芽苗菜是造成此次EHEC 疫情的源头，消费者又陷入对芽类蔬菜的恐慌。最终，虽然西班牙的黄瓜不是疫情源头，但在疫情之初，欧洲多国下架和封杀西班牙的蔬菜和水果，已经给西班牙果蔬种植业造成很大损失，这招致西班牙方面的强烈抗议。

5.2.2 案例分析

上述案例属于突发公共卫生事件，从应急知识管理角度分析有值得借鉴的处理方式，也有应急处置不当之处。

（1）值得借鉴的处理方式

1）通过对疫情应急知识的收集与分析，迅速查明病原菌。疫情发生后，德国明斯特大学医院卫生研究所迅速开展研究，通过对疫情应急知识的获取、整合、分析，指出此次疫情是一种名为 Husec41 的肠出血性大肠埃希氏菌变种引起的，就此病毒特性进行分析并及时发布，为临床救助提供了决策依据。

2）传染源调查工作细致，及时对疫情进行响应。在欧洲疾病预防控制中心表示西班牙黄瓜有可能是疫情传染源之后，德国卫生部门马上追踪进口黄瓜的两家西班牙企业。在确认西班牙黄瓜非疫情传染源后，积极对其他传染源进行调查，最终确定传染源。不但最后证明西班牙黄瓜并非为传染源，而且调查速度还是比较迅速的。

3）应急知识管理主体之一的西班牙的两家企业积极配合调查。本案例中，西班牙黄瓜并非为传染源。在疫情初期，西班牙的两家企业积极配合调查，采取严格检查措施以帮助相关部门找出传染源。

(2) 应急处置不当之处

1）应急知识管理主体责任分工不明确，效率低。调查传染源是应急知识管理主体责任之一，但在调查传染源时，机构众多，各主体分工不明确。欧洲疾病预防控制中心在没有明确证据下表示西班牙黄瓜有可能是传染源，后德国联邦机构宣布西红柿、黄瓜、生菜等与患者发病密切相关，其后又有汉堡官员在西班牙黄瓜上发现 EHEC，最后又证明豆芽等芽苗菜是此次 EHEC 疫情的源头。这些事例表明在对传染源应急知识分析过程中，各应急知识管理主体并没有将知识共享并形成统一结论，也说明传染源调查过程中缺乏统一指挥和协调。同样，在救治患者方面，也缺乏统一机构协调。此次疫情具有与以往疫情不一样的特点，在救治患者方面无经验可循。为救治患者，各大医院虽然自发组织网上交流平台，共享救治患者的临床知识，分享治疗经验等隐性知识，协调病床、血浆供应等物资设备，但缺乏统一机构指挥和协调，导致效率低下。

2）应急知识响应不及时。此次疫情的关键工作之一是确定病菌基因，在确定病菌基因过程中，德国对病菌基因知识的相关研究明显落后。此次疫情发生在德国，德国的研究机构应该最先公布此次病菌的基因测序，但最先公布病菌基因测序的却是远在万里之外的中国深圳华大基因研究院。原因是德国的一位细菌专家罗德在食堂吃饭时遇到了一名在汉堡从事客座研究的中国学者，这名中国学者引荐了中国深圳华大基因研究院进行病菌基因测序任务。中国深圳华大基因研究院在 3 天内完成测序并比德国提前半天公布测序结果。这一事例说明，德国在对疫情应急知识分析、研究过程中响应不及时，效率不高。

3）应急显性知识挖掘不充分，并未形成完善的疫情上报体系。应急显性知识主要是指在突发事件中可以被记录和存档的知识。在此次疫情中，德国各地卫生局的病例汇总不及时，因此未能及时上报疑似或确诊病例。在报告体系中，采用分级上报方式，效率不高。病例首先要上报各州卫生主管当局，间隔一段时间再上报给联邦公众传染病预防与监控主管机构罗伯特·科赫研究所。这种分级上报机制导致最终汇总的确诊或疑似病例总数严重滞后。这也说明德国的应急显性知识并未充分挖掘，现有的疫情上报体系效率低，不利于疫情应急决策的制定。

4）疫情应急知识传播渠道不统一，权威信息发布比较混乱。本案例中，各方面专家、各州官员和联邦官员纷纷发布各种关于疫情的信息和见解。特别是在传染源问题上，各机构各抒己见。直到 5 月 31 日，德国卫生部门才召开发布会，发布相对权威的信息，明确传染源尚未确定，提醒民众食用煮熟的蔬菜。此次疫情中，疫情应急知识传播的渠道不统一，众说纷纭的信息导致民众恐慌，不安、迷惑心理不减反增，不利于疫情处置，同时也不利于社会稳定。

通过国外案例可以看出，“毒黄瓜”事件中的应急知识管理工作有需要改进之处，如疫情应急知识管理主体到底是哪些主体？各自的职责和分工如何？如何进行应急显性知识和应急隐性知识的挖掘以形成利于疫情防控的文件、政策等？疫情应急知识的传播如何进行？媒体和公众在疫情应急知识传播中的作用是什么？如何体现？这些问题都是本章需要进一步关注和分析的。

5.3 公共卫生事件应急知识管理模型

5.1 节和 5.2 节的两个案例都属于公共卫生事件，公共卫生事件中的应急知识管理在处置公共卫生事件中起到重要作用，决定公共卫生事件处置结果。那公共卫生事件应急知识管理的要素是什么？各要素之间的关系如何？这些要素如何共同作用决定公共卫生事件的处置结果？上述这些问题都体现在公共卫生事件应急知识管理模型中。

5.3.1 公共卫生事件应急知识管理要素分析

公共卫生事件应急知识管理要素是由公共卫生事件应急知识管理理念、公共卫生事件应急知识管理主体、公共卫生事件应急知识管理客体、公共卫生事件应急知识管理流程、公共卫生事件应急知识管理过程、公共卫生事件应急知识管理效果六方面构成。

5.3.1.1 公共卫生事件应急知识管理理念

突发公共卫生事件具有突发性、复杂性、危害性、时间紧迫性等特点，往往对人民身体健康和生命安全造成重大威胁。因此，在处置突发公共卫生事件时，突发公共卫生事件应急知识管理必须遵循“人的生命高于一切”的管理理念，所有的决策和行动都要以此为核心。

5.3.1.2 公共卫生事件应急知识管理主体

公共卫生事件应急知识管理主体主要包括：公共卫生事件知识管理的决策者、公共卫生事件救助的参与者、公共卫生事件资源配置的保障者、媒体和公众。

公共卫生事件知识管理的决策者即突发公共卫生事件的指挥中心或办公室。我国制定的《国家突发公共卫生事件应急预案》明确规定，针对公共卫生事件有应急指挥机构、日常管理机构（国务院卫生行政部门设立卫生应急办公室）和专家咨询委员会。其中，应急指挥机构是在国务院统一领导下，负责组织、协调全国突发公共卫生事件应急处理工作，并根据突发公共卫生事件应急处理工作的实际需要，提出成立全国突发公共卫生事件应急指挥部。根据公共卫生事件响应级别不同，应急指挥机构由各级人民政府承担。

公共卫生事件救助的参与者主要是指应急处理专业技术机构，主要包括医疗机构、疾病预防控制机构、卫生监督机构、出入境检验检疫机构。应急处理专业技术机构要对本单位专业技术人员进行培训，提升其应对突发公共卫生事件能力和技术水平，同时在处理突发公共卫生事件时，要服从统一指挥，积极开展突发公共卫生事件处理工作。

公共卫生事件资源配置的保障者主要包括技术保障部门、物资和经费保障部门、通信与交通保障部门、法律保障部门等。

媒体和公众也对公共突发卫生事件的处理起到很重要作用。在发生公共卫生事件时，县级以上人民政府要利用大众媒体对社会公众广泛开展公共卫生事件应急知识普及教育，对公众进行卫生科普知识宣传，指导公众冷静、科学地对待突发公共卫生事件。

5.3.1.3 公共卫生事件应急知识管理客体

依据上述应急知识的分类，公共卫生事件应急知识分为公共卫生事件常态显性应急知识、公共卫生事件非常态显性应急知识、公共卫生事件常态隐性应急知识、公共卫生事件非常态隐性应急知识四类。

公共卫生事件常态显性应急知识主要包括公共卫生事件的法律法规和标准规范、应急预案和突发事件案例等知识，如《中华人民共和国传染病防治法》《中华人民共和国突发事件应对法》《中华人民共和国职业病防治法》《医院感染管理办法》《突发公共卫生事件与传染病疫情监测信息报告管理办法》《国家突发公共事件总体应急预案》《国家突发公共卫生事件应急预案》《国家突发公共卫生事件相关信息报告管理工作规范（试行）》《全国自然灾害卫生应急预案（试行)》《地震灾后卫生防病应急技术指南》等。

公共卫生事件非常态显性应急知识主要包括与公共卫生事件有关的书刊、宣传资料、应急资源等知识，比如因新冠肺炎疫情发布的《新型冠状病毒感染的肺炎诊疗方案》《关于严格预防通过交通工具传播新型冠状病毒感染的肺炎的通知》《关于做好新冠肺炎疫情常态化防控工作的指导意见》等。

公共卫生事件常态隐性应急知识主要包括公共卫生事件教育培训、演练或经验技能等知识。

公共卫生事件非常态隐性应急知识主要包括公共卫生事件参与者的感受、经验和阅历等知识，如新冠肺炎疫情期间公众的感受等。

5.3.1.4 公共卫生事件应急知识管理流程

依据应急管理知识流程，公共卫生事件应急知识管理流程包括公共卫生事件应急预防、公共卫生事件应急准备、公共卫生事件应急响应、公共卫生事件应急评估与恢复四个阶段。

公共卫生事件应急预防知识体系包括公共卫生事件监测、预警和报告。我国建立了统一的突发公共卫生事件监测、预警和报告网络系统。各级医疗、疾病预防控制、卫生监督和出入境检疫机构负责开展突发公共卫生事件的日常监测工作（王兴鹏，2015）。各级人民政府卫生行政部门根据监测情况，及时分析公共卫生事件的危害程度、可能发展趋势并做出预警；与此同时，突发公共卫生事件责任报告单位要按照有关规定及时、准确地报告突发公共卫生事件及其处置情况。

公共卫生事件应急准备知识体系主要指从制度、组织、资源等几方面开展的准备活动。突发公共卫生事件一旦发生，各公共卫生事件应急知识管理主体要依据现有规章制度和工作规范性文档等开展工作，及时成立公共卫生事件应急指挥中心和专业救援队，对公共卫生事件应急救援知识进行培训；同时，对公共卫生事件应急资源知识进行管理，包括对公共卫生事件应急物资的储备、调拨、分配、使用方式等，应急资金的筹措、分配、使用等，应急志愿者的招募、组织方式等（李春娟，2011）。

公共卫生事件应急响应知识体系主要指公共卫生事件应急现场处置的各种知识总和，包括现场救援知识、应急知识管理主体之间协作知识、应急决策知识等。由于突发公共卫生事件具有急迫性、复杂性和动态性等特点，若不及时进行科学高效的应急决策，有可能会造成严重后果，而科学、高效的应急决策不仅取决于公共卫生事件发生前的应急知识预防和准备，更取决于公共卫生事件应急响应阶段的知识应用与创新（常玲慧和马斌，2013）。公共卫生事件应急知识管理主体对从各个部门收集到的数据进行分析，依据分析结果制订处理措施及救援办法，同时向参与处理公共卫生事件的各部门及时下达指令，开展应急指挥调度、监督并保证指令被正确执行。

公共卫生事件应急评估与恢复阶段的知识体系主要包括公共卫生事件评估知识，包括事件概况、现场调查处理概况、病人救治情况、所采取措施的效果评价、应急处理过程中存在的问题和取得的经验及改进建议等。公共卫生事件应急知识评估可以针对现有应急知识管理措施进行优化，进一步指导应急处理实践工作。

5.3.1.5　公共卫生事件应急知识管理过程

公共卫生事件应急知识管理过程主要包括公共卫生事件应急知识收集与获取、公共卫生事件应急知识组织与整合、公共卫生事件应急知识交流与共享、公共卫生事件应急知识赋能与转移、公共卫生事件应急知识应用与创新五个部分。

公共卫生事件应急知识收集与获取主要目标是收集与获取有关公共卫生事件的显性应急知识和隐性应急知识。

公共卫生事件应急知识组织与整合主要是将收集与获取的有关公共卫生事件的显性应急知识和隐性应急知识进行整合，建立公共卫生事件应急知识库，为编制应急预案、制定应急决策等奠定基础。

公共卫生事件应急知识交流与共享是指公共卫生事件应急知识管理主体之间分享应急知识，或者公共卫生事件应急知识管理主体将应急知识分享给其他组织或个人的行为，目的是共同降低公共卫生事件造成的损失。

公共卫生事件应急知识赋能与转移是指利用赋能机制激活公共卫生事件应急知识管理主体，促进应急知识转移和知识价值化。

公共卫生事件应急知识应用与创新是指在对公共卫生事件处理过程中，使用应急知识并积极进行知识创新。

公共卫生事件应急知识管理过程与公共卫生事件应急知识管理流程相对应，公共卫生事件应急流程知识管理流程中的每一阶段都存在公共卫生事件应急知识管理全部或部分过程，两者相互融合，共同构成应急知识管理的重点。

5.3.1.6　公共卫生事件应急知识管理效果

公共卫生事件应急知识管理效果即公共卫生事件应急知识管理的结果，包括公共卫生事件处置的效率、应急能力提升、产生后果等情况。

5.3.2　公共卫生事件应急知识管理模型构建

通过上述公共卫生事件应急知识管理要素的分析，本章构建了公共卫生事件应急知识管理模型，具体如图 5-6 所示。

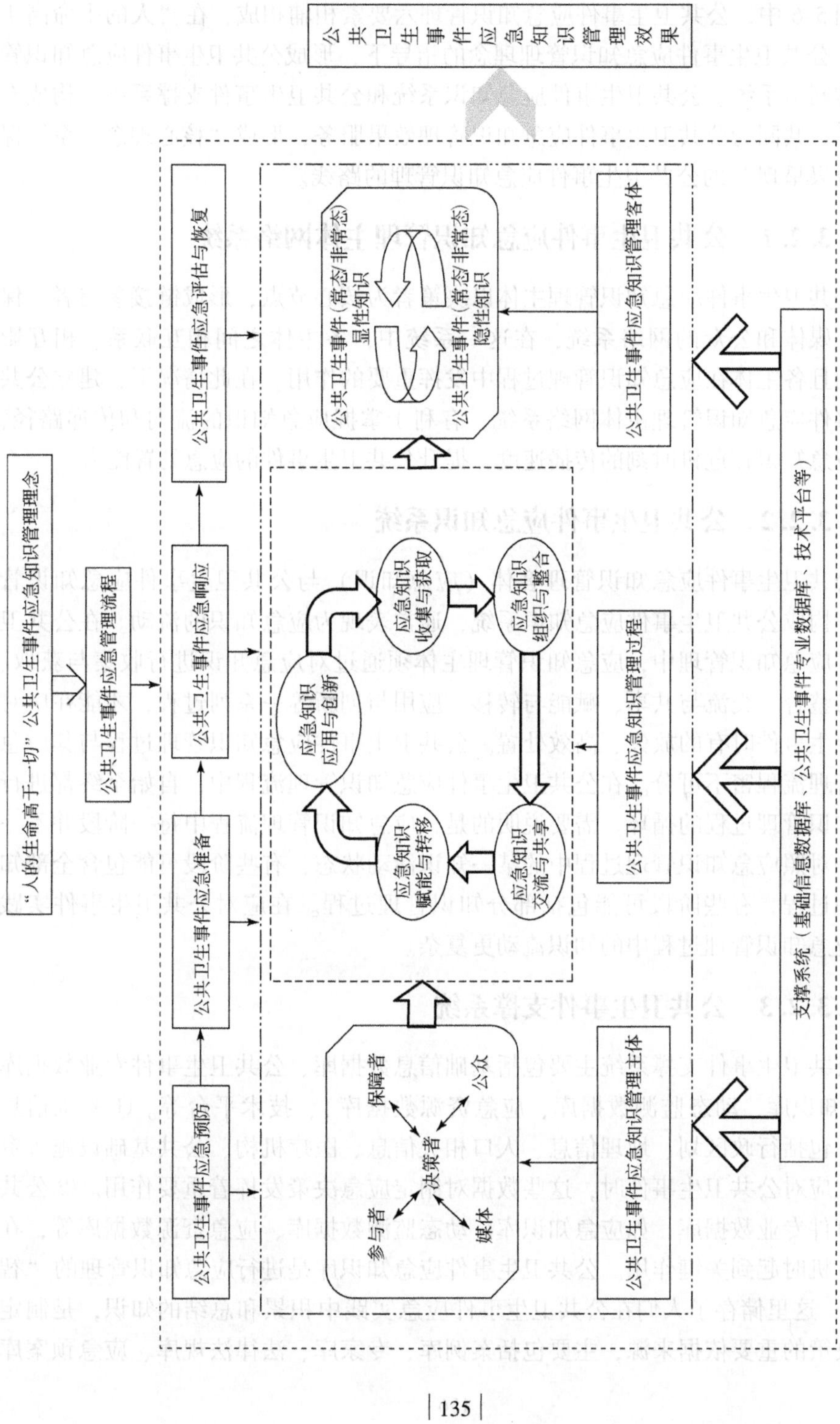

图 5-6 公共卫生事件应急知识管理模型

图5-6中，公共卫生事件应急知识管理六要素相辅相成，在“人的生命高于一切”公共卫生事件应急知识管理理念的指导下，形成公共卫生事件应急知识管理主体网络系统、公共卫生事件应急知识系统和公共卫生事件支撑系统，构成有机整体，共同为公共卫生事件应急知识管理效果服务，形成“核心理念—系统保障—效果呈现”的公共卫生事件应急知识管理的路线。

5.3.2.1 公共卫生事件应急知识管理主体网络系统

公共卫生事件应急知识管理主体以决策者为核心节点，形成链接参与者、保障者、媒体和公众的网络系统，在这一系统中，各主体之间相互联系、相互影响，而且各主体在应急知识管理过程中发挥重要的作用。在此情况下，建立公共卫生事件应急知识管理主体网络系统，有利于掌握应急知识的流向和传递路径，提高应急知识在危机时刻的传播速度，提升公共卫生事件的应急处置能力。

5.3.2.2 公共卫生事件应急知识系统

公共卫生事件应急知识管理客体（应急知识）与公共卫生事件应急知识管理过程构成公共卫生事件应急知识系统，通常表现为应急知识的流动。在公共卫生事件应急知识管理中，应急知识管理主体须通过对应急知识进行收集与获取、组织与整合、交流与共享、赋能与转移、应用与创新等一系列过程，才能在应对公共卫生事件时有的放矢、高效处置。公共卫生事件应急知识管理过程与其应急知识管理流程密不可分。在公共卫生事件应急知识管理流程中，自始至终都进行应急知识管理过程的循环。需要说明的是，应急知识管理流程中每一阶段并不一定严格对照应急知识管理过程中的某一知识活动状态，有些阶段可能包含全部知识管理过程，有些阶段可能包括部分知识管理过程。在应对公共卫生事件实践中，应急知识管理过程中的知识流动更复杂。

5.3.2.3 公共卫生事件支撑系统

公共卫生事件支撑系统主要包括基础信息数据库、公共卫生事件专业数据库(应急知识库、动态监测数据库、应急资源数据库)、技术平台等。①基础信息数据库包括行政区划、地理信息、人口相关信息、医疗机构、公共基础设施等资料，在应对公共卫生事件时，这些数据对制定应急决策发挥着重要作用。②公共卫生事件专业数据库，如应急知识库、动态监测数据库、应急资源数据库等，在处置危机时起到关键作用。公共卫生事件应急知识库是进行应急知识管理的“智囊库”，这里储存了人们在公共卫生事件应急实践中积累和总结的知识，是制定应急决策的重要依据来源，主要包括案例库、专家库、法律法规库、应急预案库等（文斌等，2013）。动态监测数据库主要针对公共卫生事件发生发展的动态变化进行监测，利用动态变化进行应急决策的制定。应急资源数据库是储存应急资源的数据库，包括应急资源的种类、数量、储存单位等，目的是在应对突发公共卫生事件时保障及时调度应急资源，减少造成的损失。③技术平台是支撑公共卫生事件应急知识管理的平台，需要借助大数据、云计算、区块链等信息技术。为高效应对突发公共卫生事件，应急知识管理主体必须通过技术平台将应急知识资源进行共享，形成公共卫生事件应对共同体。

总之，公共卫生事件应急知识系统是管理主体网络系统和支撑系统所获取、整合、共享的应急知识并对这些应急知识进行管理的系统，属于虚拟系统。公共卫生事件应急知识管理主体网络系统和支撑系统是应急知识系统的载体，属于实体系统。这两种系统融合共同促进公共卫生事件应急知识管理效果的实现，即在支撑系统作用下，公共卫生事件应急知识管理主体网络系统对应急知识系统实施管理以实现应急知识管理效果。

5.3.3 公共卫生事件应急知识管理模型应用

本节以我国处置新冠肺炎疫情为例说明上述公共卫生事件应急知识管理模型的应用。我国在新冠肺炎疫情防控过程中，对新冠肺炎疫情中应急知识管理中的所有决策和行动都是以“人的生命高于一切”为管理理念进行的。在此基础上形成新冠肺炎疫情应急知识管理主体网络系统、新冠肺炎疫情应急知识系统、新冠肺炎疫情支持系统，共同为新冠肺炎疫情应急知识效果服务，形成“核心理念—系统保障—效果呈现”的新冠肺炎疫情应急知识管理模型（图5-7）。

5.3.3.1 新冠肺炎疫情应急知识管理理念——“人的生命高于一切”

新冠肺炎疫情应急知识管理主体在对新冠肺炎疫情应急知识管理过程中，始终坚持“人的生命高于一切”的管理理念，该理念体现在牺牲经济发展、全力救治患者、关心关爱海外中国公民、悼念逝者等方面。在牺牲经济发展方面，新冠肺炎疫情使中国经济发展面临巨大挑战，甚至“停摆”。在人的“生命”与“经济发展”相博弈的过程中，果断选择“生命至上”。中央应对新冠肺炎疫情工作领导小组在充分调研和分析疫情相关信息和知识基础上，为防止疫情进一步扩散，采取武汉封城、各地陆续启动重大突发公共卫生事件一级响应、延长春节假期寒假、暂停复工复产复学、封闭管理社区等应急措施，有效遏制新冠肺炎疫情蔓延。在全力救治患者方面，在习近平总书记亲自指挥下，中央应对新冠肺炎疫情工作领导小组在充分研判我国国家医疗资源、医疗知识的前提下，以全力抢

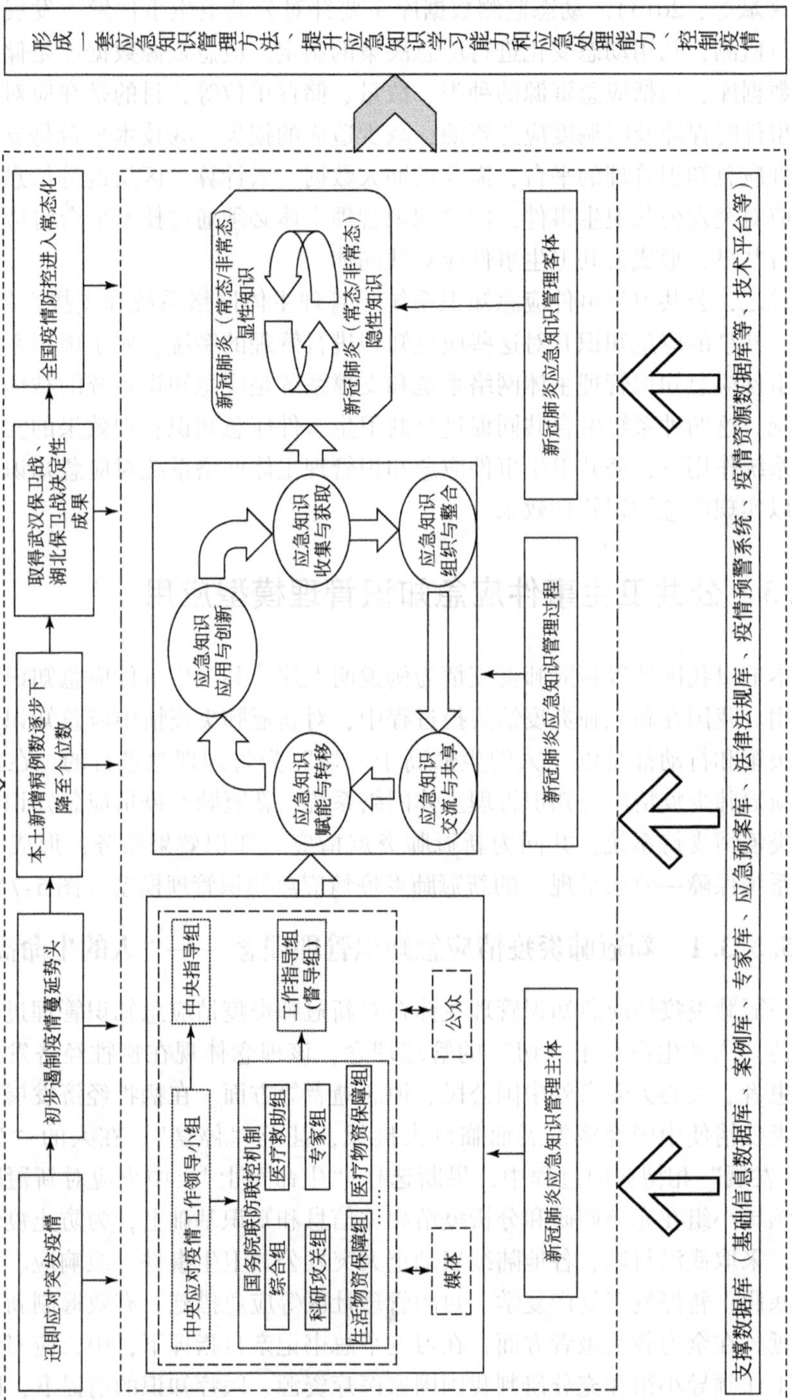

图 5-7 新冠肺炎疫情应急知识管理模型

救患者，提高治愈率和救治率为核心理念，采取“集中优质资源到救治一线”的救治战略，自 2020 年 1 月 24 日除夕至 3 月 8 日，全国共调集 346 支国家医疗队、4.26 万名医务人员、900 多名公共卫生人员驰援湖北。与此同时，各种医疗物资、生活物资源源不断运往湖北，保卫湖北尤其是武汉救治主战场的胜利。在关心关爱海外中国公民方面，随着海外疫情的快速发展，国家相关机构和部门派出工作组和专家组，开设远程医疗服务平台，为海外中国公民提供科学、专业的疫情防控指导。派出援外医疗组支援国外疫情防控，将在我国救治过程中形成的医疗显性和隐性知识共享给外国医疗机构，帮助其进行医疗救治。同时，我国相关机构协助在海外确有困难的中国公民有序回国[①]。在悼念逝者方面，2020 年 4 月 4 日清明节，我国以国之名深切悼念在抗击疫情斗争中牺牲的烈士和逝世同胞，向所有用生命守护生命的英雄致敬。以国家之名和最高仪式祭奠逝者，充分体现国家“生命至上”的理念，是国家对人民个体尊严与生命的尊重与敬畏，是中国人民集体情感背后的团结和力量。

5.3.3.2 新冠肺炎疫情应急知识管理主体网络系统

面对来势汹汹的新冠肺炎疫情，国家迅速行动。2019 年 12 月 31 日凌晨，国家卫生健康委员会派出工作组、专家组赶赴武汉，指导做好疫情处置工作，开展现场调查；2020 年 1 月 1 日，国家卫生健康委员会成立疫情应对处置领导小组；在明确新冠肺炎疫情人传人以后，习近平总书记亲自部署、亲自指挥，多次召开会议，多次听取汇报，作出一系列重要指示和批示。2020 年 1 月 25 日，中央成立应对新冠肺炎疫情工作领导小组，在中共中央政治局常委领导下开展工作。

中央应对新冠肺炎疫情工作领导小组成立后，原来的疫情联防联控工作机制也调整为国务院联防联控机制。国务院联防联控机制下设综合组、医疗救助组、科研攻关组、专家组、生活物资保障组、医疗物质保障组等工作组，具体职责包括分析研判疫情、患者医疗救助、医用药品和防护用品保障、生活物资保障、社会力量组织动员、舆论引导、维护社会大局稳定等。同时，国务院疫情联防联控机制向全国多地派出工作指导组（督导组），对地方疫情防控工作进行指导和督促，解决防控工作中的突出问题（钟开斌，2020）。

新冠肺炎疫情应急知识管理主体以中央应对新冠肺炎疫情工作领导小组为核心节点形成网络链接，新冠肺炎疫情救助者和资源保障者分属在国务院联防联控

① 中华人民共和国国务院新闻办公室.《抗击新冠肺炎疫情的中国行动》白皮书. http://www.scio.gov.cn/ztk/dtzt/42313/43142/index.htm(2020-06-07)[2021-03-02].

机制下的各工作组。媒体及时报道疫情相关信息、公众积极配合疫情防控等都对疫情应急处置起到重要作用。

5.3.3.3 新冠肺炎疫情应急知识系统

新冠肺炎疫情应急知识系统包括新冠肺炎疫情发生、发展过程中所涉及的各种显性应急知识和隐性应急知识，以及这些应急知识所进行的知识管理活动。新冠肺炎疫情所形成的显性应急知识有《不明原因的病毒性肺炎防控“三早”方案》《不明原因的病毒性肺炎诊疗方案（试行）》《不明原因的病毒性肺炎医疗救治工作手册》《新型冠状病毒感染的肺炎诊疗方案》（试行第一版至试行第七版）、《新型冠状病毒感染的肺炎防控方案》（第一版至第六版）、《新型冠状病毒感染的肺炎重症患者集中救治方案》《关于科学防治精准施策分区分级做好新冠肺炎疫情防控工作的指导意见》《企事业单位复工复产疫情防控措施指南》《关于进一步落实分区分级差异化防控策略的通知》《关于应对新冠肺炎疫情影响强化稳就业举措的实施意见》《新冠病毒无症状感染者管理规范》《全国不同风险地区企事业单位复工复产疫情防控措施指南》等文件。新冠肺炎疫情所形成的隐性应急知识包括各应急知识管理主体在疫情处置过程中所形成的无法被记录的知识，如患者救治的经验等。针对新冠肺炎疫情发生、发展情况，我国新冠肺炎疫情防控经历“迅即应对突发疫情，初步遏制疫情蔓延势头，本土新增病例数逐步下降至个位数，取得武汉保卫战、湖北保卫战决定性成果、全国疫情防控进入常态化”五个阶段。这五个阶段中的应急知识管理流程更多对应公共卫生事件应急知识准备、应急知识响应、应急知识评估和重建阶段，每一阶段全部或部分经历应急知识管理过程的五种知识活动[①]。在新冠肺炎疫情发生的前四个阶段，中央应对新冠肺炎疫情工作领导小组指导其他主体，依据以前处理“非典”“甲型H1N1流感”等突发公共卫生事件所形成的相关应急文件等显性知识和专家经验等隐性知识，再结合对新冠肺炎疫情发生、发展过程中对应急知识进行管理活动制定的应急决策，指导疫情防控。在全国疫情防控进入常态化阶段，中央应对新冠肺炎疫情工作领导小组等主体通过对全国防疫信息和知识的分析研判，提出疫情防控常态化，逐步有序进行复产复工复学。

5.3.3.4 新冠肺炎疫情支持系统

新冠肺炎疫情支持系统主要包括：我国公民的基础信息数据库，如公民数

---

① 五种知识活动即公共卫生事件应急知识管理过程的五种知识活动，即公共卫生事件应急知识收集与获取、公共卫生事件应急知识组织与整合、公共卫生事件应急知识交流与共享、公共卫生事件应急知识赋能与转移、公共卫生事件应急知识应用与创新。

量、年龄构成、地区分布等信息；处置新冠肺炎疫情所形成的案例库、专家库、应急预案库、法律法规库等，如在疫情处置过程中所形成的关于救治患者的案例库、疫情防控过程中所形成的先进防控经验知识库、疫情防控过程中对现有应急预案完善之后所形成的新的应急预案库等；疫情预警系统；疫情资源数据库，如医疗设备物资储存库等；技术平台等。这次新冠肺炎疫情处置除了高效的领导指挥、全民参与防控体系之外，技术平台的支撑起到关键作用。新冠肺炎疫情防控过程中，大数据、人工智能等新技术在建立数据库、疫情研判、流行病学调查、追踪密切接触者并隔离、人员有序流动、复工复产等方面发挥关键作用。疫情期间，推广的“健康码”可以实现精准识别、精准施策和精准防控。利用大数据技术绘制的“疫情地图”可有效防范公众被传染。

总之，在上述疫情应急知识管理理念指导、三个系统作用下，将知识管理方法应用到新冠肺炎疫情防控过程中会产生良好效果，可以形成一套应急知识管理方法，提高关于疫情应急知识的学习能力，提升疫情应急处理能力，积累应急实践经验，完善现有应急方案，优化应急措施等。具体如图 5-7 所示。

5.3.4 总结

公共卫生事件应急知识管理模型的构建与应用主要有以下两方面作用：第一，公共卫生事件应急知识管理可以提升应急知识学习能力，将分散的公共卫生事件应急知识进行管理，通过应急知识管理过程与应急知识管理流程相结合，可以提高应急知识管理流程运作效率，实现公共卫生事件应急知识管理效益最大化(司强和李维梁，2012)。第二，形成一整套公共卫生事件应急知识管理的方法和模式，建立或完善现有公共卫生事件应急知识库、案例库、专家库等。通过应急实践，可以对现有应急知识和专家进行统计、分析，查找应急处理过程中的薄弱环节，优化现有应急处置方案。公共卫生事件处置需要对各种应急知识进行管理，而上述公共卫生事件应急知识管理模型的构建和应用，可以保证各类公共卫生事件应急知识的获取、整合、共享、转移和有效应用，及时发现应急处置中的问题，进而有针对性地解决问题，为精准制定应急决策提供保障。突发公共卫生事件的复杂性和易变性决定了其应急知识管理是一项长期的、复杂的工程，需要政府、各类组织、社会成员等各方通力合作才能有效实现公共卫生事件应急知识管理的效果。

第6章 社会安全事件应急知识管理

本章主要通过深度解析各类典型的社会安全事件，观察事件前期、中期和后期的应急知识流动，探索应急知识在社会安全事件预防和处理过程中发挥的关键作用；同时，为更高效地运用应急知识，本章构建了社会安全事件应急知识管理模型。该模型整合应急知识管理过程中涉及的所有要素，使整个应急过程系统化和直观化，既明确应急人员的行动思路，又有利于把握事件的相关细节，环环相扣。

社会安全事件主要包括严重危害社会治安秩序的突发事件（李飞，2014）。《国家突发公共事件总体应急预案》中解释社会安全事件主要包括恐怖袭击事件、经济安全事件和涉外突发事件等。《上海市突发公共事件总体应急预案》中解释社会安全事件主要包括恐怖袭击事件、民族宗教事件、经济安全事件、涉外突发事件和群体性事件等。《江苏省突发事件总体应急预案》中解释社会安全事件主要包括恐怖袭击事件、刑事案件、群体性事件、油气供应中断突发事件、金融突发事件、网络与信息安全事件、涉外突发事件、民族宗教事件。

社会安全事件属于突发事件中的一种，但它的影响面比较广，一旦自然灾害、事故灾难、公共卫生事件突发后没有得到良好的控制，产生的负面舆论、不当的处置方式、伤亡率等都会引发严重的社会安全事件。如何利用应急知识来应对这些事件，我们运用网络调查和文献分析方法获取近些年国内外发生的社会安全突发类事件，选择有代表性的国内、国外案例各两例（表6-1）进行解析。

表6-1 社会安全事件案例分类

主体	类型	案例	特征
个体	刑事案件	“4·27”榆林米脂砍杀学生案	危害程度大，影响范围小，参与主体单一，处理难度小，不易扩散
		“5·5”郑州空姐滴滴打车遇害案	
群体	群体性事件	“8·9”美国枪杀黑人案	危害程度大，影响范围大，参与主体成分多元，处理难度大，易扩散
	恐怖袭击事件	“3·15”新西兰清真寺枪击案	

6.1 国内案例分析

6.1.1 “4·27”榆林米脂砍杀学生案

2018年4月27日18时14分许，陕西省榆林市米脂县第三中学校外小巷发生砍人事件，导致21名学生受伤，其中9人死亡（7女2男）。案件大致过程如下（专栏6-1）。

> **专栏6-1 “4·27”榆林米脂砍杀学生案**
>
> 2018年4月27日18时14分许，陕西省榆林市米脂县第三中学附近发生杀人案，犯罪嫌疑人赵某某手持匕首在北门洞东侧的城隍庙巷蹲守，进而对放学回家的学生行凶。现场伤亡惨不忍睹，事态严重。
>
> 2018年4月27日19时58分，榆林市绥德县交警大队指挥中心接到群众求助电话，米脂县有受伤群众生命垂危现急需转往榆林市第一医院绥德院区进行救治，请求绥德县的交警开道护送。
>
> 2018年4月27日22时59分，绥德县交警在石家湾高速路口再次接到米脂救护车，石家湾沿线道路已被有效管制，道路畅通，绥德县交警全速前行，开启生命通道。
>
> 2018年4月27日晚，在榆林世纪广场，闻讯赶来献血的市民有二三百人，大家均自发排队等候献血。
>
> 2018年9月27日上午，经最高人民法院核准，米脂县“4·27”故意杀人案罪犯赵某某在陕西省米脂县被执行死刑。

2018年4月，陕西省榆林市米脂县第三中学附近发生的砍杀学生案引起了广泛的社会关注，在微博、头条、知乎等网络平台成为热点讨论话题，对社会造成了恶劣的影响，个人主观性强，属于个体突发性社会安全事件。该案的起因是，犯罪嫌疑人赵某某把自己近些年来生活和工作的不如意全部归根于在初中时期曾遭受的校园霸凌，并一直对欺负他的同学怀恨在心，心理受到严重创伤，但因为没有找到原本计划报复的同学，就把仇恨转移到现今在该校学习的学生身上，导致这一惨剧的发生。该案虽然发生在县级中学，但危害程度大，21名学生伤亡，并且犯罪嫌疑人处事极端，突发性强。犯罪嫌疑人在行凶过程中，被过往群众和闻讯赶来的保安、师生、民警合力制服。从伤亡程度和当地警方的应急反应可以看出，该县学校周围的应急响应体系并不完善，因此，不仅需要建立校园与公安之间的应急知识联动体系，还应扩大校园保护范围至校园附近地区（学生上学和放学的密集地），全方位实时监测校园及附近地区，一旦发现可疑现象、可疑人物、紧急情况，立刻生成预警知识，公安部门接收后可以在事件突发前对可疑现象、可疑人物进行排查和判断，结合之前的预警知识，提前做好应急准备工作；面对紧急情况，根据事态的严峻程度，及时派遣应急人员处理事件。

该案发生后，政府非常重视善后处置工作。米脂县紧急调集全县的医疗力量迅速开展救治工作，省级医院也派送医疗专家与之共渡难关，民众也自发组织献血活动。这属于社会安全事件突发后的应急恢复与重建工作，医疗人员运用其应急医疗知识帮助受害者治疗身体疾病和心理创伤，使其完全恢复，步入生活正轨。此次社会安全事件的严重后果应该引起相关政府关注县级、乡级和村级学校的应急知识管理工作，相较于大中城市地区的学校，由于应急基础设施和应急体系的不完善，这些地区的学校更容易被犯罪分子选为攻击目标，从而突发严重的社会安全事件。应该加强对县、乡和村级学校应急工作的重视，定期为学生灌输应急知识，组织实践演练活动，促进理论应急知识转化为自身应急能力；并督促其构建实用的应急体系，完善应急基础设施。

6.1.2 “5·5”郑州空姐滴滴打车遇害案

2018 年 5 月 5 日晚，郑州空姐李某某乘坐滴滴顺风车去火车站，被司机刘某某残忍杀害。案件大致过程如下（专栏 6-2）。

专栏 6-2 “5·5”郑州空姐滴滴打车遇害案

2018 年 5 月 5 日晚，21 岁的李某某（空姐）结束当天工作后，打滴滴顺风车去火车站，准备赶火车去济南参加亲属的婚礼。乘顺风车后不久，李某某给同事发微信说司机想要非礼她。

2018 年 5 月 8 日，早上 8 时许，警方在一个土坡上找到了李某某的尸体，查验发现尸体动脉、心脏、肺部、背部均有刀伤，颈部两边的大动脉全部被割破，下半身无衣物，疑凶在逃。当日 11 时 30 分，警方在航兴路大桥上发现犯罪嫌疑人车辆。滴滴公司方面公开回应称，对顺风车乘客李某某的遇害负有不可推卸的责任，真诚地向李某某的家人道歉，作为平台辜负了用户的信任。

2018 年 5 月 12 日凌晨 4 时 30 分许，警方经多方努力、全力搜寻，在郑州西三环附近一河渠内打捞出一具尸体，经查验，其体表特征与犯罪嫌疑人基本一致，可初步确认该尸体系杀害李某某的嫌疑人刘某某。法院判决，被告赔偿受害者家庭死亡赔偿金、丧葬费、交通费、住宿费、误工费等各项损失共计 62.668 986 万元。

滴滴公司发布公告称，计划于 2018 年 6 月 15 日局部恢复部分夜间时段的顺风车订单（具体开放时间段为 22:00—24:00 和 5:00—6:00）。以上两个夜间时段内，仅车主与乘客同一性别时方可出行。

该案属于个体范围内的突发社会安全事件。2018 年发生了两例滴滴顺风车司机杀害乘客案件，另一例是在同年 8 月份，浙江乐清女孩搭乘滴滴顺风车时被杀害，该车司机曾被投诉意图不轨，但滴滴公司没有给予回应。结合两个案例，在乐清女孩被害案中，滴滴公司对乘客提供的反馈（滴滴司机性骚扰）并不重视，纵容了社会安全事件的发生，说明滴滴公司对社会安全事件的预警监测力度不够。而在郑州空姐滴滴打车遇害案中，警方历经 3 天才找到滴滴公司的顺风车，耽误了最佳抢救时间，说明滴滴公司对社会安会事件的处理能力不足。因此，滴滴公司应建立应急管理体系，将其数据库与公安系统数据库连接，利用计算机信息技术，在滴滴出行 APP 上设置“一键急救”功能，一旦乘客察觉不对，单击按键之后，车主和乘客信息、车辆行驶轨迹、位置等都会共享给警方，以便警方提供实时救援。

此外，滴滴公司经历两次案件后，遭遇信誉危机。唯一能挽救声誉的途径是事后的处理方式，这关系其是否既能安慰受害者及家属，又能重新获得社会公众的信任。首先，应制定的新政策以及制定过程尽可能实现透明化。其次，应重视事前预警工作，运用大数据收集员工的各方面信息（被举报信息、被投诉信息、从前经历），整合为员工的风险评估报告。根据评估报告结果，公司在一定时期给员工服务对象范围设置限制。社会安全事件处理结束后，应急管理部门整理记录突发事件的整个过程，收集应急方法和一些注意的问题，整合成此类社会安全事件的应急计划，存于数据库中，及时对相关应急机构开放共享。对社会安全事件加强应急知识管理，可以降低事件的发生率，挽救生命。

社会安全事件，是由于人的各方面因素引起的事端，个体类的社会安全事件影响范围小，伤亡率不高，事发后应急处理工作难度小。针对“4·27”榆林米脂砍杀学生案，可以在突发事件发生前进行预警监控，做好事前预防的应急工作，时刻保持危机意识。针对“5·5”郑州空姐滴滴打车遇害案，在无法阻止事件发生的情况下，尽力在事中做好应急救援工作，并整改某些新闻媒体，扭正舆论导向，把握事件控制权。

6.2 国外案例分析

6.2.1 “8·9”美国枪杀黑人案

2014年8月9日，18岁的非裔美国黑人A在未携带武器的情况下，于美国密苏里州弗格森镇被白人警察B枪杀，从而引发大规模的抗议活动。案件大致过程如下（专栏6-3）。

专栏6-3 “8·9”美国枪杀黑人案

2014年8月9日，事件起端：非裔美国黑人A被白人警察B枪杀。

2014年8月10日，抗议示威活动开始：由起初的纪念受害者A活动转变为抗议示威行动。游街示威人群抢劫了企业、商店，破坏车辆，以对抗试图封锁城区数条街道的警察。

2014年8月11日，由于部分抗议者向警方扔石块，警方向抗议者发射催泪弹，抗议人群中还有部分州参议员。同一天，美国联邦调查局介入此案件的调查。

2014年8月12日，弗格森镇警察局局长拒绝透露开枪警察的身份，事态的演变愈发严重。因为警方的直升机遭到抗议者的攻击，美国联邦航空局宣布在弗格森镇上空设立禁飞区。

2014年8月13日，警方在与示威者周旋时，部分媒体工作者也受到攻击，甚至被逮捕。美国总统奥巴马认为这侵犯了《美国宪法第一修正案》，称“警察过度使用武力对付和平抗议是没有借口可言的，将抗议者送进监狱是依法行使修正案的权利，但在美利坚合众国，本分工作的记者，是向美国人民报道他们所看到的事，警方不应该侮辱或逮捕他们”。

2014年8月14日，官方反对弗格森镇警察局的暴力循环行为，弗格森镇的安保工作由公路巡逻队的黑人上尉C负责，形势有所缓解。

2014 年 8 月 15 日，弗格森镇警察局局长公布此次案件的涉案警察名单，其公布的现场监控录像没有发挥多大用处。抗议活动仍在继续，发生多起抢劫和破坏事件。

2014 年 8 月 16 日，弗格森镇开始实行宵禁，而部分当地居民说一些执法人员以类似军事战术的手段煽动了暴力事件，C 称不会以强硬的手段实施宵禁。

2014 年 8 月 17 日至 18 日，事态严重升级，群体暴力事件频繁地发生，宵禁不得不解除。其他国家也逐渐关注此次暴乱。

2014 年 8 月 20 日至 25 日，案件暂告一段落，因为警方不再使用暴力镇压后，情况有所改观，抗议活动也逐渐以和平方式进行。

2014 年 11 月 24 日至 25 日，密苏里州大陪审团宣布针对弗格森镇枪击案的裁定结果，涉事警察 B 被免于起诉。

此次美国白人警察枪杀黑人事件在庭审结果宣布前已经引发 3 个多月的抗议示威活动，但在大陪审团宣布审判结果后，一段时间内全美各地爆发大规模示威游行，涉及 34 个州的 90 座城市。2014 年的下半年，弗格森镇都在经历黑人青年被白人警察枪杀而引发的大规模暴乱，该事件波及范围广、参与人数多、危害性大、持续时间长。同样运用 Nvivo 软件对整个事件进行词频分析发现，“police”“demonstrators”“ferguson”“arrested”等词清晰直观地反映了弗格森镇示威抗议者与警方之间的对峙，由于警方采取的暴力镇压手段，和平抗议活动也逐步演变为暴乱。这表明政府和警局对此次社会安全事件处理不当，导致事件危机升级。

在事件初始阶段，黑人青年 A 在未携带武器的前提下，被白人警察 B 枪击而亡，当地民众为受害者 A 举办纪念活动后，小部分人开始做一些小动作，这是初期的区域性突发危机，但当地警察局的处理方式过于暴力，直接催生了暴力升级。因此，政府应在事件发生前做好风险识别工作，明确事件高危风险点，提前制定应急政策；预测可能引起的连锁反应，制定风险升级清单。此案件中，当地警察局在事发一周后才公布涉案警员名单，应急响应处理能力严重不足。此举不仅没有还死者公道，反而映射出种族歧视。由于警察部门在案件初期处理不当，在案件中期，街头和平示威演变为暴力抗议，私人商店被破坏，个人合法财产被强占，甚至威胁到普通居民的安危；暴乱范围逐渐扩大，新闻媒体工作者也受到案件波及，一些官员也开始反对警察暴力执法行为；网络、媒体产生的舆论影响已经传递到国外，语言的煽动激发事件发展趋势。

回顾此案，在事发高峰时期，当地政府没有及时做出具有实质性意义的决定甚至是回应，警察局也未采取正确的应急处理方式。面对此类危害程度大的暴力行为，当地政府首先应根据最新的事件现状情况，结合类似事件的应急预案，制定合适有效的应急策略；一旦事态扩散，及时与国家应急部门建立合作关系，运用其中的专家应急知识库、类型事件案例库、应急技术知识库，制定良策，解决问题。此外，在此案中，当地政府和警察局并未发现新闻媒体这一网络舆论传播者的全部价值，甚至将其推送到抗议示威者的阵营中。错误的信息会加深人们的紧张担忧，引发社会动荡。及时将事件真相透露给媒体工作者，杜绝谣言源头，把控舆论方向，把握事态主动权。同时可以与正规媒体取得合作，从其获取真实的民众信息和想法，这些都属于现场反馈类的应急知识，有助于预测事件走向，提前做好下一步的应急准备工作。

6.2.2 “3·15”新西兰清真寺枪击案

2019 年 3 月 15 日 0 时 40 分，新西兰克赖斯特彻奇市发生枪击案件，该市两处清真寺被恐怖分子袭击，共造成 51 人死亡，是新西兰最黑暗的日子之一，对新西兰社会造成了严重损伤。案件大致过程如下（专栏 6-4）。

专栏 6-4 “3·15”新西兰清真寺枪击案

2019 年 3 月 15 日，枪击事件发生，51 人死亡。犯罪嫌疑人 Y 行凶时通过 Facebook 进行现场直播长达 17 分钟，并在当天被成功逮捕。

枪击案发生一周内，新西兰总理宣布修改枪支法，军用式半自动步枪和突击步枪被禁止生产、销售和使用。

2019 年 3 月 24 日，新西兰总理宣布，新西兰将于 2019 年 3 月 29 日为克赖斯特彻奇恐怖袭击案件的受害者举行国家纪念活动。

2019 年 4 月 4 日，犯罪嫌疑人 Y 的母国澳大利亚立法严惩网络直播暴行，规定社交媒体平台放任用户直播暴力画面构成犯罪；社交平台明知用户直播发生在新西兰境内的澳大利亚人的暴力行径而没有通报澳大利亚联邦警察局，为已发生的事处以最高 84 万澳元罚款。

2019 年 4 月 5 日，新西兰枪击案犯罪嫌疑人 Y 以视频连线方式出庭听证会，受到 50 项谋杀罪名和 39 项谋杀未遂罪名指控。

2020 年 8 月 27 日，枪击案罪犯 Y 被判终身监禁且不得假释，这是新西兰历史上最严厉的判决。

2019 年 3 月 15 日是新西兰痛苦黑暗的一天，发生了该国史上最大的枪击案，伤亡人数惨重，引起国际社会关注。案件凶手是一名澳大利亚籍的极端分子，其在作案前有一定犯罪预示，凶手曾于社交媒体上表示计划将要攻击达尼丁的艾尔胡达清真寺。很多极端分子在行使犯罪时，为了展示自我成就感，都会在社交媒体上发布部分袭击计划。这为预防社会安全事件的发生，并提前做好准备提供了应急预警知识，但新西兰警方并未真正地关注该信息，导致事件发生时被打个措手不及。因此，国家应急机构的新闻中心应与各大社交媒体建立合作，一旦发现平台用户的危险言论，及时上报，应急部门及时深入调查判断消息真伪，制定预警策略，并在可能发生暴力恐怖案件的区域加强安保工作，为保安推送应急知识，尽管不能阻止案件的发生，但至少可以有所准备，减少损失。对受害者和新西兰人民造成严重伤害的是，凶手对犯案过程进行现场直播。因此，警方人员开展抓捕、救援工作时，同时需要采取应急措施与新闻部门配合，以及时制止视频的传播。

此次恐怖袭击案件发生后，新西兰政府深入反思，及时开展应急恢复与重建工作。首先，应运用应急评估知识快速估计事件发生后造成的严重后果，利用应急医疗知识对受害者进行救助，对患有严重心理创伤的人群进行心理辅导。从法律角度，由于此事件，新西兰改变了枪支法，澳大利亚制定了有关网络直播的法律，在法律上平息舆论，以避免或杜绝恐怖袭击事件。其次，政府应加强对社会安全事件的应急管理能力，完善群体性突发事件的应急预案，开展实战演练；及时给警务人员推送应急知识，加强在重大场合的保卫工作；促进应急知识的交流共享，形成以知识融合为核心的知识管理体系，向基层推送突发事件中的专业知识，国家之间通过大数据平台分享应急知识。最后，做好应急知识管理总结。因为此次恐怖袭击事件危害程度大、影响深远，需要对其进行详细调查，全面系统地分析事发原因，深度挖掘此次事件处理工作的不足，提出整改方案，总结成败经验与教训，整理成此类事件的典型参考资料。

“8・9”美国枪杀黑人案和“3・15”新西兰清真寺枪击案这两例事件都属于群体性社会安全事件，参与人数众多，危机指数高，破坏力强。这类事件的处理难度大，需要做好事前预防工作、事中应急处理工作和事后恢复工作，并认真对案例进行分析总结，形成应急预案。一旦事件没有得到及时有效地处理，可能会引发政治问题，带来更大的灾难。“8・9”美国枪杀黑人案和“3・15”新西兰清真寺枪击案引起的暴乱发生后，政府从制度、作为、对凶手的惩治等方面做出事后修复工作，避免此后类似事件的发生。回顾这些社会安全事件的处理过程，应急知识以应急预案、案例总结和处置知识等形式存在并流动于整个事件，在事件预防准备、应急响应处理和恢复重建中都发挥着决定性的作用。为了最大限度地发挥应急知识在社会安全事件处理过程中的巨大效用，降低社会安全事件对整个社会环境的危害程度，需要构建社会安全事件应急知识管理模型，对应急知识进行系统化管理，以便于提高应急管理部门处理危机的能力和效率。

6.3 社会安全事件应急知识管理模型

6.3.1 社会安全事件的特征

从上述案例分析可进一步总结社会安全事件具有以下典型特征。

6.3.1.1 突发性

突发性是指社会安全事件发生的地点、时间、涉及的人物、危害的程度都是无法预测的，有违公众正常的心理惯性，破坏社会的正常秩序（马冰，2019）。它可能是由一件很小的事件引起，或者是在没有任何准备的情况下突然发生。因此，对社会安全事件的处理也是对社会组织能力和政府管理能力的最大考验。面对社会安全事件的突发性，风险监测部门应充分运用预警防范知识，回顾各种类社会安全事件的案例，查看应急预案，总结出多种应急方案。时刻保持危机意识，做好事前的应急准备工作，事发时做出快速响应。

6.3.1.2 人为性

社会安全事件是由人的因素直接引发的突发事件，人为性明显，蓄谋性和组织性强。一类是指人为因素造成的事件，如恐怖袭击事件、涉外突发事件和群体性事件等；另一类是指人为因素在事件的起因中具有一定的决定作用的事件，如由于自然灾害、事故灾难类事件的处理不当而衍生的社会安全事件（马冰，2019）。面对社会安全事件的人为性，预防和处理工作应从社会公众入手。国家与社会公众、组织团体建立良好的合作关系，激发公众提升危机意识和应急能力的自觉性，共同预防和应对危机，在全社会营造“关注安全，珍爱生命”的文化氛围，形成全民对待社会危机共同的价值观和行为方式（叶桃英，2016）。

6.3.1.3 危害性

危害性是社会安全事件的本质特征。社会安全事件发生后，不仅造成人力和物质资源的损伤，也无形地伤害了社会公众的心理健康。此外，群体性社会安全事件的危害范围可能是跨地域性的，对社会环境、经济会造成严重的影响。面对社会安全事件的危害性，根据社会安全事件的等级（表 6-2），制订合适的方案，运用应急救援知识、指挥知识减轻事件的危害性。

表 6-2　社会安全事件等级分类

等级	刑事案件	涉外突发事件	群体性事件
特别重大社会安全事件（Ⅰ级）	死亡人数≥10	死亡人数≥30，或伤亡人数≥100	参与人数≥500，或死亡人数≥10，或受伤人数≥30
重大社会安全事件（Ⅱ级）	3≤死亡人数<10	10≤死亡人数<30，或50≤伤亡人数<100	200≤参与人数<500，或3≤死亡人数<10，或10≤受伤人数<30
较大社会安全事件（Ⅲ级）	死亡人数<3	3≤死亡人数<10，或20≤伤亡人数<50	50≤参与人数<200，或死亡人数<3，或5≤受伤人数<10
一般性社会安全事件（Ⅳ级）	1≤伤亡人数<5	死亡人数<3，或5≤伤亡人数<20	参与人数<50，或受伤人数<5

6.3.2　社会安全事件中应急知识管理过程

应急知识存在于社会安全事件的事前预防准备阶段、事中应急响应阶段、事后恢复重建阶段，并不断地在这三个阶段中流动运转，如图 6-1 所示。

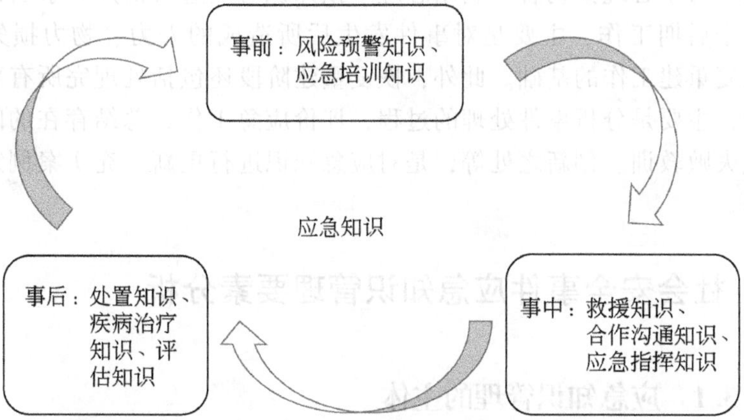

图 6-1　应急知识管理流程

在事前预防准备阶段，通过在应急案例库中查看以往类似事件的成因、案发过程、处理方法等数据，整理分析已采集的数据，使其进一步转化为信息，结合国家和各地区发布的应急预案、法律法规等文件，最终形成风险预警知识。在事件突发前，获取部分隐性应急知识同等重要。定期训练专业的救急队伍，模拟真实场地进行“实战演习”；同时培训决策者的应急指挥能力，督促技术人员进行相关技术培训，形成应急培训知识。此外，通过网络平台，做好宣传工作，与群众共享基础应急知识。关于应急预案编制工作，需要根据实际的应急工作情况，及时对应急知识内容进行更新。以上就是应急知识在事前预防准备阶段的存在形式。

事中应急响应阶段是整个应急知识管理过程中的核心，真正地运用了事前预防准备阶段的应急知识，与此同时也产生大量的隐性应急知识，包括在救援工作中产生的救援知识、团队产生的合作沟通知识，以及领导者产生的应急指挥知识，此类知识只有丰富的“实战”经历才能产生。前期的预防准备工作都是为了避免突发事件的发生或是减轻事发后造成的损失，当社会安全事件突发时，如何运用已有的应急知识来处理社会安全事件，快速响应、科学决策，就需要建立面对社会突发事件的应急知识管理模型，创新性地运用应急知识解决危机（常玲慧和马斌，2013）。

在事后恢复重建阶段，运用到的主要是处置知识、疾病治疗知识和评估知识。事态被完全控制后，最重要的是积极开展重建工作，尽快恢复公共秩序，使人们的生活回到正轨。使用处置知识对受害人群进行安置、补偿，对犯罪者施以惩罚措施；事后利用疾病治疗知识可以判断受害者的身心是否损伤以及受伤害程度，对于心理损伤者，利用心理干预知识对其进行治疗。事后评估知识贯穿于整个后期工作，主要是对事件发生后所造成的人力、物力损失进行评估，是恢复重建工作的基础。此外，恢复重建阶段还包括处理完所有事宜后的综合评价，主要是分析事件处理的过程，评价应急工作，总结存在的问题、成功经验或失败教训、创新之处等，是对应急知识进行更新、充实案例知识库的重要过程。

6.3.3 社会安全事件应急知识管理要素分析

6.3.3.1 应急知识管理的主体

社会安全事件应急知识管理的核心要素是利用应急知识进行应急管理工作的人或组织，根据分工的不同，主要包括应急决策者、应急执行者和应急知识提供者，在应对社会安全事件过程中不断地进行知识交流，参与应急知识的生长过程。

应急决策者一般都是由应急管理部门承担，主要负责监督、指挥社会安全事件工作，一旦察觉到事件发生，便根据国家和地区的应急预案、各行业应急部门的应急共享知识，同时控制和决策应急过程中的知识流动，把应急知识转化为应急策略，再把应急策略下达到基层的应急执行人员，从而运用到实际的应急工作中（李春娟，2013）。其中，地方性社会安全事件是由省级、市级的应急管理部门进行处理，任命当地负责人为决策者；特别重大社会安全事件由国家级应急管理部门接手处理，指挥中心直接指挥工作，各个应急部门合作。其主要职责是组织编制国家应急总体预案和规划，指导各地区各部门响应、处理社会安全事件工作，推动应急预案体系建设和预案演练，明确与相关部门和地方各自的职责分工，建立协调配合机制。

应急执行者是指运用应急知识处理社会安全事件的专业人员和组织，即应急工作的具体实施者，不仅包括应急救助人员（医疗部门、公安部门、消防部门等），还包括社会公众。各个部门的应急工作人员根据决策者的指令，把决策者给予的应急策略与本身的专业知识背景相结合，展开应急工作。借助社交媒体与在线学习平台，社会公众学习到相关应急知识，增强了忧患意识，获得了自保技能。面对社会安全事件时，公众自身拥有的应急知识激发其应急行为，公众调动应急知识来处理围绕在身边的危急情况。

应急知识提供者主要目的是创造和提供应急知识，由相关领域的专家学者、处理社会安全事件的一线应急救助人员组成。提供的知识分为两类：一类是救援时产生的应急新知识，现场救助人员把亲身经历形成的救援知识、合作沟通知识等隐性知识传送给专家和学者，专家和学者把隐性知识与应急预案、法规文件等显性知识相结合，形成应急策略方案。决策者判断方案的实用性后，结合自身经验知识，采取相应的应急措施，确定执行方式。另一类是应急救援物资知识，即各种物资储备形式、种类、数量等知识，应急指挥中心平时要做好对救援物资的储备和信息调研工作，及时补给物资（李春娟，2015b）。应急知识提供者是应急知识管理中不可缺少的一环，提供的知识是形成应急决策知识的基础，促进整个过程中应急知识的循环流动。

6.3.3.2 应急知识

应急知识是社会安全事件应急知识管理中的基础要素，主要分为显性应急知识和隐性应急知识两类（表 6-3）。显性应急知识主要是指能够用一种系统的方法表达的、正式而规范的、易于理解和传播的知识，通常以语言、文字等结构化的形式存储；隐性应急知识是指高度个体化的、难以公式化或沟通的、隐藏性较高的、难以与他人共享的知识，通常以个人经验、感悟、团队的默契、技术诀窍等形式存在。从社会安全事件的实践工作角度出发，隐性应急知识在实践中是最具有竞争力的核心知识，直接决定应急工作的成败，但核心隐性应急知识共享的难度较大（左平熙，2019）。因此，建立一套完整的社会安全事件应急知识管理体系显得尤为必要。体系中专业团队通过编码、建立激励机制、人力资源知识库等，把隐性应急知识转化为易于读取、存储、共享的显性应急知识。

表 6-3　社会安全事件应急分类

类型	特征	表现形式
显性应急知识	易获取、易保存、易共享、易理解	法规文件、应急预案、应急知识管理系统、应急知识库
隐性应急知识	情境依赖性强、编码难度大、难以转移共享	协作沟通知识、救援经验知识、团队的凝聚力

6.3.4　社会安全事件应急知识管理模型构建

6.3.4.1　现有模型回顾

近些年来，很多学者研究各种突发事件的应急知识管理模型。蒋勋等（2016）以突发事件演化为研究对象，分析各种类型事件的联系，构建了突发事件演化知识表示模型，并梳理了演化中突发事件、演化过程、应急行动和应急决策四层次知识视图，深入分析影响突发事件演化的输入模型、状态模型和演化模型，形成了完整的知识链，对突发事件前期的预警工作产生影响。蒋勋等（2017）以事中应急响应为研究对象，从公众、救援人员和决策者出发梳理其对应急知识的管理使用，结合应急响应的各阶段过程，从常识知识、事实经验知识和运算推理规则这三个维度出发构建了基于应急响应的知识库协同框架体系。郑昌兴和刘喜文（2016）为了提高知识推理的效率和正确率，把规则推理和案例推理这两种推理方式结合起来，构建了面向突发事件的知识服务模型，该模型已在地震类突发事件中验证，其主要作用于突发事件的快速响应阶段，为应急人员提供知识服务，降低事件的危害程度，该模型主要包括案例知识库、规则知识库、可视化模块、推理机模块和学习机模块，知识质量高，知识服务全面。除此之外，还有李春娟（2011）提出的面向应急流程的应急知识管理体系，曾子明和黄城莺（2017）构建的支持知识全生命周期的公共卫生类突发事件应急知识管理体系，从不同的角度出发构建知识管理体系，为突发事件应急管理工作的开展提供理论方面的参考。关于突发事件（自然灾害类、公共卫生类和事故灾难类）的研究已有很多体系模型，但是缺少专门针对社会安全事件构建的模型，我们通过分析社会安全事件应急知识管理过程，构建如下社会安全事件应急知识管理模型。

6.3.4.2 社会安全事件应急知识管理模型构建

我们根据社会安全事件应急知识管理要素，按照社会安全事件的应急流程，构建社会安全事件应急知识管理模型，形成互动知识链（图 6-2）。

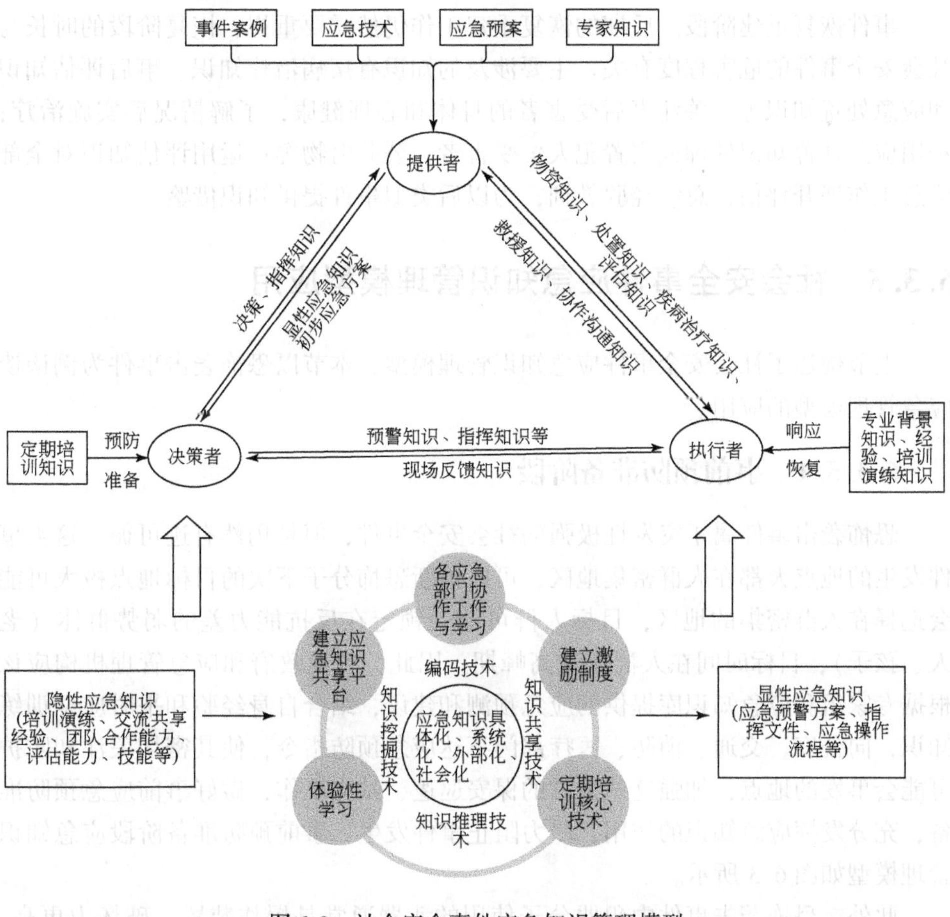

图 6-2 社会安全事件应急知识管理模型

事件预防准备阶段。主要包括预警知识和培训知识，两类知识都是为了提高政府决策机构和公众的应急预防能力。决策者把从内部环境（知识库）获得的事件案例、技术文件、法规标准与从外部环境获得的实践知识相结合，利用知识管理手段对事件进行分析，为应对社会安全事件的发生做好知识储备工作。

事件响应阶段。这是社会安全事件应急知识管理的核心阶段，主要开展现场应急救助工作，涉及的知识有应急指挥知识、应急救援知识和团队合作沟通知识等。由于社会安全事件的危害性和突发性，高效科学的应急决策不仅依靠社会安全事件发生前的知识储备，更取决于事件发生时现场实践知识的获取、保存、整合、共享和应用（李春娟，2011）。在两个阶段之间实现良好的应急知识交流，最大限度减少社会安全事件造成的损失。

事件恢复重建阶段。后期的恢复重建工作仍然需要重视，恢复阶段的时长与社会安全事件的危害程度有关。主要涉及的知识有疾病治疗知识、事后评估知识和应急处置知识等，关注事后受害者的身体和心理健康，了解情况后实施治疗；利用应急处置知识处理或安置犯人、受害者、公共财物等；运用评估知识对全部应急工作展开评估，总结经验教训，为以后类似事件提供知识借鉴。

6.3.5 社会安全事件应急知识管理模型应用

上节构建了社会安全事件应急知识管理模型，本节以恐怖袭击事件为例谈谈应急管理模型的应用。

6.3.5.1 事前预防准备阶段

恐怖袭击事件属于突发性极强的社会安全事件，但是仍然有迹可循。这类事件发生的地点大都在人群密集地区，可以推断恐怖分子下次的目标地点极大可能会选择在人群密集的地区，目标人群可能会锁定在反抗能力差的弱势群体（老人、孩子），目标时间在人群流动高峰期。因此，各地政府和应急管理机构应该根据专家组和应急知识库提供的应急预测和建议，结合自身经验和平时应急训练知识，向公安、交通、消防、医疗部门下达应急预防指令，使其密切关注和防护可能会事发的地点，加强这些地方的保安巡逻、站岗工作，做好事前应急预防准备，充分发挥应急知识的作用，尽力阻止事件发生，事前预防准备阶段应急知识管理模型如图 6-3 所示。

此外，恐怖袭击事件中犯罪分子使用的武器通常是爆炸装置，破坏力更高，使用的交通工具通常是无牌汽车或盗窃的有牌汽车并超速行驶。因此，应鼓励各地区的公安系统和交通系统进行联动，交通监控系统一旦发现异常情况（无牌驾驶或收到报警被盗窃的有牌汽车、超速行驶等），启动报警信号，公安部门收到警报信息后，调用部分专业的应急警力（拥有对口的应急知识背景和专业培训知

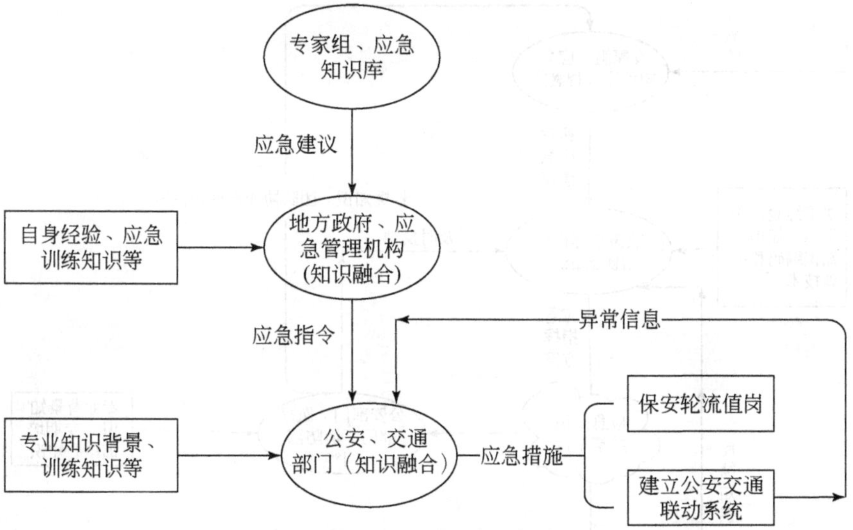

图 6-3　社会安全事件事前预防准备阶段应急知识管理模型

识）对涉及的恐怖嫌疑分子立即采取应急防护措施，密切监控，紧急追踪。

6.3.5.2　事中响应处理阶段

恐怖袭击事件发生后，社会安全事件应急机制是否健全，应急响应能力如何，很快就会得到检验。一般来说，收到监测预警或者群众报警后，当地的执勤民警应立即赶到现场，封锁道路，围捕恐怖分子，同时组织抢救受伤群众，直至事态得到完全控制，恢复正常秩序，没有殃及事发地周边地区。事中响应处理阶段应急知识管理模型如图 6-4 所示。决策指挥机构第一时间到达现场指挥紧急救援工作，咨询机构（应急知识提供者）中的应急知识库和专家组形成的智囊团通过分析类似事件案例和应急预案，利用自身的专家知识和大数据智能分析技术，向其提供预测方案和初步应急方案。决策指挥机构结合以往的决策指挥经验和定期决策培训知识，运用知识编码技术和推理技术将这些隐性应急知识转化为带有流程步骤的、执行力强的指挥知识方案，通过应急知识共享平台，使公安部门（执行机构）拥有行动的凭借。医疗部门、消防救援部门和后勤物资部门等执行机构中的工作人员辅助公安人员，根据决策者下达的应急指挥知识和预警知识，结合本身的专业背景知识和定期培训演练的核心知识，运用各部门资源，开展维护公众生命财产安全、打击暴恐行为等应急救助工作。

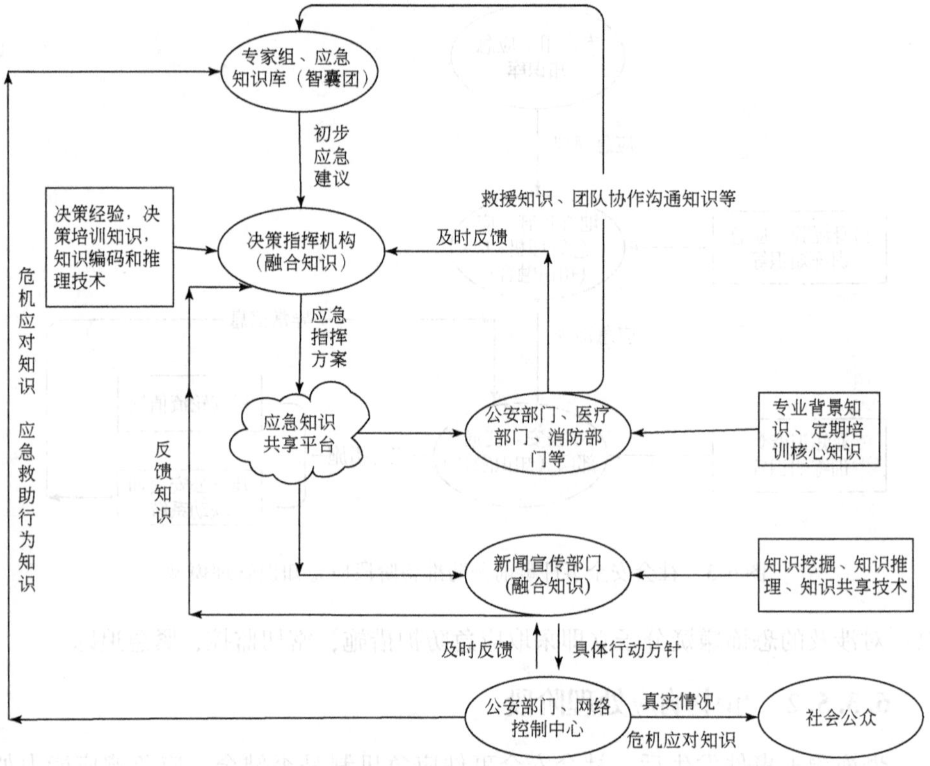

图 6-4　社会安全事件事中响应处理阶段应急知识管理模型

与伤财害命的恐怖暴力行为比较，歪曲真相的谣言和舆论同样严重影响着人们的思维和行为方式。因此，面对谣言舆论，信息机构中的新闻宣传中心收到政府决策者的应急指挥方案后，结合媒体自身拥有的知识挖掘技术、知识推理技术和知识共享技术等信息技术，将本身技能类的隐性知识转化成具体的技术操作步骤，并与指挥方案融合，制定行动方针，获取国内外网络上的非法信息以及背后的媒体运营团队，将收集到的知识系统化、直观化，以政府统筹人的身份 24 小时向公众发布整体事件发展的真实状况和危机应对知识。公安部门和网络控制中心以新闻宣传部门提供的信息为依据，依法查封处理充斥着恐怖暴力思想等的国内网络社交平台，彻底斩断非法舆论的传播源头。

另外，在决策者为各应急执行部门提供预警知识和指挥知识，指挥救援工作时，公安、医疗、消防等应急执行部门也会及时地为决策者提供现场反馈知识，以便其能够根据真实情况对先前方案中的指挥知识、预警知识做出调整，使其更好地辅助应急救援工作；同时，决策者会把在应急工作中产生的救援知识和团队协作沟通知识等一些隐性应急知识传送给提供者，经其推理和编码，编制事件案例，为类似事件发生时供决策者备用。

6.3.5.3 事后应急恢复重建阶段

恐怖袭击事件之后，虽然恐怖分子得到了应有的惩罚，但给受害人群和社会公众带来了生理和心理方面的伤害，尤其是心理上的伤害需要花费很长时间才能修复。因此，社会安全事件的事后恢复工作需要第一时间提上应急工作的日程，事后应急恢复重建阶段的应急知识管理模型如图 6-5 所示。在社会生活方面，各执行机构根据疾病治疗知识、评估标准知识等对突发事件后期开展恢复重建工作。运用评估方案对公共财物损失和公众身心健康程度进行测评，针对公共财物的评估结果，决策指挥机构给予公安、环境卫生、交通等执行部门恢复建设的方针。对于受害者身心健康的检测结果，医疗部门结合专业技能、经验和政府的指挥，经过多次探究和实验，把两类知识融合为实际的应急治疗流程，对公众市民的身体损伤和心理伤害进行救治。

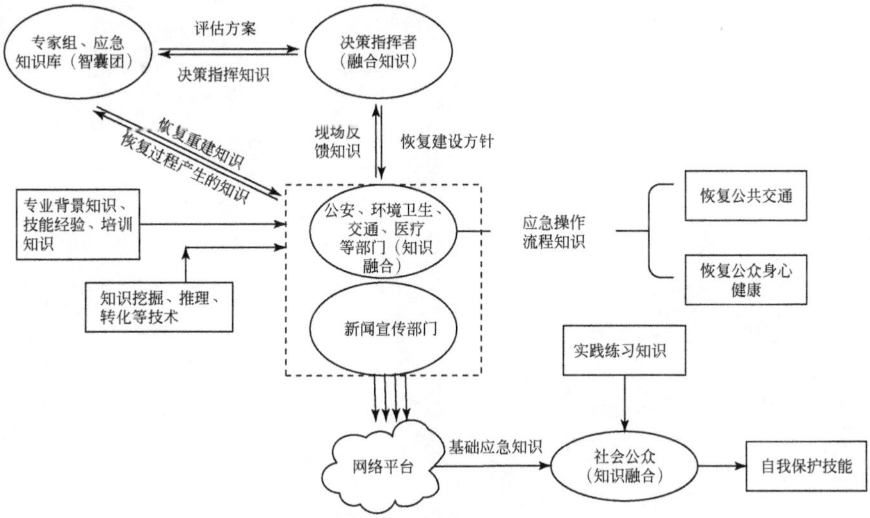

图 6-5　社会安全事件事后应急恢复重建阶段应急知识管理模型

在应急知识教育方面，主要的目标是提升社会公众忧患意识和应急能力。社会公众是社会安全事件中的受害群体、被保护群体，同时也容易受到恐怖分子鼓动进而参与其中。要充分利用新闻媒体这一公共资源，在网络平台分享一些基本的社会安全应急知识，制作应急知识类纪录片，提醒群众做好个人预防准备工作。各社区部门应增加一些预防和处理社会安全事件的实习演练，向边远地区群众传播一些常识性的应急预防知识和应对策略。社会群众通过政府共享的应急知识文件，加上自身的练习实践，将显性应急知识文件转换为自我保护的技能。

6.3.6 总结

综上所述，应急知识贯穿于整个社会安全事件的生命周期。不断循环流动的应急知识在事件预防、响应处理、恢复重建中发挥着至关重要的作用。应急知识管理得当，会推进应急处理工作进程，降低社会安全事件的发生率，减少事件发生后的损失，甚至阻止类似事件的再次发生。

第7章 公共安全应急知识管理技术

迅速发展的信息通信技术、突发的公共安全事件、整合的应急知识管理，强调了公共安全中应急知识管理技术的日益重要性。新技术早已源源不断地应用到公共安全应急知识管理之中。信息技术革命彻底改变了公共安全应急知识管理：信息改变了公共安全应急知识管理结构，由此改变了应急机制；技术为公共安全应急知识管理提供新方式，创造独特价值，并从现有的公共安全应急业务中，孵化新的应急知识管理技术平台及应急知识管理生态。这一过程需要关注技术的创新、变革、管理和升级，使公共安全应急知识管理技术的价值最大化。在这种情境下，技术空间被定义为人类智慧与信息交互或彼此交流的应急知识的特定区域。应急知识管理技术的应用可以减少公共安全突发事件中人工的出错率，提高应急知识管理工作的效率和可靠性，并且迅速有效地处理可能出现的公共安全突发事件。公共安全应急知识管理技术为应急准备、应急反应、应急适应、应急恢复、应急调整所需的知识提供技术支持。本章概述公共安全应急知识管理的主要技术，提出应急知识管理智慧化，详细阐述公共安全应急知识管理系统开发原理与技术设计。

7.1 公共安全应急知识管理技术概述

公共安全应急知识管理技术是指在公共安全中生成、组织、存储、处理、共享、传递应急知识的技术。应急知识管理技术是在现代信息通信技术和应急数据管理技术的基础上，针对知识的特性而开发的应对公共安全特征、能够协助应急管理和应急工作者进行应急知识开发、存储、动员、赋能和传播的技术，是现代信息技术在知识经济时代的新发展。数据管理技术和传统的信息管理技术是整个知识管理技术体系的重要组成部分。因此，理解公共安全应急知识管理技术的应用场景，可以在公共安全突发事件的任何阶段都尝试将被破坏或被削弱的系统重新整合起来，以实现正常运作。

应急知识管理技术可以帮助应急相关人员管理各种应急项目，尤其是应急知识的收集和筛选、应急知识的识别与分析、应急知识的持续监测以及通过可视化工具快速传播应急知识产品。从广义上讲，可以将应急知识管理技术分为以下几种类型：①应急知识过滤；②应急知识网络搜索；③应急知识挖掘；④应急知识汇总；⑤应急知识发现；⑥应急知识群组软件；⑦应急知识文档及内容管理；⑧应急知识分析及结构化；⑨应急知识多用途门户网站；⑩应急知识应用软件；⑪分析/报道应急知识；⑫应急知识服务设施/供应设施；⑬应急知识推送。

公共安全应急知识管理以技术作为手段，其作用是收集、组织、处理、分享和使用应急知识，并把应急知识作为公共安全突发事件处理的重要依据。在公共安全突发事件中，应急知识管理技术在正确的时间，以正确的方式、通过正确的途径，将正确的应急知识传达给正确的应急知识需求者。应急知识管理技术通过对应急管理中获取或积累的知识进行有序化、价值化的处理，实现应急知识的开发和运用，提高应急管理决策的效率和准确率。公共安全应急知识管理技术是为实现应急知识的显性化、共享化、价值化、行动化提供新的途径和方式。

有效的应急知识管理技术包括五个关键的应对类型，形成了“三基础—两核心— 一智慧”的体系：①应急知识感知技术；应急知识预防技术；应急知识控制技术。②应急知识动员技术；应急知识赋能技术。其中应急知识感知技术、应急知识预防技术、应急知识控制技术是基础技术，而应急知识动员技术、应急知识赋能技术是核心技术。③应急知识智慧化。如图 7-1 所示。

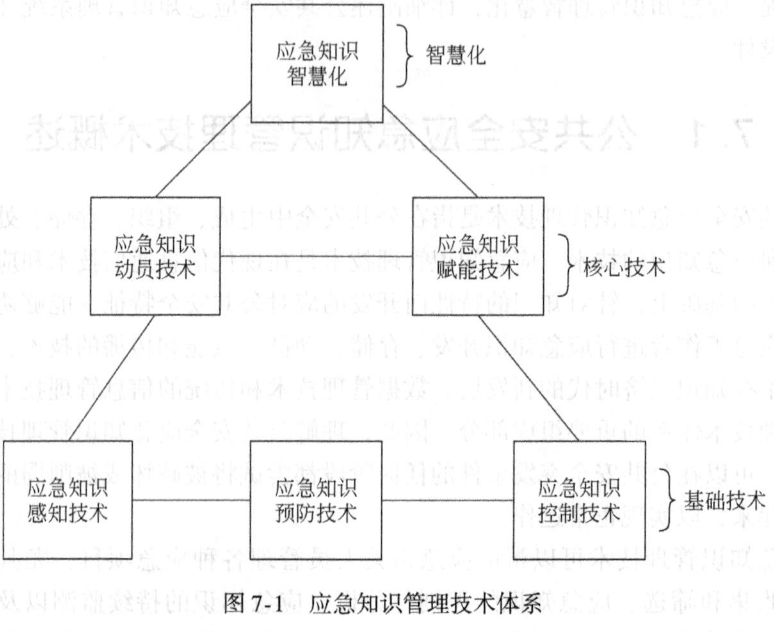

图 7-1 应急知识管理技术体系

7.1.1 应急知识管理基础技术

7.1.1.1 应急知识感知技术

应急知识感知技术能够进行公共安全应急知识的感知、检测、识别和监测。首先，开展公共安全风险的例行评估，进行公共安全突发事件表征的感知、检测及识别，在此基础上，形成突发事件特征与原有应急知识的匹配，进行应急知识新旧状况的识别，预先进行突发事件特征的登记、排查，识别是否属于新型公共安全突发事件；其次，对公共安全突发事件进行监测、对突发事件源和聚焦的目标进行实时监测，确保应急知识的充足和应急知识库的及时更新；最后，将公共安全应急知识感知技术和公共安全应急知识管理相结合，建立实时的公共安全源监测、监控和管理系统。

在突发事件发生时，应急知识感知技术和应急相关人员可以进行协同工作与实时交互；在突发事件处理时，应急知识感知技术能够为应急相关人员提供应急协同共研、应急分析研判、应急指挥及调度、应急跟踪和应急现场处置指导。应急知识感知技术实际应用可以提升应急移动指挥和应急移动协同的能力。

7.1.1.2 应急知识预防技术

应急知识预防技术指由应急知识准备、预防经验和自然科学原理发展而成的各种技术、方法、技能及工具。应急知识预防技术是公共安全应急活动过程中、应急知识准备及预防过程中采用的方法、技能、工具及设备等的总和。应急知识预防技术是对应急知识进行整合、融合及加工处理，形成价值化应急知识的工具、系统和技巧等的集合。

应急知识预防技术为公共安全应急准备或预防提供了知识工具，如搜索引擎、Python、统计分析软件、信息系统及应急知识库等。应急知识预防技术将公共安全应急人员从日常繁重的收集、整理和组织知识等工作中解脱出来，集中精力识别外部公共安全突发事件。应急知识预防技术可以快速准确地识别不同来源应急知识之间的关系，或使分散的应急知识根据应急需求自动建立联系。

应急知识预防技术为应急相关人员提供了更好地利用知识的工具，如组织内联网、RSS（really simply syndication）等工具可以促进知识的有效共享和传播。在应急知识预防技术中，数字化技术能够与既有应急资料建立实时链接，进而获取大量的知识。通过交互活动，在应急大数据资料中植入暗含的情境，从而形成高质量的应急知识服务，如视觉化实时交流媒介，交流工具的不断发展为应急知识实时交流提供了技术支持。

7.1.1.3　应急知识控制技术

应急知识控制技术具有实时监测和应急控制功能，可以实现应急相关知识的定位，实现应急管理知识的可视化及时空分析，为应急管理提供统一及时的知识控制及知识支撑。

针对公共安全突发事件，应急知识控制技术以城市物联网为基础，做到精准识别和风险控制，对公共安全应急事件进行监控和有效控制分析，实现多源异构大数据的融合，并提出应急决策建议。应急知识控制技术将分散、零碎的应急知识汇集、积累到应急知识仓库中。经过知识清洗、知识降噪等预处理过程的知识在进入应急知识仓库后，可实现应急知识存储和应急控制知识匹配功能。

进入应急知识仓库的应急知识可以实现相互关联，并且这种相关性或连接性会随着应急知识积累的增多而越来越密切，为后续突发事件预测、突发事件变化模拟等的控制、反馈提供知识支持和服务。在应急知识积累的过程中，通过突发事件控制、应急知识价值检测与提纯，建立应急知识间的耦合性及关联性。此外，可以采用知识地图、知识可视化、知识星云、知识星球、知识图谱等技术，从海量应急知识库中为管理与决策人员提供应急控制的精准知识推送。

应急知识仓库的存储具有动态变化、海量知识、多维属性的特征，可以用于紧急事件的知识需求。在应急知识控制技术中，通过对随时出现的各种突发事件知识的汇总，与原有应急知识储备形成互补性资源，能够有效弥补应急知识库的知识短缺，使应急知识体系更加完善。

7.1.2　应急知识管理核心技术

7.1.2.1　应急知识动员技术

应急知识动员技术包括：①应急知识动员技术结构，是利用应急所需知识进行协同定位，这意味着将部分应急知识动员充分下放给下级应急人员或者一线应急相关人员，同时建立与个人及系统应急目标相匹配的知识动员技术结构。②信息技术网络，即利用信息通信网络，跨越系统边界的应急知识动员技术结构。

应急知识动员技术需要应急知识动员意识，即提供有关突发事件、新技术、应急变化、应急知识价值化、应急知识行动化等新知识。还需要应急知识透明，即提供应急知识在应急系统内扩散的技术和系统。

应急知识动员技术需要根据应急知识控制系统动态的属性来考虑应急系统的

韧性。因此，需要明确应急知识动员技术与应急相关人员之间的交互作用，允许应急系统在经历变化时吸收突发干扰并进行重组，以保持基本相同的技术功能、技术结构、特性和反馈的应急知识动员生态。

应急知识动员技术作为相互协同、融合关系的技术系统，可以适应应急过程的突变，能够应对突变状况，维护、获取和构建新的应急知识资源。应急知识动员技术的存在和发展取决于其适应且与环境动态关联的能力。应急知识动员技术能够应对当前公共安全突发事件，使应急系统变得更强大、知识资源更丰富。

应急知识动员技术位于突发事件之前、之中和之后。应急知识动员技术是从公共安全事件中恢复的能力。应急知识动员技术定义为突发事件参与者都参与并利用自身的技术来与突发事件及环境进行互动，从而在突发事件之前、之中和之后积极地调整和维持自身技术的功能。重要的是，应急知识动员技术说明了应急知识价值化和行动化是技术、突发事件参与者和应急环境之间交互作用的动态互动本质。因此，应急知识动员技术包括应急前的技术能力，危机中的组织和调整的技术能力，以及突发事件后的技术反应。

7.1.2.2 应急知识赋能技术

应急知识赋能技术是通过应用新兴信息通信技术，形成具有鲜明时效性且不受公共安全突发事件时空限制的、能够激发和强化应急知识需求者的潜能或能力的技术。应急知识赋能技术在连接应急相关人员、应急知识、突发事件跟踪、突发事件服务等平台模块的基础上，进一步形成更适合公共安全突发事件发展趋势的社交、内容、应急知识服务与技术的融合。应急知识赋能技术强调技术本身的设计、技术与应急相关人员的互动，从而形成差序格局鲜明的应急事态知识赋能态势。

应急知识相关技术在赋能过程中发挥如下作用：①应急知识库的桥梁，保障应急知识具有实效性和综合性。②突发事件与应急知识的中介和连接器。③针对突发事件的应急知识进行个性化推荐，从共性式应急知识群体互动到个性化的应急知识定制互动。④应急媒介知识情怀。技术媒介理性与应急知识价值融合形成应急媒介知识情怀。⑤应急知识赋能技术能力。应急知识赋能技术辐射力和影响力的合力形成应急知识赋能能力。

应急知识赋能技术带来的价值正向影响应急相关人员的行为。应急知识赋能技术使应急知识动员社区参与者能够在不确定的情况下，通过有效途径获取正确的或者需要的应急知识。应急知识赋能技术使知识动员社区去中心化变为可能，去中心化会形成应急知识动员的内在动机。在面对不确定的应急知识动员情境下，应急知识赋能技术增强了应急知识赋能的敏捷性和适应性。应急知识赋能技术使得获得应急知识的相关人员能够超越时空限制，拥有相应的应急知识和突发事件处理能力，并在此基础上依据获取的应急知识采取明智的应急对策及行动。应急知识赋能技术是不断更新和迭代的，这推动了应急知识赋能的适时优化升级。

7.1.3 应急知识管理智慧化

应急知识管理智慧化要求充分运用大数据、云计算、人工智能等为代表的新一代信息通信技术，推动应急知识管理增强智慧、智能和数字化转型。应急知识管理智能化是由应急知识智力系统、应急知识系统、应急知识方法与技能系统、应急知识非智力系统、应急知识库与应急思想系统、应急决策与评价系统等多个子系统构成的复杂系统。

应急知识管理智慧化包括直观与思维、智力与非智力、意向与认知、生理机能与心理机能、情感与理性、遗传智慧与获得智慧、显意识与潜意识、已具有的智慧与智慧潜能等要素。应急知识管理智慧化要求应急知识管理系统及相关技术对公共安全突发事件能迅速响应，正确地理解、处理与解决突发状况。

应急知识管理智慧化强调发挥创新驱动的作用，实现应急知识管理高质量发展，用科技创新为公共安全应急知识管理赋能，推动公共安全应急知识管理向智能化、绿色化、高端化、融合化方向发展。应急知识管理智慧化要求应急知识管理系统具有生物所有的基于神经器官的高级综合能力，包含应急情感与应急包容、应急舆情及应急文化认同、应急知识与应急记忆、应急判断与应急决策、应急理解与应急联想、应急逻辑与应急计算、应急归纳与应急分析、应急感知与应急辨别等多种能力。应急知识管理智慧化使应急相关人员深刻地理解突发事件、应急状态、应急突发源头、应急突发措施，从而拥有应急思考、应急应对、应急治理、应急探究的能力。

应急知识管理智慧化能够加快应急系统恢复平衡的速度，它能够衡量应急系统持续性，评估应急知识系统吸收变化和干扰并恢复正常的能力。应急知识管理智慧化能够在应急系统经历变化时吸收干扰并重组，保持应急处理、援助、消除危害，提高救援效率的功能、结构、特性和反馈。应急知识管理智慧化通过改变应急控制行为的过程和效率，可以吸收干扰，尽量减小危害程度。

应急知识管理智慧化能够使应急系统在公共安全突发事件后返回平衡点和正常状态。当应急系统受到干扰时，应急知识管理智慧化是应急系统保持其正常功能的能力，或当干扰改变应急系统的功能结构时保持更新或重组的能力。应急知识管理智慧化根据突发事件调整应急系统，使系统在不同过程中呈现不同状态，进而能够消减或容忍干扰程度，从公共安全突发事件中恢复发展的能力。

应急知识管理智慧化使得社会组织可以运用应急知识减轻突发事件的破坏力，在突发事件发生时控制危害的影响并开展恢复活动，以尽量减少社会破坏和减轻未来危害的影响。应急知识管理智慧化是指积极的自我修复、自我学习、自我成长的过程，这涉及技术的能力和知识库的质量。应急知识管理中的智慧化有三个共同的特征，包括接受现实的突发事件的包容性、随机应变能力的发挥、自我学习性和思考性。应急知识管理智慧化是面对突发事件持续重建的能力，它能有效地应对重大变化，这种变化会破坏预期的事件模式。应急知识管理智慧化能够适应应急环境要求的特性，能够适应应急环境的变化，具有感知、识别、适应和吸收变化、消除干扰的能力。

应急知识管理智慧化能够衡量公共安全应急系统持久性和吸收干扰并维持稳定性的能力，强调应急干扰的吸收性和消除干扰的持久性。应急知识管理智慧化强调在可预测及不可预测的应急生态中保持均衡，以应急系统的最小波动积累更多知识资源，为应急系统在扰动后返回平衡状态提供智力、知识和技术的支持。

应急知识管理智慧化具体包括：应急知识智慧化、认知能力智慧化、技术能力智慧化、协同能力智慧化、关系能力智慧化。

7.1.3.1 应急知识智慧化

应急知识智慧化是指应急知识系统的应急知识库在应对突发事件时所具有的禀赋，这些禀赋塑造了应急知识库对于突发事件的实时处理能力。应急知识智慧化使应急相关人员依据突发事件突发情况，针对性地提供或定制所需的应急知识，以便积极面对突发事件。应急知识智慧化强调了适当的应急知识储备资源的重要性，以应对突发事件的需要。除了应急知识资源，应急知识管理智慧化可以由其他智慧化来构成，包括认知能力、技术能力、协同能力和关系能力。

7.1.3.2 认知能力智慧化

认知能力智慧化需要深厚的应急知识和专业知识，以帮助应急相关人员在面对突发事件时运用和管理应急知识维持或恢复正常生产生活。这些认知能力使应急相关人员和应急组织能够迅速发现和理解潜在的危机信息，以独具创造性和灵活的方式使用批判性的危机洞察力，通过部署应急知识和应急行动方案来解决问题。通过这种方式，可以防微杜渐。快速吸收新知识的能力有助于应急相关人员解释和驾驭不断变化的应急环境，这在引导认知能力方面起着至关重要的作用。认知能力智慧化可以自动识别应急环境的各个方面，进而建立一种公共安全突发事件的危机认知意识，即建立对突发事件的预期和研判，让应急相关人员识别和了解应急问题或挑战，克服应急盲点。

7.1.3.3 技术能力智慧化

应急知识和认知能力包括应急知识储备和认知能力选择，这些通常被嵌入技术能力中，即技术能力智慧化的结构、过程和活动中，通过智慧化的技术能力促进应急知识、应急工作任务等的处理和共享工作。技术能力智慧化，如数字孪生技术，充分利用应急物理模型、应急感应传感器更新、应急系统运行历史等数据，集成多学科、多物理量、多尺度、多概率的应急仿真过程，在应急虚拟空间中完成突发事件映射，从而反映相对应的应急实体装备的全突发事件技术能力智慧化生命周期过程，再综合运用大数据、人工智能、应急物联网、虚拟现实技术、增强现实技术、混合现实技术、区块链等新一代信息技术，为应急精细化管理构建人工智能中枢、对多源多维应急信息及应急知识进行动态实时分析，实现应急知识资源共享，达到可以自动调配公共应急资源、实时修正应急系统动态运行中缺陷等目的。技术能力智慧化还包括建立对不确定性应急态势的适应性，允许对相关应急信息和应急知识进行解读和诠释，以及与应急实践行为进行协同与协调。

7.1.3.4 协同能力智慧化

协同能力智慧化是指为应急相关人员、应急知识管理技术和应急知识管理系统提供协同能力和自我调节，以应对紧急突发情况并产生积极的结果。因此，应急知识管理技术及系统可以通过塑造和孕育协同能力来增强对突发事件的响应。协同能力智慧化在促进应急知识管理系统如何理解和赋予应急突发环境方面扮演功能性角色。同样，在面对不同的突发事件时，如何利用应急知识管理系统也存在差异，这可以形成重要的协同结果，包括对突发事件的协同反应。

协同能力智慧化为应急响应打开了另一种视角，如可以提高判断的准确性、增强认知灵活性，并协助对突发事件的预期和准备工作。具体来说，协同能力智慧化使应急相关人员对突发的、意想不到的突发事件和微弱的危机信号都能保持敏感性，认识到突发事件并及时采取行动，有助于避免应急危机。此外，协同能力智慧化可能会影响关系互动，进而形成应急相关人员和组织的社会应急动态。

应急知识管理技术对协同能力智慧化提供技术支持，在应急知识管理协同过程中，应急相关人员运用应急知识和应急能力，采用先进应急知识管理技术和应急知识管理流程来进行应急知识的收集与组织、解析应急建模、测量应急知识管理结果。

在协同能力智慧化中，应急相关人员、应急知识管理技术、应急知识管理任务和应急环境等在协同互动的过程中会产生应急信息流、应急知识流、应急技术流等的动态转移，这必然形成公共安全应急知识流的加速转化，或者公共安全应急隐性知识的显性化，进而实现公共安全应急知识增值或者产生创新性公共安全应急知识。应急信息流、应急知识流、应急技术流在协同能力智慧化中进行互动，可以实现应急价值增值，并获得更多的公共安全应急知识（Erickson and Rothberg，2005）。将这些应急活动过程的公共安全应急知识进行汇集，形成独特的公共安全应急知识库，并应用到协同能力智慧化中，从而形成充满活力的公共安全应急知识管理文化和氛围。

7.1.3.5 关系能力智慧化

在应急情境中，关系能力智慧化是指应急知识管理系统能够获取和交换应急知识资源的社会联系，在形成即时性行动及最终应急决策中起着重要作用。此外，关系能力智慧化提供了可以激活认知能力、协同能力和应急知识的环境。例如，在应急知识管理系统中，涉及的相关人员和相关技术之间的智慧化可以形成彼此在自然语言、应急行动、人与技术的价值观等方面的匹配和一致性。此外，在不稳定的应急环境中，关系能力智慧化对取得积极的应急结果至关重要。

同样，应急相关人员、应急知识管理系统、应急知识管理技术构成的关系能力可以促进应对公共安全突发事件的效果，从而形成应急智力资本，而应急智力资本塑造了应急社会资本，应急社会资本反过来又影响了关系能力的智慧化。

关系能力智慧化通过人工记忆神经系统、人工中枢神经系统、人工自主神经系统，采用人工神经元网络将社会各要素（应急相关人员、应急知识管理技术、应急知识库等）和应急自然要素（突发事件、应急态势、应急环境、公共安全突发事件源头及破坏力等）关联起来，实现应急相关人员之间、应急相关人员与应急相关技术之间、应急相关技术与突发事件之间的交互，在云端智慧和云端人工智能的驱动下，实现对现实的应急认知、应急判断、应急决策、应急反馈和应急调节。

如图 7-2 所示，应急知识智慧化、认知能力智慧化、技术能力智慧化、协同能力智慧化、关系能力智慧化的整合与组织可以重新调整以适应突发事件趋势，并促进对突发事件的预测和响应。当突发事件发生时，应急知识管理智慧化作为突发事件的应对作用进行响应，并会形成反馈回路。在这个回路中，应急知识管理智慧化对突发事件中的应急知识管理任务和关系的理解会形成对随后突发事件的应对及解决方法。

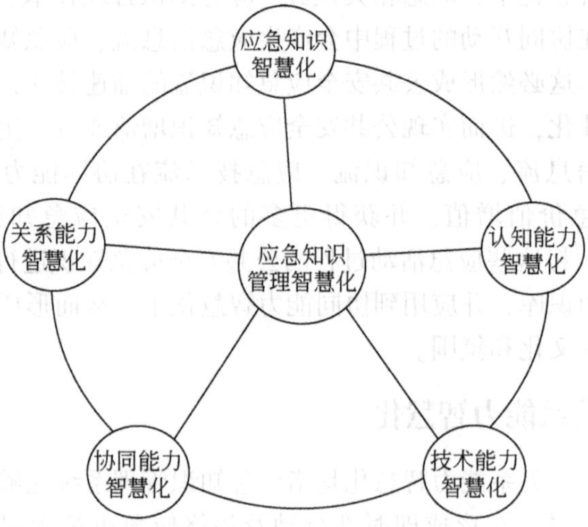

图 7-2　应急知识管理智慧化

7.2　公共安全应急知识管理系统开发

公共安全应急知识管理系统是一种复杂系统，这种复杂系统由相互关联的子系统构成，这些子系统形成了非线性相互作用的连接网络，这种相互作用能够应对突发事件，应急知识管理子系统在网络反馈中相互作用，形成一个回路，加强系统应对突发事件的知识需求。为了维持系统的内在复杂性，需要通过知识、技术、信息等不断交换来创造随机应变的耗散系统。因此，公共安全应急知识管理系统是自我进化的，对突发事件做出实时响应，具有自组织和自适应的能力。当应急环境复杂性增加时，公共安全应急知识管理系统需要建立应急响应机制，处理系统各组成部分之间协调所需的应急知识量和应急信息量。这就需要公共安全应急知识管理系统增加应急知识及应急信息间的交流、沟通和协调，以整合应急环境和应急系统复杂性增加导致的应急系统运行和应急决策的多个层次。因此，为了在公共安全应急环境中制定降低风险的策略，公共安全应急知识管理系统应在应急预防、应急准备、应急响应和应急复原之间建立平衡。

7.2.1　公共安全应急知识管理系统设计原则

公共安全应急知识管理系统设计需要考虑与应急环境的相互作用，使其能够适应应急环境。公共安全应急知识管理系统设计需要考量应急能力，即应急知识、应急技能、应急能力和应急过程，这些能力可以促进应急知识资源的获取和处理。公共安全应急知识管理系统设计需要考虑系统在应急环境之前所拥有的禀赋，这些禀赋塑造了系统进行积极调整的能力，使应急相关人员以积极的方式响应和应对新挑战。

7.2.1.1 敏感性原则

公共安全应急知识管理系统设计不同于一般的知识管理系统，其区别在于公共安全应急知识管理系统设计处于突发事件的情境中，公共安全应急知识管理系统设计需要对应急变化的影响保持敏感性。在更广泛的范围内，这种敏感性被定义为受到一系列影响，其中包括对应急干扰、突发事件、应急影响的敏感性和系统的响应能力。

敏感性本质上是复杂的，涉及多个影响因素，因此，公共安全应急知识管理系统被视为一个动态系统。公共安全应急知识管理系统设计需要考虑保持应急系统结构稳定的能力和从突发事件干扰中恢复正常的能力。敏感性原则要求在进行应急知识管理系统设计时，考虑对各种应急压力、应急冲突和应急干扰的敏感性，并具备应对罕见的毁灭性事件的系统应变能力，还需要考虑应对范围更广的破坏和干扰的能力，以便当突发事件发生时，消除和减轻它们造成的后果。

敏感性原则要求在进行应急知识管理系统设计的时候，依据应急知识管理系统自身的能力与环境进行互动，从而在突发事件发生之前、之中和之后积极地调整和维持自身的功能。重要的是，敏感性设计原则说明敏感性是应急知识管理系统和环境之间交互作用的动态本质。因此，系统设计的敏感性包括应急前的能力、应急中的组织和调整，以及危机后的善后反应。

7.2.1.2 适应性原则

公共安全应急知识管理系统设计需要考虑社会及应急生态系统的情境，以及系统的适应能力与自学习的机制。应急知识管理系统设计适应能力表现在面对突发事件时，改变和调整应急知识管理系统的鲁棒性。应急知识管理系统设计的适应性能力与应急知识管理系统设计的响应能力相联系，并被定义为应急知识管理系统为了适应应急环境威胁或变化而进化的能力，以及扩大适应性范围的能力。

应急知识管理系统适应性反映了应急知识管理系统对外部环境变化的反应能力，以及从影响其实现目标能力的应急知识管理系统结构损坏中恢复的能力。应急知识管理系统适应能力也可能建立新的应急系统平衡或稳定域，使应急系统能够适应新的应急环境。应急知识管理系统的适应性将应急知识资源与应急结果联系起来，反映了应急知识管理系统对抗干扰行为的学习能力。

应急知识管理系统适应性是适应未知、不确定的、未来环境的能力，因此，注重适应能力的应急系统不会被动地适应环境；相反，会不断开发和应用与应急环境相关的新知识。应急知识管理系统适应性将在不断变化的环境中快速重组，而不是确定现有需求，然后利用现有资源机械地变动。应急知识管理系统的适应能力有助于更好地准备、应对动荡的应急环境。

7.2.1.3 包容性原则

应急知识管理系统设计是指应急知识管理系统既是一种能力，又是一个过程。优良的应急知识管理设计往往能够促进应急相关人员在视觉、空间、听觉等多方面的沟通、交流、响应和应对的发挥，应急知识管理系统设计的包容性着眼于应急相关人员都能平等、公平、公开、独立地享受应急知识服务，为响应应急环境提供了新的应对视角，也为创造性地解决突发事件提供了支持。

在系统层面，问题不在于系统的能力是固定的还是可拓展的，而在于应急知识管理系统的包容性是随着时间而发展的。系统设计包容性需要考虑突发事件、应对突发事件和吸收应急干扰变化，能够维护、获取和构建新的应急知识资源。应急知识管理系统不能仅仅因为内部知识资源而生存，相反，它的生存和发展取决于它对环境、突发事件等的包容性。

应急知识管理系统设计包容性包括四个主要特征：①多样性，多种应急形式和应急行为的存在；②效率，应急知识资源消耗适中的性能；③灵活性，适应新突发事件的灵活性；④内聚性，应急知识管理系统功能和影响因素之间存在统一的关系和联系。

公共安全应急知识管理系统设计过程需要系统性地安排、部署、协调、规划、融合应急相关人员、应急知识管理流程、应急知识管理技术与应急环境，按照应急知识管理目标，采用适当的应急知识管理反馈机制，促进知识与应急态势的处理、共享、反馈及传播，以便消除公共安全突发事件造成的危害，减少公共安全突发事件的干扰。公共安全应急知识管理系统在进行设计的时候，需要考虑以下四个方面：①以应急需求为本（应急相关人员、应急相关群体等）；②应急组织结构（应急知识管理流程和应急知识管理结构）；③应急知识管理技术（应急知识管理基础设施和应用）；④应急知识管理过程（应急知识管理战略、应急知识管理目标、应急知识管理测量）。

公共安全应急知识管理系统设计时需要考虑不同应急知识构成应急知识库的结构，其中，应急知识管理技术结构、应急知识管理组织结构和应急知识管理制度结构与应急知识管理的基础设施结构密切相关，而应急知识搜集、应急知识组织、应急知识价值化和应急知识行动化等体现了应急知识能力（Mills and Smith, 2011）。广义的应急知识管理系统设计包括的因素涉及：应急相关人员、应急知识管理技术、应急智力资产以及应急知识效益。应急领导力、应急人力资本管理、应急知识管理技术、应急知识管理流程组织与控制等不同方面是应急知识管理活动的促进因素。

7.2.2 公共安全应急知识管理平台应用

7.2.2.1 公共安全应急知识管理平台的服务哲学

公共安全应急知识管理平台通过使用现代信息通信技术，支持应急相关人员参与公共安全应急知识管理活动，对采用先进技术的公共安全应急知识管理需求者及应急知识管理对象产生影响，并实现应急知识增值。公共安全应急知识管理平台既是公共安全应急知识的主要生产者，又是公共安全应急知识的重组者，因此，公共安全应急知识管理平台的服务战略必须置于适当的位置，并与各级公共安全应急决策保持一致。

公共安全应急知识管理平台不仅处理和管理公共安全应急知识资源，也更新和创新应急知识：①公共安全应急知识管理平台的基本目标之一是支持公共安全应急知识管理平台使命的有效实现，利用公共安全应急知识管理提供者的社会角色，促进公共安全应急知识管理平台的价值最大化；②为了使公共安全应急知识服务发挥最大的价值，使得公共安全应急知识资源发挥最佳效能，应急知识管理平台需要进行结构调整和性能优化，提升应急知识服务的广度和深度。

公共安全应急知识管理平台需要增强应急知识服务质量、形成健康的应急知识服务生态，从而塑造新的应急知识服务哲学，即倾向于需求者所期望的应急知识服务态度、应急知识价值及应急知识质量，而非僵化被动的氛围。

首先，公共安全应急知识管理平台需要面向应急现象的现实问题，也就是说，为解决应急问题而创造应急知识；其次，要遵循和内化应急知识研究的伦理原则和行为准则。该平台在提供应急知识服务时，需要回答几个问题：该服务提供的应急知识是否有价值？该平台是否有助于改善公共安全突发事件的危害？能否尽可能地最小化公共安全突发事件的风险和后果；最后，需要提供融入式应急知识服务。在提供应急知识服务的时候，可以征求重要利益相关者（政府、科研机构、应急知识服务平台、应急知识相关人员、应急知识需求者）的观点，集思广益，运用不同视角和方法来解决问题。

应急知识服务哲学的贯彻应付诸行动并形成价值化。①以需求为驱动，需要甄别应急知识需求者的需求，形成依据需求的平台响应机制和运营策略。需求驱动属于拉动式驱动，而应急知识服务平台还需要考虑推动式服务，即主动积极地将有价值的应急知识推到需求者手里。②应急知识传播渠道的考量。为了给应急知识需求者提供跨越时空的应急知识服务，需要采取灵活的应急知识服务渠道，包括线下和线上的渠道的融合。③应急知识服务技术的运用需要依据需求而定，应急知识服务技术是手段而不是目的。因此，公共安全应急知识管理平台除了与其需求者通过信息通信技术进行交互外，还需要考虑应急知识需求者的满意度、人机交互形式等。如果应急知识需求者提出有价值的建议，应急知识提供者需要考虑需求者的特定需求，以满足服务对象的应急心理认知或潜在应急需求。

公共安全应急知识管理平台服务哲学需要以灵活的应急服务渠道和高水平的应急知识质量在适当时间提供应急知识服务。这意味着应急知识需求者发出需求请求时，应急知识服务平台需要启动突发应急响应机制，及时交付应急知识产品及服务，有效的应急知识服务系统能够快速对需求者的应急需求做出响应。

公共安全应急知识管理平台服务哲学需要考虑应急知识的两重性：①应急知识的必然性，即应急知识的客观规律；②应急知识需求的主观性，即应急知识需求的主观能动性。应急知识的必然性需要考虑应急知识受自然界必然规律的支配。而应急知识需求者的知识需求需要深入知识使用者具体的内心活动和应急知识使用情境中，包括应急知识需求的情境等。

公共安全应急知识管理平台服务哲学还需要考虑公共安全应急知识传递的显示方式。①触觉显示：在视觉、听觉通道传递信息有所不便或者困难的情境中使用。②听觉显示：所在环境不适合视觉通道传递应急知识或者需要配以听觉显示才能完整地体现应急知识全貌。③视觉显示：通过图像、图形、视频、虚拟现实、仿真模拟等表示。从价值角度进行分析，应急知识服务的价值包括：①应急知识服务价值是由“应急知识”决定的，这是应急知识服务的内在价值。②随着应急事态的发展，应急知识服务需要担负一定的社会责任，完成社会或公众给予的任务和期望。这进而体现了公共安全应急知识服务的另外一种价值，即社会需求。应急知识服务需要为社会提供价值，为社会及公众需求提供及时支持，这是社会赋予公共安全应急知识管理平台服务的价值，也是公共安全应急知识管理平台服务的外在价值。这两种价值体现的公共安全应急知识管理平台服务观念，都属于公共安全应急知识管理平台服务的本质范畴。

7.2.2.2 公共安全应急知识管理平台的技术设计

公共安全应急知识管理平台的技术涉及现代信息技术及知识系统，如应急专家系统、突发事件可视化技术、突发事件模拟仿真软件、应急知识库、突发事件挖掘工具、应急文本挖掘工具等。现代信息通信技术影响了公共安全应急知识管理平台的技术设计，并形成动态的应急知识环境，这分为以下趋势：应急知识管理突破性技术、现代信息技术、应急知识密度及丰富度。应急知识管理的处理与存储都要经过应急专家的验证，以保证应急知识服务的质量。应急知识通过现代信息技术的处理与存储得以在知识需求者间进行分享。

公共安全应急知识管理平台的技术设计从 IT 导向转向行为科学导向，将社会需求与应急知识技术层面更好地进行匹配。因此，需要将公共安全应急知识管理所涉及的跨学科相关应急知识管理技术、应急知识管理基础设施及应急知识管理智能化结合起来，形成应急知识环境扫描系统，由此集成应急知识管理平台中涉及相关者的知识与技能。

公共安全应急知识管理平台的功能包括：收集应急数据、进行应急信息及知识分析、提取知识解析结论、将解析结论以适当的形式传递给应急知识需求者。公共安全应急知识管理平台是由应急知识管理相关人员参与，对应急知识进行获取、组织、筛选、排序、优化、分析、整合和传播的系统过程。每个系统过程都涉及应急相关人员、应急知识管理技术、应急知识管理技术工具及应急环境的交互。如图 7-3 所示。

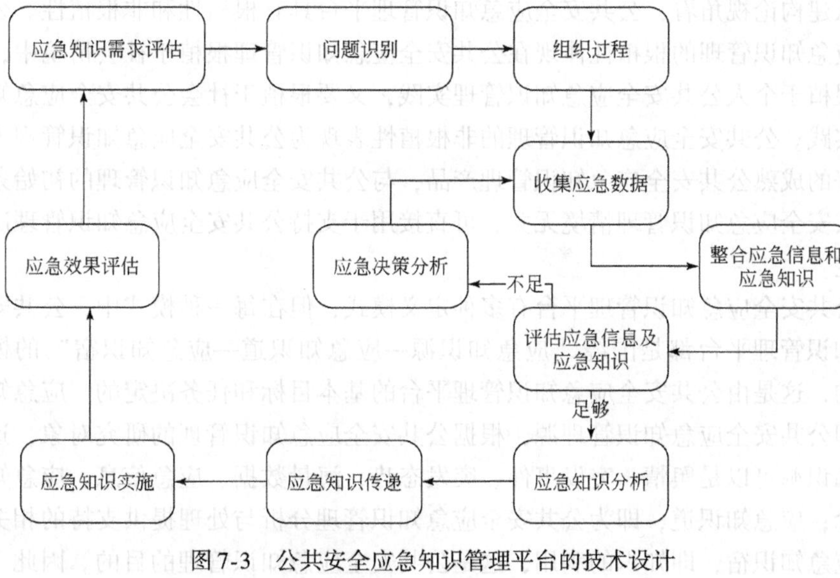

图 7-3 公共安全应急知识管理平台的技术设计

公共安全应急知识管理平台的一般性概念包括以下五个方面：①连续收集应急知识；②对收集的应急知识及时地整合与处理；③实施应急知识服务时，实行应急知识反馈与实施检测；④快速有效地分析应急知识；⑤遵守和贯彻制定的应急知识管理的伦理标准。

公共安全应急知识管理平台应对应急知识管理技术、应急相关人员、应急知识管理行为组成部分进行优化融合，并深入了解应急知识需求者的工作流程及应急知识情境、公共安全应急任务及应急知识管理系统构建。对应急信息及应急知识进行处理时，不仅需要依靠应急知识管理软件的介入，还需要应急知识管理人员参与到每个应急知识管理活动环节中，以便把应急数据及应急信息转换为应急知识，解决现实应急危机。这要将以应急知识管理专业人员为基础的人力资本与以应急知识管理技术为基础的技术资本相结合，并融入公共安全应急业务流程中，以便高效地完成公共安全应急任务。

从互动论视角看，公共安全应急知识管理平台具有动态的可变性。公共安全应急知识管理平台服务的每一过程都需要应急知识管理技术与方法的融合，尤其是在虚拟网络时代开展应急知识管理活动须以人工智能、大数据、区块链、虚拟现实等现代信息技术作为重要支撑。公共安全应急知识管理平台服务的过程是动态的、自适应的、自组织的、自学习、自进化、有秩序的复杂互动过程，其每个阶段有各自的公共安全应急知识管理任务、公共安全应急知识管理内容及其公共安全应急知识管理情境，需要在每一过程内和过程之间进行公共安全应急知识管理工作协调，组成公共安全应急知识管理的整体互动工作环境。

从建构论视角看，公共安全应急知识管理平台具有根植性和非根植性。公共安全应急知识管理的根植性体现在公共安全应急知识管理根植于社会情境中，其既要根植于个人公共安全应急知识管理实践，又要根植于社会公共安全应急知识管理实践。公共安全应急知识管理的非根植性表现为公共安全应急知识管理人员封装好的成熟公共安全应急知识管理产品，与公共安全应急知识管理的初始条件及公共安全应急知识管理情境无关，可直接用于支持公共安全应急知识管理决策的制定。

公共安全应急知识管理平台有多种定义模式，但在每一种模式中，公共安全应急知识管理平台都是围绕“应急知识源—应急知识道—应急知识宿”的模式展开的，这是由公共安全应急知识管理平台的基本目标和任务决定的。应急知识源，即公共安全应急知识管理源，根据公共安全应急知识管理的研究对象，这个应急知识源可以是舆情、突发事件、突发态势、海量数据、应急信息、应急知识等概念；应急知识道，即为公共安全应急知识管理分析与处理提供支持的相关技术；应急知识宿，即知识的利用，这是公共安全应急知识管理的目的。因此，在公共安全应急知识管理的实践过程中，“应急知识源—应急知识道—应急知识宿”的定义范式对应“公共安全应急知识管理组织—公共安全应急知识管理分析—公共安全应急知识管理运用”的实践范式。

7.2.2.3 公共安全应急知识管理平台协同

公共安全应急知识管理平台协同是指公共安全应急知识管理业务链之间决策、通信和交互的模式，可以帮助实现公共安全应急知识管理计划、公共安全应急知识管理控制。同时，调整公共安全应急知识管理业务链中涉及的技术、设备、设施、方法、技能、知识、人员等，并且支持公共安全应急知识管理业务链的关键运营过程。公共安全应急知识管理平台中的协作技术在公共安全应急知识管理发展过程中发挥着以下重要作用：①改进公共安全应急知识交流的工具，克服了地域和时间的制约。②公共安全应急知识管理连接器，把应急专业人员与公共安全应急知识、应急专业人员和应急知识连接在一起。③自主的公共安全应急知识交换工具，无论是同步的还是异步的公共安全应急知识支持工具都能使应急专业人员共享公共安全应急知识。④公共安全应急知识库的接口，保障很多公共安全应急知识具有很高的综合性和实效性。⑤虚拟现实互动，公共安全应急知识支持系统捕捉面对面环境下的额外公共安全应急知识。应急知识管理平台中的协同互动正是基于公共安全应急知识管理处理流程中应急设施、应急技术、应急知识、应急人员等方面的协同。

公共安全应急知识管理平台需要的是应急协同环境。随着跨边界应急流程、应急利益相关者的延伸等概念的产生，公共安全应急知识管理平台有必要考虑平台与公共安全应急知识管理活动关联的部分建立协同关系。

公共安全应急知识管理平台协同能够促进在进行公共安全应急知识管理活动时，公共安全应急专业人员、公共安全应急知识管理技术、公共安全应急知识管理设备设施、公共安全应急知识管理任务以及公共安全应急知识管理环境之间形成公共安全应急知识协同互动关系。进一步讲，公共安全应急知识管理平台协同可以在公共安全应急知识管理任务的驱动下，公共安全应急知识管理人员根据公共安全应急知识管理需求与认知特征，采用相应的公共安全应急知识管理技术和公共安全应急知识管理设施，以实现公共安全应急知识管理的价值延伸和价值共创。在公共安全应急知识管理需求者和公共安全应急知识管理人员之间，可以采用任何媒介进行积极地跨时空沟通或系列活动，进而正面影响公共安全应急知识管理需求者的实践、行动和决策。

公共安全应急知识管理平台协同把应急危机视为熵增加的现象，以及会对社会稳定及发展造成紊乱的破坏性状态，于是进一步提出将应急解决方案、采取应急危机应对策略、形成有助于应急决策的应急知识动员视为使熵最小化的资源。掌握公共安全应急知识越多，就可以越好地形成应急应对策略，减少应急危机造成的损失，降低社会公共秩序紊乱程度。公共安全应急知识管理平台协同使得知识管理系统处于开放式自组织之中，即与环境交换应急知识，降低熵的水平。

公共安全应急知识管理平台涉及公共安全应急知识管理流程、公共安全应急知识管理规划、公共安全应急知识管理相关人员、公共安全应急知识管理技术，以上均用于收集、处理、储存以及随时随地重复使用公共安全应急知识。公共安全应急知识管理平台协同需要现代信息通信基础设施，从而支持公共安全应急知识管理活动及服务。应急知识管理平台协同本质上是正确理解应急知识需求，在合适的时间，依据具体情境，采用合适的方式和途径，将合适的应急知识传递给需求者。公共安全应急知识管理致力于持续收集分析应急数据，并在正确的时间，将正确的公共安全应急知识传递给亟待信息的人。在合适的时间是指当进行应急决策时，有充足的应急知识加以采用，拥有的应急知识资源是最完备且有效的；采用合适的方式和途径是指公共安全应急知识呈现方式，如需要的是突发事件趋势分析的公共安全应急知识还是其他公共安全应急知识，如何将公共安全应急知识传递给应急知识需求者，采用定期应急报告还是其他形式等；确保需要公共安全应急知识的人能够及时获得知识，以制定应急决策。

7.2.2.4 公共安全应急知识管理平台构建

在公共安全应急知识管理平台中，公共安全应急知识管理基础设施是指用于提供公共安全应急知识管理的技术、设备、设施、程序、流程等。公共安全应急知识管理软件由计算机、应急知识管理软件、应急知识库等构成。公共安全应急知识管理程序是指具有应急知识处理能力的代码序列。

公共安全应急知识管理人员必须建立相应的应急知识管理制度。为此，他们需要使用特定的应急知识来研判应急问题。公共安全应急知识管理技术可以减低应急知识管理人员的错误率，提高公共安全应急知识管理工作转换的效率和效果。

公共安全应急知识管理人员需要参与到公共安全应急知识管理技术的使用过程中，但这并不意味着公共安全应急知识管理人员必须要掌握具体而高深的技术。公共安全应急知识管理技术因素与公共安全应急知识管理人员之间的比率称为智慧性。智慧性用于描述公共安全应急知识管理技术在公共安全应急知识管理中发挥价值和作用的程度。

调整性是指公共安全应急知识管理技术及时响应公共安全突发事件的能力，

从而将公共安全应急知识实时地与需求相匹配。调整性需要将公共安全应急知识管理技术和公共安全应急知识管理工作流程衔接起来，进而将公共安全应急知识管理处理能力整合起来。调整性和适应性可以动态变化适时调整应急知识管理平台与应急环境之间关系，及时制定恰当的应急策略，应急知识平台也能够持续不断地自我进化与自我更新。

为了实现公共安全应急知识管理任务，需要交叉利用和整合相关应急知识管理技术。适应性是指将公共安全应急知识管理技术连接在一起，对于突发事件能够及时响应，形成实时交互的适应空间。适应性用于描述公共安全应急知识管理技术之间与外部应急环境的互动程度。适应性的能力调整程度可以加快应急知识流或者公共安全应急知识管理技术与外部应急环境的互动程度。公共安全应急知识管理技术整合反映了技术及设备的融合性，可充分发挥各种技术和设备的互补性优势。

图 7-4 显示了公共安全应急知识管理平台技术设计的要素，即平台技术智慧性、平台技术适应性、平台技术调整性。当进行公共安全应急知识管理平台技术设计时，若其智慧化程度高、适应能力强、能力调整快，则公共安全应急知识管理技术柔性程度高，平台技术整合性也高，但相应的成本也高；若其智慧化程度低、适应能力差、能力调整慢，则平台技术柔性程度低、平台技术整合性有限，相应的成本也低。因此，公共安全应急知识管理平台的技术设计需要权衡智慧性、适应性和调整性，以保持合理的平台技术效益。

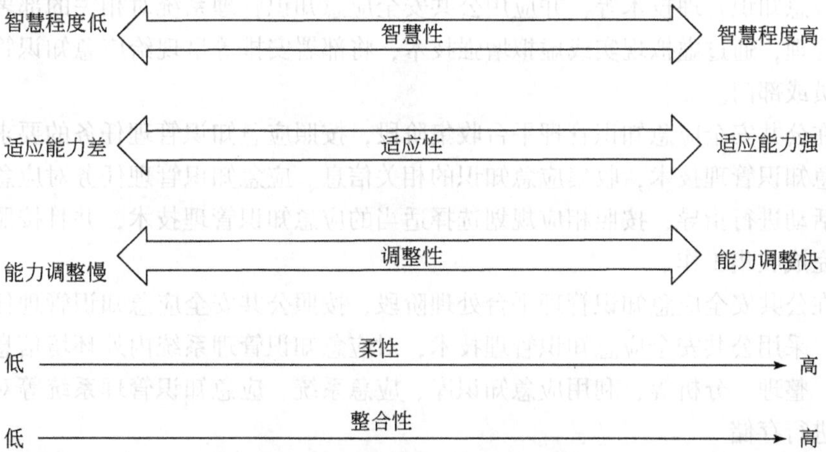

图 7-4　公共安全应急知识管理平台技术要素

在公共安全应急知识管理平台中，应急知识管理人员、应急知识管理战略、应急知识管理战术、应急知识管理设备、应急知识管理技术以及应急知识管理环境之间存在应急知识管理推动机制和应急知识管理拉动机制。应急知识管理拉动机制是指由应急知识需求驱动的方式，而应急知识管理推动机制是指在公共安全应急知识管理平台中，按照预测的公共安全应急知识管理计划推出应急知识产品及服务。在进行公共安全应急知识管理活动时，需要在应急知识需求拉动与应急知识需求推动之间达到平衡态。

在公共安全应急知识管理平台中，公共安全应急知识管理技术使用需要考虑以下因素：①智慧性，即应急知识管理技术支持应急知识管理活动的程度；②调整性，即根据应急知识管理任务的需求，应急知识管理技术进行快速响应的能力，从而将应急知识管理生产或者处理能力调整至所需状态；③适应性，即为了实现应急知识管理任务，将互不衔接的应急知识管理技术无缝衔接起来，以适应应急环境的随时变化。

在应急知识管理平台需求阶段，需要进行公共安全应急知识管理需求分析，由应急知识需求者提出公共安全应急知识需求，应急知识管理人员需要对应急知识需求进行清晰的理解和界定，可以通过应急知识管理技术对应急知识需求进行记录。

在公共安全应急知识管理平台规划阶段，需要对应急知识管理工作及其应急知识资源进行配置，如要对应急知识人员配置、应急知识任务、应急知识机构设置等做出安排。这一阶段需要按照公共安全应急知识管理需求，结合应急知识系统内部环境，确定公共安全应急知识管理的任务、进度、时间和需要安排的公共安全应急知识管理技术等，并应用公共安全应急知识管理系统对相关的部署安排进行管理，通过虚拟现实或虚拟增强技术，将部署安排等呈现给应急知识管理相关人员或部门。

在公共安全应急知识管理平台收集阶段，按照应急知识管理任务的要求，采用应急知识管理技术，收集应急知识的相关信息。应急知识管理任务对应急知识管理活动进行指导，按照相应规划选择适当的应急知识管理技术，并且按照预期要求完成收集工作。

在公共安全应急知识管理平台处理阶段，按照公共安全应急知识管理任务的要求，采用公共安全应急知识管理技术，对应急知识管理系统内外环境信息进行组织、整理、分析等，利用应急知识库、应急系统、应急知识管理系统等对应急知识进行存储。

在公共安全应急知识管理平台分析阶段，通过应急知识综合处理，把应急信息转变为应急知识，在分析阶段，需要对应急知识管理技术进行技术支持，同时需要考虑应急知识所处情境。

在公共安全应急知识管理平台交流阶段，按照公共安全应急知识管理需求，进行定向应急知识传递，并且及时接受反馈信息。在交流阶段，可以采用现代信息技术进行应急知识的交流，加强需求者与应急知识管理人员的多边交流。

公共安全应急知识管理技术的应用（如大数据、人工智能、虚拟网络、数据挖掘、数据画像等）使得应急知识的获取、处理、分析和传播速度显著提高。先进的应急对策仿真、突发事件建模、突发事件模拟等智能工具的应用，使应急知识分析性活动在速度、能力和综合性方面取得卓有成效的发展。公共安全应急知识管理技术辅助公共安全应急知识管理人员，使其快速收集、整理、组织、分析和处理海量应急知识。政府、大学及社会各界需要联合起来，共同构建“政府引导—平台赋能—科学引领—渠道支撑—多元服务”的联合推进机制。

公共安全应急知识管理平台，涉及应急知识空间、应急协同空间及应急智慧空间（图 7-5）。应急知识空间是指应急知识库，包括应急知识公告、应急知识文件、应急信息、应急知识产品等。应急知识通过突发事件、应急知识专业人才、应急知识技术及设施进行互动，依据不同的角色，形成应急知识空

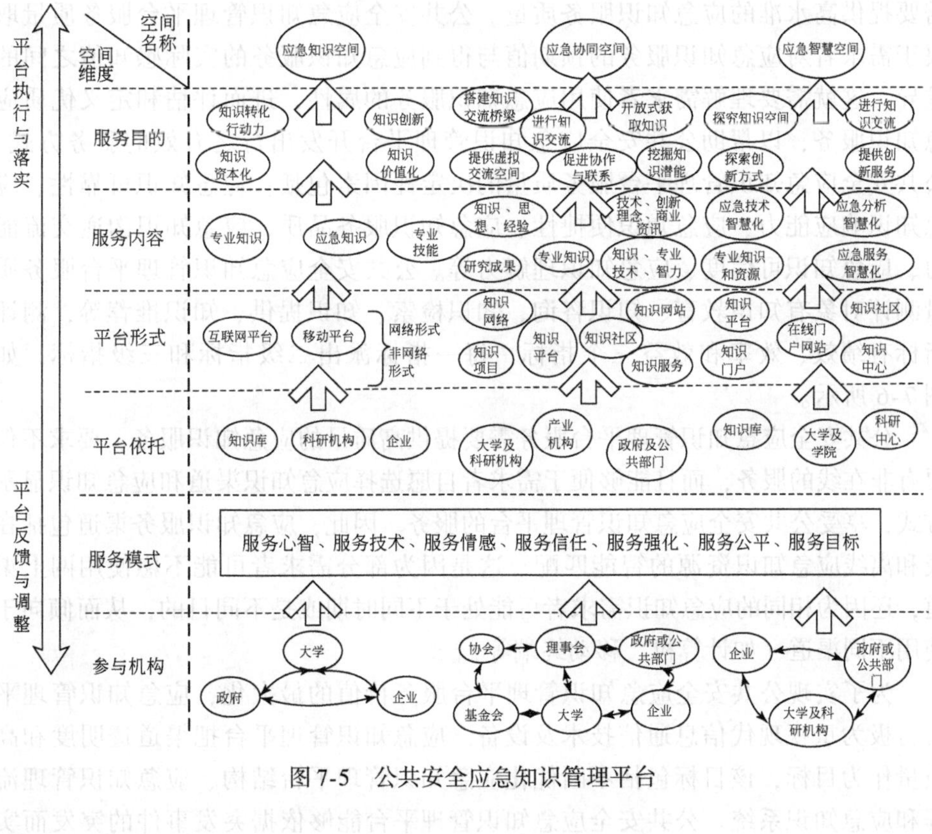

图 7-5　公共安全应急知识管理平台

间，为公共安全应急知识管理平台提供知识源泉。应急协同空间是指在公共安全应急知识管理平台中，应急知识专业人才、应急知识技术及设施、应急知识任务、应急知识情境等在应急知识活动中进行协同互动、持续沟通。应急智慧空间是指物联网、应急大数据、N-G（4G/5G/…/N-G）、人工智能、区块链等技术，以及生物识别、应急传感器、人机交互、应急云技术、GPS定位、虚拟现实技术、增强现实技术、介导现实技术、影像现实技术、计算机动画、全息投影等技术，打通IT系统，实现异构应急知识融合，统一应急知识库，实现对应急知识的智慧化识别、追踪、收集、分析、监控和管理。应急知识空间是公共安全应急知识管理平台的资源空间，应急协同空间是公共安全应急知识管理平台服务过程的互动空间，应急智慧空间是公共安全应急知识管理平台的成效空间。对公共安全应急知识管理过程的考量，可以从这三个空间去思考。

7.2.2.5 公共安全应急知识管理平台服务质量

为了使公共安全应急知识管理平台能够满足需求，公共安全应急知识管理需要提供高水准的应急知识服务质量。公共安全应急知识管理平台服务质量取决于需求者对应急知识服务的预期值与得到应急知识服务的实际感知值之间的差异，这就需要理解需求者使用应急知识服务的属性，进而评估和定义优质应急知识服务，以帮助公共安全应急知识管理平台开发出行之有效的服务方式。公共安全应急知识管理平台服务质量的决定性因素包括：应急知识可靠性、应急知识响应能力、应急知识便捷性、应急知识服务品质、应急知识沟通交流能力、应急知识可信度、应急知识理解力等。公共安全应急知识管理平台服务质量测评对象有知识教育、知识咨询、知识检索、知识提供、知识推荐等，测评指标有绩效、效率和效益三个指标，每一指标派出二级指标和三级指标，如图7-6所示。

公共安全应急知识管理平台服务需要提供高质量的应急知识服务，要求不仅要有非在线的服务，而且能够便于需求者自愿选择应急知识渠道和应急知识显示方式，享受公共安全应急知识管理平台的服务。因此，应急知识服务渠道包括在线和离线应急知识资源的智能匹配。这是因为部分需求者可能不愿使用网上渠道，还因为相同的应急知识需求者可能处于不同时期或是不同目的，从而倾向于使用不同渠道（如计算机、移动终端等）。

为了实现公共安全应急知识管理平台服务价值的最大化，应急知识管理平台将极为重视现代信息通信技术及设备。应急知识管理平台把渠道透明度和高质量作为目标，该目标包括不断优化应急知识管理平台结构、应急知识管理流程和应急知识系统。公共安全应急知识管理平台能够依据突发事件的突发而实

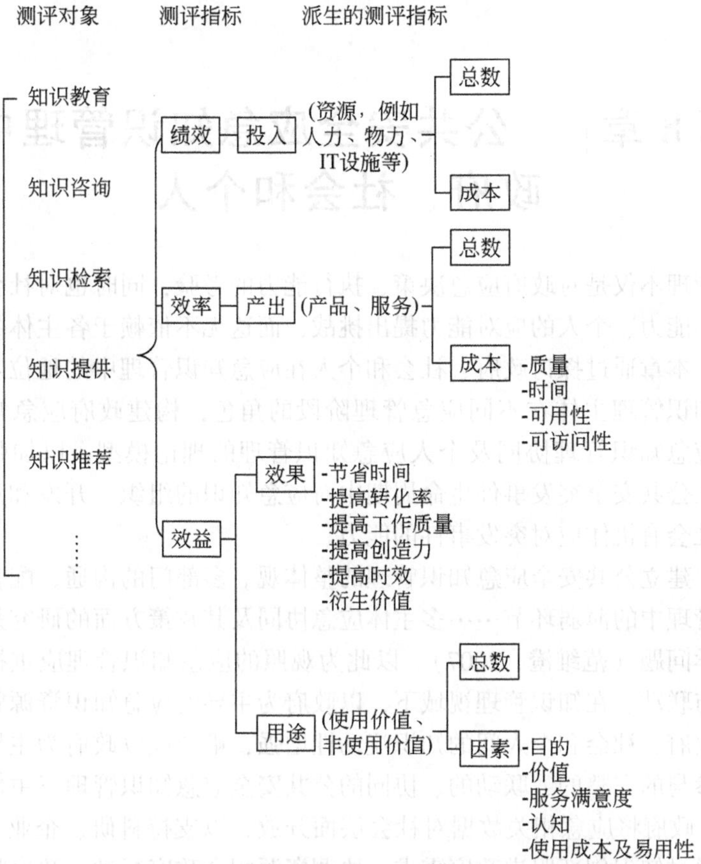

图 7-6　公共安全应急知识管理平台服务质量测评指标体系

时响应并提供有效的应急知识服务。通过应急知识的收集与整合，一站式实现应急知识浏览、应急知识分析、应急流程有效干预、应急效果评估及反馈的完整开环平台，真正实现应急知识驱动应急业务不断优化。应急知识管理平台支持视频、语音、微信、短信、电话、站内外推送等服务场景，兼备强大的应急知识服务渠道对接与应急策略规则引擎配置能力，让全渠道触达与多触点应急知识服务成为现实。

第8章 公共安全应急知识管理中的政府、社会和个人

应急管理不仅是对政府应急决策、执行能力的考验，同时也对社会协同主体的应急协作能力、个人的应对能力提出挑战，而这无不依赖于各主体的应急知识管理能力。本章通过探讨政府、社会和个人在应急知识管理中的地位与作用，明晰各应急知识管理主体在不同应急管理阶段的角色，构建政府应急知识管理体系、社会应急知识管理协同及个人应急知识管理的理论模型，以加强政府、社会、个人在公共安全突发事件生命周期中对应急知识的组织、开发和利用，能够有效提升社会有机体应对突发事件的能力。

其一，建立公共安全应急知识管理的整体观。多部门的沟通、配合与协作机制是应急管理中的薄弱环节……多主体应急协同及其政策方面的研究是应急管理的核心科学问题（范维澄，2007）。以此为观照的应急知识管理应重视促进多主体的协同与联动。在知识管理视域下，以政府为主导的应急知识资源管理系统逐渐开放，政府、社会和个人间的知识流动性增强，耦合成以政府为主导，社会协同、个人参与的完整的、联动的、协同的公共安全应急知识管理三主体协同模型（图8-1）：政府将应急相关数据对社会层面开放，以支持科研、企业、医疗、志愿团体等通过知识创新跟进政府需求，协调资源配合政府行动；政府将应急知识向个人开放，提升个人应急素养，个人再将应急经验等隐性知识反哺系统，促进

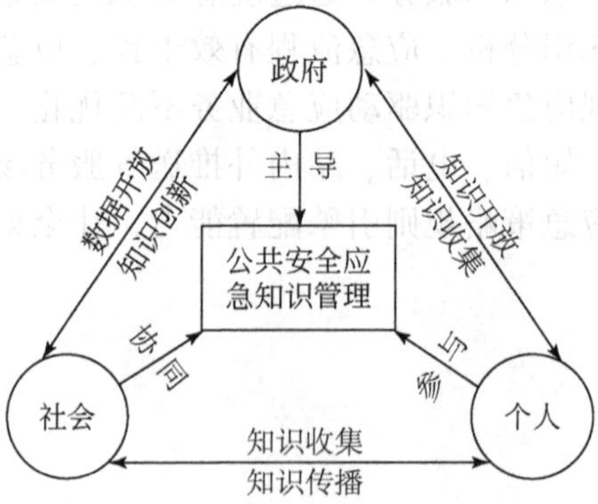

图8-1　公共安全应急知识管理三主体协同模型

知识增长；社会作为各类社会群体的综合体，将最新应急知识向个人传播，同时收集例如来自个体的应急需求的信息并进行分析，做出反应。

其二，建立公共安全应急知识管理的时间观。根据政府、社会和个人的应急知识管理在公共安全突发事件生命周期各阶段的影响值不同，考量三者在各应急管理阶段的知识需求与作用，根据知识管理重心的转移，生成三者在系统中不同的角色定位（图 8-2）：公共安全突发事件前，注重安全文化知识体系的构建，个人与社会的应急知识管理水平对预防公共安全事件的发生或降低事件造成的损失产生重要的影响；公共安全突发事件中，注重应急知识管理系统决策支持作用的发挥，政府运用应急知识管理系统进行有效决策是控制事态发展最为关键的因素，社会层面的知识系统发挥协同作用，个人层面的应急知识系统起到辅助作用；公共安全突发事件后，注重应急知识管理体系的完善，社会秩序的恢复和重建成为应急知识管理的重点，此时社会层面应急知识管理会发挥重要的作用，政府起到辅助作用。

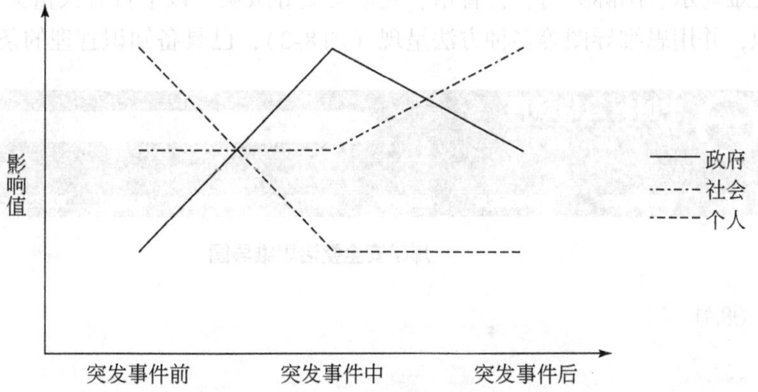

图 8-2　公共安全突发事件生命周期各阶段三主体知识管理影响值

8.1　政府应急知识管理

应急管理部是全国应急管理的行政管理部门，在应急管理中承担重要角色和任务，主要有：组织编制国家应急总体预案和规划，指导各地区各部门应对突发事件工作，推动应急预案体系建设和预案演练。建立灾情报告系统并统一发布灾情，统筹应急力量建设和物资储备并在救灾时统一调度，组织灾害救助体系建设，指导安全生产类、自然灾害类应急救援，承担国家应对特别重大灾害指挥部工作。指导火灾、水旱灾害、地质灾害等防治。负责安全生产综合监督管理和工矿商贸行业安全生产监督管理等。公安消防部队、武警森林部队转制后，与安全生产等应急救援队伍一并作为综合性常备应急骨干力量，由应急管理部管理，实行专门管理和政策保障，制定符合其自身特点的职务职级序列和管理办法，提高职业荣誉感，保持有生力量和战斗力。应急管理部要处理好防灾和救灾的关系，明确与相关部门和地方各自职责分工，建立协调配合机制。

以应急管理部成立为标志的我国应急管理体制改革是对原有体制条块分割、资源分散、重复建设等问题的有力回应。作为“使能”机构的应急管理部仍面临着要着力解决好各层级、跨机构和全社会协同一致、形成体系的问题（刘铁民，2018）。应急管理部与相关部门乃至全社会等的协调协作关系到我国应急管理的成效，而按照“信息先行”的原则应先处理好信息层面的协同。知识管理恰恰能够通过政府、社会和个人各子系统的知识协同优化整合应急管理知识资源，实现“1+1>2”的知识协同效应。同时，注重政府在突发事件生命周期各阶段的应急知识管理的角色转换与工作重点的转移。

应急管理部建立了中国应急信息网，包括应急响应平台、直击救援现场、风险预警、灾难警示、国际灾情、科普馆、互动交流等版块。该平台有大量关于应急管理的知识，并用思维导图等多种方法呈现（图 8-3），已具备知识管理的条件。

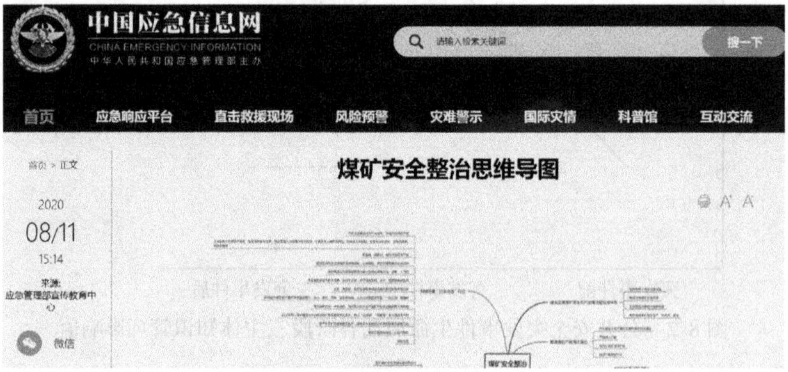

图 8-3　中国应急信息网

资料来源：中国应急信息网，http：//www. emerinfo. cn/2020-08/11/c_1210747447. htm

8.1.1　公共安全应急知识管理中的政府角色

8.1.1.1　突发事件前的政府角色 —— 创建者、引导者

突发事件前，政府应注重“人”的因素 —— 公民的安全素养与能力的提升。现代化进程中的种种“失控”与“无序”所带来的风险让人类社会“生活在文

明的火山上”（贝克，2004）。然而风险并不是完全不可规避的，Heinrich 等（1980）的事故致因理论认为，人的不安全行为以及物的不安全状态是事故发生的直接原因，而88%的事故是由人的不安全行为引发的。近些年，人为因素导致的公共安全事件频发，加之公众在应对公共安全突发事件时凸显的安全素养不足，安全文化的建设愈加得到重视。因此，这一阶段政府可建立应急知识管理机制引导社会、个人乃至政府自身通过参与应急知识管理提升公共安全素养。

(1) 应急知识管理系统的创建者

突发事件前的应急知识管理对于预防事件发生具有重要意义。政府应当扮演公共安全应急知识管理系统创建者的角色，承担系统内应急知识的管理任务。《中华人民共和国突发事件应对法》规定，县级以上地方各级人民政府“应当建立或者确定本地区统一的突发事件信息系统，汇集、储存、分析、传输有关突发事件的信息”，“应当根据自然灾害、事故灾难和公共卫生事件的种类和特点，建立健全基础信息数据库”。政府在应急管理中的主导地位使其掌握更多的数据、信息资源以及获取隐性知识资源的渠道，保障了其在应急知识管理中的作用能够更好地发挥。

(2) 应急知识管理的引导者

政府应充分发挥引导者的作用，提升社会和个人对公共安全突发事件的敏感度，激发其应对突发事件的责任感，让社会与个人积极参与到应急知识管理中，进而使公共安全意识得到提升。因此，政府应当从信息公开与公共安全意识的强化两方面着手。①通过政府应急信息公开，让社会和个人获得知情权，从而提升敏感性与责任感。《中华人民共和国政府信息公开条例》规定：“行政机关应当及时、准确地公开政府信息。行政机关发现影响或者可能影响社会稳定、扰乱社会和经济管理秩序的虚假或者不完整信息的，应当发布准确的政府信息予以澄清。”《中华人民共和国突发事件应对法》规定县级以上各级政府应“定时向社会发布与公众有关的突发事件预测信息和分析评估结果，并对相关信息的报道工作进行管理”，“及时按照有关规定向社会发布可能受到突发事件危害的警告”。②通过引导社会与个人使用应急知识管理系统，进而参与应急知识管理，提升其公共安全意识。《中华人民共和国突发事件应对法》规定“国家建立有效的社会动员机制，增强全民的公共安全和防范风险的意识，提高全社会的避险救助能力”，“宣传避免、减轻危害的常识，公布咨询电话”。应急知识管理作为有效的社会动员机制能够调动社会与个人参与应急管理，提高公共安全素养，对于安全文化建设具有重要的促进作用。

8.1.1.2 突发事件中的政府角色 —— 主导者

突发事件中，政府的应急决策、应对措施对事态的发展产生重要的影响。此时，应急知识管理应以服务政府的决策与执行为重点，政府在这一阶段扮演主导者的角色，应充分发挥在事件发生中的主导作用。

其一，发布最新的事态信息，主导应急知识生产的方向。《中华人民共和国突发事件应对法》对这一阶段信息发布做出相关规定："履行统一领导职责或者组织处置突发事件的人民政府，应当按照有关规定统一、准确、及时发布有关突发事件事态发展和应急处置工作的信息。"突发事件中，整个社会都会按照政府所发布的信息调整自身的应对策略。同样，应急知识管理也会根据事态发展以及政府的应对，出现知识生产内容的转移及知识管理内容的转移，进而提升应急知识管理的成效。因此，政府应重视实时决策信息对应急知识管理的影响作用。

其二，集结应急专家团队，主导应急决策制定。政府决策部门应急决策的制定往往会参考相关专家的意见，此时政府发挥的主导作用在于调动专家团队的知识资源参与决策制定，通过应急知识管理系统内的专家知识库，获取相关专家显性、隐性的知识以支持应急决策制定。

其三，以政府为主导，发挥社会与个人的协同作用。这一阶段政府、社会和个人处于高度联动的状态，各主体的知识生产活跃。如何将正确的知识在正确的时间传递给正确的人，考验着政府对应急知识管理的主导作用。政府处理新知识的速率应与知识生产的速率相匹配，通过对应急知识的科学管理，协调好政府、社会和个人应急资源。

8.1.1.3　突发事件后的政府角色——整合者、协调者

突发事件后，政府应充分发挥在应急知识管理中整合者、协调者的角色，支持社会秩序的恢复与重建。

(1) 应急知识的整合者

突发事件后，政府、社会和个人均会产生大量的应急知识，或存在于文字材料、图片、音视频中的显性知识，或存在于组织内部、个人脑中未显现出来的隐性知识。这些知识能够提升社会机体应对突发事件的能力，同时对今后应对相关事件具有重要的借鉴作用。政府应通过应急知识管理系统积极整合组织内部、社群、个体的应急管理知识，发挥应急知识整合者的作用。

(2) 应急知识管理中的协调者

突发事件后，社会秩序恢复成为应急工作的主要目标，政府应根据这一阶段的任务发挥其在应急知识管理中的协调者的作用。《中华人民共和国突发事件应对法》规定突发事件应急处置工作结束后，履行统一领导职责的人民政府"应当立即组织对突发事件造成的损失进行评估，组织受影响地区尽快恢复生产、生活、工作和社会秩序，制定恢复重建计划"，"应当及时组织和协调公安、交通、

铁路、民航、邮电、建设等有关部门恢复社会治安秩序，尽快修复被损坏的交通、通信、供水、排水、供电、供气、供热等公共设施”。政府包括应急管理部门的各级、各职能部门与其他社会群体之间会产生大量的组织、协调工作，可以有效利用应急知识管理系统与社会群体间需求信息匹配所生成的支持性方案，在突发事件后阶段充分发挥对社会群体的组织、协调作用。

8.1.2 政府应急知识管理体系

政府应急知识管理体系是以政府为主导，在知识管理理论框架下，运用知识管理的方法与技术，建立政府应急知识管理系统，通过应急知识管理主体作用的发挥，实现对政府、社会、个人应急管理各阶段知识动态、有效的管理，提升政府应急知识管理水平，强化政府应急管理能力，进一步推进我国应急治理能力的现代化。

政府应急知识管理体系的构建充分融合知识生命周期、知识协同等理论，并从应急知识管理主体、应急知识管理流程、应急知识管理框架三部分展开。

8.1.2.1 政府应急知识管理主体

国家、省（自治区、直辖市）、地级市等多级政府构成了我国应急管理体系的建设主体。然而，各级政府所构建的应急管理体系尚面临一些问题与挑战：其一，各层级政府之间、同层级各地方政府之间、应急管理部门与政府其他部门之间存在信息壁垒产生的信息阻滞、时效滞后等问题，这俨然成为应急管理的主要掣肘；其二，政府外的社会群体、个人参与应急管理的通道不畅，以政府为主体的应急管理体系阻碍了数据资源的向下流动以及社会、个人知识资源的向上流动或存在知识资源未被有效整合、利用的情况。因此，政府应急知识管理体系首先要解决的就是建设主体问题。

知识协同理论的引入有利于促进主体间的“对话”，消除“知识孤岛”，提升应急管理时效。知识协同是在企业知识管理背景下被提出的，*Knowledge Management* 杂志的前主编 Karlenzig 将知识协同定义为一种可以动态聚合内、外部系统、商业过程、技术和关系（社区、客户、伙伴、供应商）以实现商业绩效最大化的组织战略方法（Karlenzig，2002）。知识管理专家 Anklam（2002）认为知识协同是知识管理的发展趋势，并将以知识协同为标志的知识管理新阶段称为第三代知识管理。

政府应急知识管理的协同依赖于政府主体间的协同，乃至社会、个人层面的协同，并通过组织结构的协同、技术的协同、资源的协同，最终实现应急知识管理的协同，因此，主体的协同是优化政府应急知识管理的前提与基础，发挥着重要的作用。其一，主体协同打造政府、社会和个人应急知识管理的有机体。基于主体协同的应急知识管理体系的协同使各系统耦合成一个整体，实现了信息资源的集成，并通过主体间的知识流动，发挥整体系统的最优效能。其二，主体协同有助于隐性知识显性化。主体协同打通了政府间或政府与社会、个人之间知识横向与纵向流动的对接"通道"，使得原本存在于政府与社会群体内部以及个人的经验性知识被激活并显性化，通过知识的共享、转移、交互、创新，实现知识的增值。

8.1.2.2 政府应急知识管理流程

按照突发事件生命周期构建的政府应急知识管理流程，能够避免知识管理浮于框架，确保政府应急知识管理各阶段的有效衔接，有利于政府更高效地发掘组织内外的应急资源，提升政府的应急管理能力。应急知识管理平台可以基于知识管理技术实现对政府体系外的社会、个人层面的应急知识的收集，为政府应急知识管理打开外部信息源，是应急知识协同的前提与基础。政府应急知识管理主要通过知识获取与存储、应急知识交流、应急知识应用、应急知识生成的流程形成应急知识管理的循环，如图 8-4 所示。

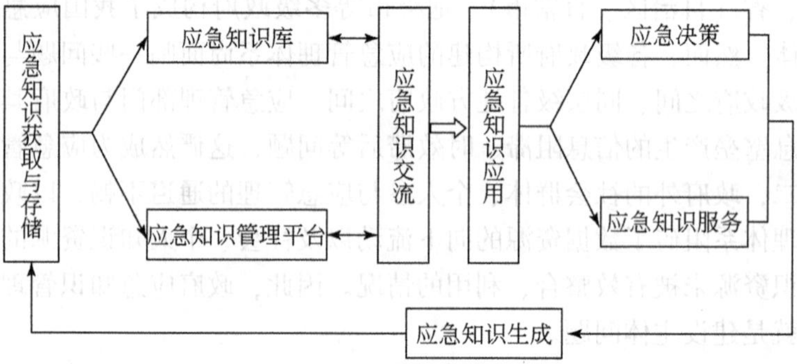

图 8-4 政府应急知识管理流程

(1) 应急知识获取与存储

政府外部与内部的有关应急管理的知识需要通过技术手段按照显性、隐性知识的不同分别获取：显性知识可用数据挖掘等数据获取技术提取；隐性知识需要通过直接、间接获取的方式，如应急专家提供的条理清晰的、可编码的知识可实现直接获取；而需要专门的知识管理者参与的，要对专家的知识进行分析、抽象，通过使用知识编译器等工具获取的为间接获取（陈次白，2007）。

将获取的知识分门别类存储到应急知识库内，知识库系统是通过知识表示、知识利用和知识获取技术，来实现知识的检索（胡树林等，2010），知识库作为应急知识的载体，能够支持政府、社会、个人的应急知识获取。应急知识管理平台是应急知识管理系统资源呈现端口，可提供支持用户的知识获取，用户间的交互等功能。

（2）应急知识交流

日本著名知识管理专家 Nonaka（1994）认为，知识的增长是在显性知识与隐性知识螺旋向上的交互过程中实现的，两种知识的互构形成了知识转移的四种模式：社会化（socialization）、外部化（externalization）、组合化（combination）、内在化（internalization）。由此可见，要想实现政府、社会和个人应急知识的增长，需要将保存在应急知识管理平台的显性与隐性知识不断地传递、分享。政府应急管理相关部门工作人员可以通过两种方式实现知识交流：其一，以显性知识为媒介的交流，通过应急知识管理平台获取显性知识并将其内在化；其二，以隐性知识为媒介的交流，通过部门内部工作人员的分享或在工作中受到潜移默化的认知、行为的影响获得隐性知识。通过两种方式获取的知识可通过外部化、组合化形成显性知识补充到共享平台中。

（3）应急知识应用

知识的获取与存储、知识交流是应对公共安全突发事件的事前预防与准备的知识管理阶段，而应急知识的应用阶段是应对突发事件的另一个关键阶段，主要分为两部分：其一，发挥政府应急决策、执行的支持作用。政府迅速、科学的决策对控制事态发展起到关键的作用。政府决策部门除了通过应急知识管理平台获取面向政府的子系统的显性知识资源外，还可以通过面向社会、个人层面子系统的智库团体或专家个体获取实时的隐性知识，以支持政府决策；政府应急执行部门可通过应急知识管理平台及时获取到应急决策知识并细化任务安排，并可通过社会、个人系统更好地集结社会群体的力量、资源参与应急行动。其二，发挥应急知识的服务作用。突发事件中信息、资源的有效对接能够提升社会机体应对突发事件的效率。应急知识管理平台支持不同群体的知识需求：科研机构、学术团体可访问平台知识库的开放数据以支持科学研究；医疗、救援团体可利用应急知识管理平台交互模块发布物资短缺消息以获得支持；公众可获取应急知识，如附近的避难点、医院信息，以及心理支持等。

（4）应急知识生成

每一次公共安全突发事件对社会有机体的应急管理能力来说都是一次考验，比突发事件应对更重要的是事件后所发现的应急管理体系的漏洞以及应对突发事件的经验。知识生成阶段有两个任务：一是应急知识的获取，获取政府、社会群体等在应对突发事件各阶段形成的评估报告、应急档案、数据资料等显性知识以及事后交流、经验汇报等隐性知识，经过处理后输入应急知识库；二是应急知识的创新性增长，知识管理通过显性与隐性知识的不断交互进行知识创新进而实现知识增值。公共安全事件突发往往会对某些领域提出新的挑战，会产生新的突破，形成创新性的理论或实践，通过应急知识管理平台的共享或宣传培训等方式又会产生知识交互，生成新的应急管理知识。生成的知识又会成为新的知识来源进入获取与存储流程并被纳入知识库中，如此循环往复，应急管理能力会不断提升。

8.1.2.3 政府应急知识管理体系框架

政府应急知识管理体系呈现纵横交错的框架结构，横向由面向政府、社会、个人的三个子系统构成，纵向由上至下分为用户层、应用层、应用支持层、存储层四层结构，如图8-5所示。

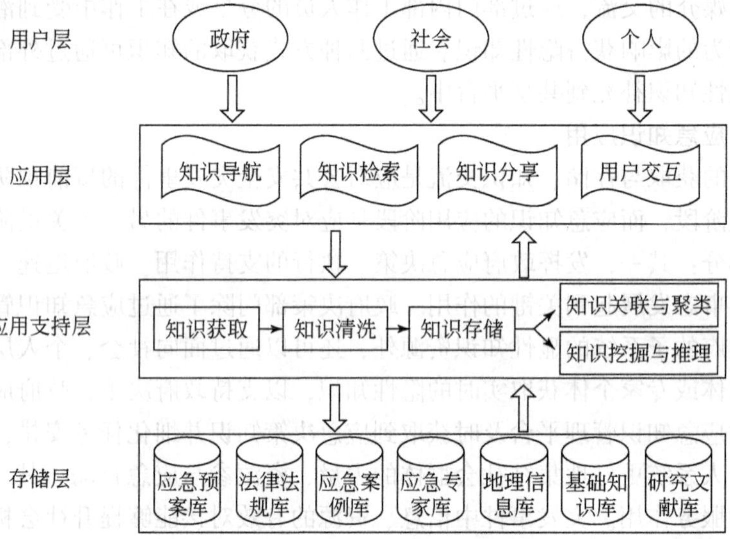

图8-5 政府应急知识管理体系框架

(1) 用户层

应急知识管理平台设置相对独立的子系统，支持政府、社会和个人用户的个性化访问。政府、社会和个人为三个独立的进入端口，用户按照身份不同进入相应子系统。应急知识管理平台依托所承载的应急知识库、基础资源库以及功能模块，构建面向政府、社会和个人的应急知识管理子系统，在满足各用户群体差异性的信息需求的同时，发挥社会的协同管理、个人的交流分享等作用。按照《中华人民共和国数据安全法》关于政务数据安全的规定，建立健全数据安全管理制度、数据分类分级保护制度。子系统设置相应的权限使特定功能面向特定的主体开放并保障其安全性，政府系统分为决策人员、执行人员，应急决策只面向政府决策部门开放，而执行层能够接收决策层的决策信息，并支持行动部署等。在社会系统内，将用户按照群体属性的不同划分在企业、医疗、科研、社会团体等模块下。应急知识管理平台的管理者则具有除特定保密模块外的系统监管权限，保证系统应急知识的健康及有序增长。

(2) 应用层

应用层是平台系统所支持的功能模块，分为知识导航、知识检索、知识分享、用户交互。

1）知识导航。按照各类用户的不同信息需求，知识导航在不同的用户系统中呈现不同的知识维度，方便用户进行选择。在政府系统内，知识可按照应急管理流程等进行组织，如按照预防与准备、监测与预警、处置与救援、恢复与重建四个应急管理流程模块进行组织，将知识管理与应急流程融合，提升各应急阶段知识使用效率，同时便于政府各部门按需取用。为此，可设置突发事件预警、应急决策支持等功能模块；在社会系统内，按照群体的不同可提供与之相适应的导航内容，如科研群体可将知识按照公共安全突发事件的类型、知识载体形式等进行划分，设置研究前沿、可视化分析等功能模块；在个人系统内，可按照预防性知识、应急性知识、教学培训类知识、模拟测试类知识等进行划分，还可设置个人专属知识空间、定制信息推送等功能模块。

2）知识检索。知识检索模块是知识资源集成平台，可快速地满足用户对某方面知识的需求。应急知识管理平台可按照用户身份对检索权限进行限定，在保障信息安全性的前提下，各群体可跨系统最大限度共享集成知识库内的知识资源。检索系统应支持模糊检索与语义、内容的关联检索，以提高检索系统的查全率与查准率。

3）知识分享。系统应运用维基（WIKI）（多人协作）等技术支持用户的应急知识分享。知识的分享是将隐性知识显性化的有效方式之一，也是系统获得知识更新的重要知识源。系统应设定并公布知识分享的原则与方法，提高分享知识的质量，便于知识的提取。

4）用户交互。用户交互模块支持交互功能，旨在为应对越发庞大、复杂的应急管理系统在应急处置时需进行多层级政府、多政府部门及其他组织间跨地域协同联动的需求。用户交互分为两类：其一，系统内部的群体用户交互，如社会系统内的群体针对某一项目或研究进行的知识交流与共享；其二，系统之间的群体用户交互，如政府决策部门在应对突发事件中，需要对实时情境进行知识支持，决策部门可与社会系统内的相关专家团队进行实时通信，获得决策支持。

(3) 应用支持层

应用支持层根据用户在应用层发出的知识请求对存储层的相关知识进行提取与整合，分为知识获取、知识清洗、知识存储、知识关联与聚类、知识挖掘与推理。通过多渠道动态化获取的显性和隐性知识往往存在重复、谬误、无序等情况，因此，对数据进行剔除、更新等清洗能够降低知识资源存在的“噪音”，提升知识资源质量；清洗后的知识资源会按照一定标准进行规范化处理，并对各类信息和知识进行语义层次的标引以便知识检索（刘焕成和刘小龙，2013），标引后的知识分门别类存储到相应知识库的栏目内，为知识的应用提供储备；在用户发出具体检索需求时，系统按照指令对知识库内的资源进行过滤、排序，并根据标引所建立的知识单元间的关联实现各知识库内相关知识的跨库聚类，为用户呈现出相对全面的知识资源体系；知识挖掘与推理是对知识库内容进行的更深层次、智能化的应用，知识挖掘是发现并识别出存在于知识库中有效的、具有价值的、可理解的知识信息的过程（邱晖和孙政顺，2001），基于对大量数据挖掘形成的优质信息的运算，可实现对突发事件的预测、演化规律的推理、知识内容可视化呈现，用户个性化知识的推送等功能。

(4) 存储层

存储层是应急知识管理系统的基础层，承载各类型应急知识库，为系统运行提供应急知识支持。

1）应急预案库。应急预案是应急主体为迅速、有序、有效应对各类突发事件，减少事件造成的损失而预先制订的行动方案，涵盖指挥、救援、保障、支持等系统。预案分为国家预案、地方预案，总体预案、专项预案、部门预案，政府预案、企业预案等。

2）法律法规库。法律法规是应急主体应对公共安全突发事件的准则与依据，对主体责任、应对原则、处置流程等进行了相关的规定，在应急管理过程中需进行实时参考，避免违法违规。公共安全突发事件相关的法律法规在不断完善，已形成了包括突发事件应对法、自然灾害类（防震减灾法、防洪法等）、事故灾难类（矿山安全法、消防法等）、公共卫生类（传染病防治法、职业病防治法等）、社会安全类（信息安全法、行政区域边界争议处理条例等）法律体系。

3）应急案例库。应急案例库是按照一定的案例编制标准，将以往发生过的各类公共安全突发事件的案例资料，包括事件的起因、处置流程、事件评估、总结反思等以文字、图片、音像等格式的资料通过案例形式进行结构化存储的知识库。应急案例库具有重要的参考价值，应急管理部门在预防、处置相关公共安全突发事件时，可通过应急案例库做到“以史为鉴”。

4）应急专家库。应急专家库是以各类应急专家的显性知识与待挖掘的隐性知识为主体的知识库。该库对应急专家或团队按照学科、研究方向、研究层次等维度进行编辑，并载有包括联系方式等在内的个人信息以及主要的研究成果资料。除了支持对研究成果这类显性知识进行提取外，应急专家库还支持与专家建立直接联系，以获取实时的隐性应急知识。

5）地理信息库。地理信息库是地理区域地质、地形、地貌、建筑等地理环境信息以及地理区域内有关自然、事故等灾害信息的数据资源库。地理信息对自然、事故等灾害的应急决策与处置影响较大。因此，应急管理中需要结合该区域的地理环境信息、过往灾害数据，以制定行之有效的应急决策，提高应急处置效率。

6）基础知识库。基础知识库是涵盖范围最广、信息量最大的知识库。涵盖应急管理流程的知识，包括预防与准备（安全防范、应急处置、情景构建、应急组织、应急资源等）、监测与预警（监测、预测、预警等）、应急处置与救援（突发事件、指挥协调、应急救援、沟通协作等）、恢复重建（事件评估、灾后恢复、事件归档等），以及应急管理机构知识（组织职责、属地信息、联系方式等）。

7）研究文献库。研究文献库是以支持各类公共安全突发事件的基础研究与应急研究为主的专业文献资源库。该库以各类研究论文、学术报告、经验总结等为收集、存储对象，应随着研究不断推进而更新。因此，该库是成长性最好的一个知识库。

8.2 社会应急知识管理

社会是参与应急管理的主体力量，自然也是参与应急知识管理的主体力量。社会协同主体应明晰在突发事件生命周期中的不同角色定位，发挥重要的协同知识管理作用。

8.2.1 公共安全应急知识管理中的社会角色

在公共安全应急知识管理中，社会主体发挥着重要的协同作用：社会是应急人力、物力等资源集合体，能够通过专业应急知识参与政府应急管理；同时还可依托专业优势影响社会群体及个体的应急知识管理。

8.2.1.1 突发事件前的社会角色 —— 传播者

突发事件前，基层自治组织、公共文化服务机构、企业、媒体等社会协同主体应配合政府提升大众的安全素养与能力，做好应急知识的传播者。《中华人民共和国突发事件应对法》规定：“居民委员会、村民委员会、企事业单位应当根据所在地人民政府的要求，结合各自的实际情况，开展有关突发事件应急知识的宣传普及活动和必要的应急演练。新闻媒体应当无偿开展突发事件预防与应急、自救与互救知识的公益宣传。”应急知识传播者角色的发挥依赖以下两方面。

其一，社会协同主体应做好应急知识的储备。社会协同主体应根据自身的特点与差异性需求组织应急知识。①注重显性与隐性知识获取，除获取可被查询的应急知识外，应组织群体内部的交流、培训，获取隐性应急知识；②注重复合型应急知识需求的满足，如企业员工同时需要生产安全知识和日常应急知识，因此应做好充分的应急知识储备。

其二，社会协同主体应选择合适的应急知识传播方式。知识能否有效传播影响着社会协同主体内部及公众的应急知识的吸收。①知识传播应考虑知识受众的接受能力，如村民委员会应将应急知识转化为口语传播；②选择具有自身特色的传播方式，如图书馆的应急知识专题资源库、应急专家讲座等。

应急知识传播是受众获取应急知识的重要来源，知识的吸收是知识交流与应用的前提与基础。社会协同主体应积极发挥职能，营造交流、分享的组织文化氛围，注重突发事件前的应急知识传播工作，促进社会知识管理协同作用的发挥。

8.2.1.2 突发事件中的社会角色——创新者

突发事件中，社会协同主体通过专业知识应对政府、个人不断产生的应急知识需求，成为知识的创新者。在应急知识管理中发挥作用的社会协同主体类型很多，一些群体是知识的直接创新者，一些则是间接创新者。

1）应急知识的直接创新者。一些社会协同主体直接参与知识创新，所产生的创新性知识直接应用于应急行动。①科研机构通过科学研究产生的科研知识可直接应用到政府的应急管理中，如在公共卫生事件中，医疗机构的科研团体便可成为直接的知识创新者，通过在致病原因、治疗药物等方面的知识创新控制疾病的蔓延。②企业能将应急需求通过内部知识管理、技术手段转化为知识产品投入应急管理活动中，如在新冠肺炎疫情中，健康码的研发对疫情的控制起到了重要作用。

2）应急知识的间接创新者。一些社会协同主体不直接参与知识创新，而是以某种间接的方式支持某些群体的知识创新活动。例如，图书馆、情报研究所等信息机构，可为政府部门提供应急决策支持的知识服务，参与到政府应急知识管理系统的应急知识资源建设与服务中；为科研机构提供个性化的知识服务，这些信息机构嵌入到研究团队中，对相关知识进行获取、加工，通过知识的分享提升科研团队的知识应用与创新速率。

8.2.1.3 突发事件后的社会角色——建设者、协作者

突发事件后，社会秩序的重建成为重点，社会协同主体对内应进行应急管理知识的建设，对外则应与政府及其他社会协同主体进行有效的协作。

（1）应急知识的建设者

突发事件过后，社会协同主体对突发事件产生的影响进行评估，以开展事后组织内部的专题讨论等形式，针对应急管理中的问题进行充分的知识交流，促进个人隐性知识转化为群体知识，并通过知识的交流、碰撞产生新知识，修改、完善已有应急预案，发挥应急知识建设者的作用。

（2）应急知识管理的协作者

事件过后社会秩序的恢复需要政府协调相关部门与社会协同主体的需求信息来匹配资源，更重要的是社会协同主体积极地以协作者的身份加入协同平台中，通过问题导向的知识共享、知识创新，实现资源的有效匹配与衔接。在水灾、地震等自然灾害后，受灾区域同时面临着物理、心理空间秩序的恢复重建，防止次生灾害的发生以及工作、生活秩序的恢复等多方面的任务，这时社会协同主体间通过知识管理进行有效协作显得尤为重要。

社会协同主体对事件后社会秩序的恢复产生重要影响，应重视社会协同主体在事后应急知识管理中作用的发挥。

8.2.2 社会应急知识管理协同

社会应急知识管理协同是在应急知识管理过程中，依托应急知识管理协同平台，以政府为主导汇聚相关社会协同主体的应急资源，整合政府与社会协同主体以及社会协同主体之间在知识获取、交流、应用的知识活动中生成的创新性知识，实现应急知识有效流动与最优配置，最终通过知识管理的协同提升应急管理水平。

8.2.2.1 主要社会应急知识管理协同主体

科研团体、医疗机构、企业、信息服务机构、社会团体、媒体等重要社会主体在政府应急知识管理中发挥重要的协同作用。社会协同主体与政府之间以及社会协同主体之间耦合成或强或弱的协同关系网络，如图 8-6 所示。

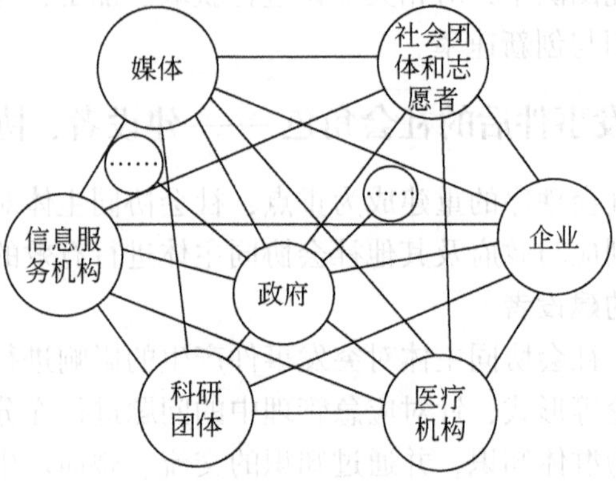

图 8-6　社会协同主体网络

（1）科研团体

科研团体是知识高度创新的社会协同主体，研究范围覆盖了应急管理的各个领域与各个阶段。通过政府应急知识管理系统，可以更好地发挥科研团体知识创新的价值。①科研团体可以将已发表的科研成果上传到应急知识管理平台之上，共享给政府应急管理部门以及其他社会协同主体和个人，有助于消除“知识孤岛”，很好地化解科研团体成果未被有效运用到应急管理过程中的问题。②通过协同平台，政府或其他社会协同主体可以以在线或实时通话的方式寻求科研专家或团队来支持政府决策或社会协同主体知识创新协作。科研团体的应急知识管理协同通过知识创新协作攻关助推应急管理。

（2）医疗机构

医疗机构是应对各类公共安全突发事件所致的人员伤亡、健康危害的医疗卫生救援工作的重要社会协同主体。医疗机构参与应急知识管理能够更好地发挥协同作用。在应急管理过程中，医疗机构与医疗卫生行政部门必须实现信息共享、协作配合：①医疗机构可将有关开展救治、自我防护的相关知识共享到应急知识管理平台，通过知识交流形成最优方案。②通过协同平台，形成医疗救治信息网络。各医疗机构分享最新救治情况、医疗资源等信息，便于医疗卫生行政部门通过实时的知识管理缓解医疗物资不均衡等状况，发挥有效的协同作用。

（3）企业

企业是数量庞大的一类社会协同主体，是参与应急管理的重要力量。企业除自身可依靠应急知识管理预防、应对突发公共安全事件外，还可发挥重要的应急知识管理协同作用。①企业是新知识、新技术的孵化器。国家鼓励、扶持有关企业研究开发用于突发事件预防、监测、预警、应急处置与救援的新技术、新设备和新工具。相关企业的技术产出与应用，对于新知识的发现具有辅助作用，推动应急管理的发展。②涉及公共安全的单位可通过交流应急管理经验、知识创新合作等提升企业应急管理能力，在降低企业安全风险的同时，更好地协同政府的应急管理行动。

(4) 信息服务机构

公共图书馆、文献情报中心等信息服务机构拥有大量的应急文献信息资源以及知识管理专家，可在政府、其他社会协同主体的应急知识管理中发挥重要的协同作用。①信息服务机构可协助政府构建应急知识管理平台，并提供丰富的应急管理知识充实知识库。在应急决策中，信息服务机构可根据政府部门的需求，对应急知识管理平台检索到的知识进行加工，生成可支持决策的知识文本。②对于其他社会协同主体而言，信息服务机构往往起到“中介”的作用，其可通过信息服务机构获得知识管理的方法及应急管理知识的内容，如寻求信息服务人员嵌入科研团队、企业中参与知识管理。信息服务机构的应急知识管理协同可伴随应急管理生命周期的始终。

(5) 社会团体和志愿者

红十字会、志愿者团体等组织是重要的救援力量。在一些国家，这两类组织“被纳入公共安全管理体系，承担了部分管理职能”（夏保成和张平吾，2011）。我国也对这类组织参与应急管理做出了相关规定：《中华人民共和国突发事件应对法》提出“县级以上人民政府及其有关部门可以建立由成年志愿者组成的应急救援队伍”；《国家突发公共事件医疗卫生救援应急预案》提出“红十字会负责组织群众开展现场自救和互救，做好相关工作”。这类组织力量的发挥依赖于各方力量的有序、有效协作，而应急行动的协同是以知识管理的协同为前提的。为此，应重视专业救援队伍与志愿团体等非专业应急救援队伍的知识共享与传播，实现应急知识水平的协调，提高应急协同能力。

(6) 媒体

媒体在应急管理中发挥着宣传教育、信息播报、舆论引导、舆论监督、社会动员等重要作用。媒体还是政府与公众之间的“中介者”，将突发事件进展与政府应急管理最具权威、实效性的信息辐射给公众，又将公众的意见与需求信息进行整合传递给政府。然而在应急管理中有很多专业性强的知识，媒体需要与政府、相关社会协同主体进行知识交流，以保证知识传递的准确性，政府以及相关社会协同主体也需依赖媒体形成常态化的应急知识传播体系。因此，媒体应与政府、其他社会协同主体以及个人合作，共建应急知识管理协同机制，发挥媒体在应急管理中的监督、引导、协调等重要的协同作用。

8.2.2.2 社会应急知识管理协同机制

社会应急知识管理协同机制，是指在复合协同环境下，多主体、多要素在应急知识管理协同过程中形成的某种结构关系与运行方式，如图 8-7 所示。

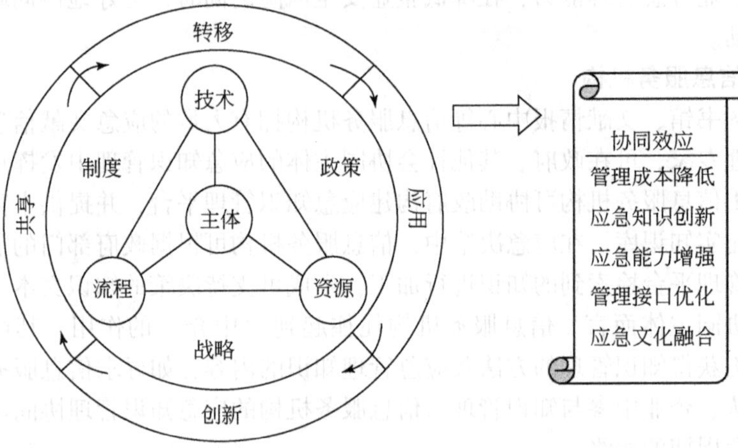

图 8-7　社会应急知识管理协同机制

(1) 社会应急知识管理协同要素

知识管理协同的要素是形成机制的重要内核，很多学者对此进行了研究与探讨。胡昌平和晏浩（2007）将协同知识管理的内容分为目标协同、技术协同、资源协同；沈丽宁（2007）认为知识协同包括人力、技术、资源和流程四个要素；盖玲和罗贤春（2008）等指出知识协同包括制度、技术、流程和资源四个要素；佟泽华（2011）指出知识协同包括知识主体、客体、时间、环境四大要素。基于以上研究，本章形成了社会应急知识管理协同要素模型，将知识管理协同要素分为内部核心要素与外部环境要素两部分。

1）内部核心要素。①主体协同，社会中的协同主体包括科研、医疗、企业、信息服务机构等发挥重要应急知识管理作用的组织、机构内部相关部门或个人。②技术协同，以政府为主导构建统一的应急知识管理系统是实现技术协同的重要保障，各协同主体可按照统一的标准进行知识的存储、运用等管理活动，技术的协同有利于知识管理的协同。③资源协同，将协同主体部门的应急知识资源进行整合并有效配置，提高应急知识的利用率，尤其在应急知识管理协同平台的技术支持下，协同主体还可进行实时的知识交流、分享，实现隐性知识资源共享。④流程协同，围绕突发事件生命周期的应急知识管理流程的协同，社会协同主体的一些应急知识通过应急知识管理平台整合到应急管理流程的栏目下，以便于在应急过程中获取相应知识资源。

2）外部环境要素。①制度环境，法律法规是推动社会力量参与应急管理的重要保障，目前只有《中华人民共和国突发事件应对法》中有提及，社会应急知识管理协同的相关制度还需进一步规范。②政策环境，国务院办公厅、民政部等部门出台的多项政策支持、引导社会应急力量发展，如2005 年《应急管理科普宣教工作总体实施方案》、2015 年《关于支持引导社会力量参与救灾工作的指导意见》、2016 年《中共中央　国务院关于推进防灾减灾救灾体制机制改革的意见》《国家综合防灾减灾规划（2016—2020 年）》、2017 年《国家突发事件应急体系建设“十三五”规划》，但对参与的主体缺乏分门别类的区分，对参与的形式和手段缺乏规范，对社会力量参与的阶段也没有明确规定（师钰和陈安，2019）。在此基础上，应制定更为具体的政策措施，为社会协同主体知识管理协同作用的发挥创造开放的环境。③战略环境，战略环境是指影响应急知识管理协同的经济、教育、文化、组织等内外部环境因素，应急知识管理是庞大社会体系的联动机制，需要战略层面整体环境的创设。

（2）社会应急知识管理协同过程

社会应急知识管理协同过程是以主体、技术、资源、流程四个核心要素的协同为内核，在制度、政策、战略等外部环境支持下，形成的政府与社会协同主体、社会协同主体之间的知识共享、知识转移、知识应用、知识创新过程。

1）知识共享。知识共享是指各知识主体通过各种交流和学习方式，将其知识为系统其他成员所共同分享，从而转变成系统的核心资源和竞争力（吴绍波和顾新，2008）。应急主体的知识共享始于应急主体在应急知识管理过程中产生的知识需求，又因各主体的应急知识体系的差异性，产生互为补充的知识交流动力，并在内外部协同要素的作用下产生持续的知识分享。协同主体的知识分享可依托应急知识管理平台进行，也可在现实的交流合作中对以人为载体的知识进行分享。知识共享是社会应急知识管理协同的开始。

2）知识转移。知识转移是知识由分享主体流动到接收主体的过程。在突发事件中知识转移活动最为频繁。按照知识主体角色的不同，知识转移形成两种路径。①政府主体与社会协同主体之间。公共安全突发事件的复杂性及衍生性决定政府决策主体需要整合全部背景知识，政府决策主体以及社会协同主体以突发事件的问题情境为驱动，形成多主体相互协作的决策知识的传递过程（王庆全，2009）。②社会协同主体之间。社会协同主体一般在知识创新协同或者共同完成应急处置任务时，通过优势知识资源的转移，更好地相互配合。

3）知识应用。知识应用是将通过共享、转移过程接收到的知识进行内部整合并作用于应急管理中的关键环节。通过协同网络，知识主体会接收到来自多个主体的知识，这些零散的知识经由知识主体进行整合并更新已有知识体系，知识主体在执行具体任务即应用知识时，运用知识体系形成应急决策或具体行动。知识应用是应急主体将显性知识隐形化的过程，显性知识必须能很快地再转换为隐性知识，否则它的真实价值就不复存在（左美云，2000）。因此，应重视应急知识的应用，这一过程能够使应急主体将知识转变为应急能力。

4）知识创新。知识创新是基于共享、转移、应用的知识活动而产生的知识生产与增值。社会应急知识管理协同过程中产生的知识创新不是由知识主体具有的知识的简单加和，而是由系统中的各主体经过多次逐级整合实现的复杂的涌现过程（李春娟，2015b）。创新知识会被整合到知识主体的系统中，变成知识优势并在知识共享中传播到协同主体网络中。知识主体的应急知识体系在不断地协同、创新中逐渐完善，并促进社会知识主体应急知识管理协同能力的不断提升。

(3) 社会应急知识管理协同效应

1）社会应急知识管理协同能够有效降低知识管理成本。其一，社会应急知识管理协同使应急管理知识更具易得性，通过知识管理系统可以很容易获取需要的知识资源，降低了知识获取的成本。其二，在统一的系统框架下，应急主体之间的应急知识管理执行统一的标准，打破了知识共享的“技术壁垒”，省去在知识共享中的知识结构转换等中间环节，降低了知识使用的成本。

2）社会应急知识管理协同能够加速应急知识创新。应急主体各自拥有一套应急管理知识体系，应急主体在应急知识管理协同过程中，会不断发现知识漏洞或知识增长点，进而不断对原有知识体系进行推陈出新，这种动态开放的知识管理协同系统相比独立、封闭的知识管理系统更能够加速知识的生成、创新。

3）社会应急知识管理协同能够增强整体应急管理能力。应急管理知识体系是应急主体应对公共安全突发事件能力的重要基础，通过知识管理协同促进应急主体应急知识体系的不断补充与完善，并在应急演练、情景模拟或应急处置中通过知识的应用提升判断、决策、执行等应急管理能力，再通过知识分享促进社会整体应急管理能力的提升。

4）社会应急知识管理协同能够优化应急资源“管理接口”。应急管理中组织、人员、物资、处置方式、流程的协同依赖于应急主体前期的知识储备以及实时的信息沟通与知识交流。因此，应急主体的应急知识管理的协同有助于构建协同的组织、人员合作模式，资源的配置方式，以及应急处置流程等知识体系，实现应急主体间管理的有效衔接。

5）社会应急知识管理协同能够促进应急管理文化融合。应急主体在应急意识、应急教育、应急管理规章制度、应急演练、应急知识管理等应急管理文化建设方面各具特色但也存在发展内容不全面、发展程度不均衡等情况。应急知识管理协同能够促进应急主体的应急管理知识获取、交流、应用、创新过程的融合，实现应急主体应急管理文化建设的联动，促进社会整体应急管理文化的融合。

8.2.2.3 社会应急知识管理教育与人才培养

知识管理教育是一个体系，由知识管理专业教育和知识管理社会教育两类组成。不同类型的教育，其培养目标和教育内容与方法应有所区别。知识管理专业教育主要在大学进行，其目标是培养在知识资源、知识传播等领域从事知识管理研究与实践的专门人才。而知识管理社会教育主要由公共机构负责，其目标是提高公众知识素养与知识管理能力，能够将知识管理应用于各行各业，促进各行业知识化进程。

应急知识管理教育是知识管理教育体系中的一个重要部分，可以将这一内容与应急管理教育和应急情报教育相结合。教育部《普通高等学校本科专业目录(2020 年版)》在管理学门类一级学科“管理科学与工程类”增加了“应急管理”专业（编号 120111T)。柯平（2020）认为，这一形势让情报学教育在本科并入管理科学与工程后迎来应急管理教育新的机遇，情报学教育界应当在此基础上，一方面面向社会开展应急情报教育，另一方面在高校依托情报学建立应急管理专业，培养应急情报管理专业人才。

8.3 个人应急知识管理

个人是社会群体的分子，个人应急知识管理是社会机体构筑应急知识大厦的基石。应重视个人在应急知识管理体系中的角色与作用，引导个人运用知识管理的方法积极参与应急知识管理。

8.3.1 公共安全应急知识管理中的个人角色

8.3.1.1 突发事件前的个人角色 —— 知识学习者

较高的个人应急知识素养对预防突发事件的发生以及降低突发事件造成的生命健康、财产损失具有重要的意义。因此，应重视突发事件前个人应急知识的储备，提升应急素养。然而，在突发事件前，个人应急知识需求较低导致其在应急知识的主动获取中存在惰性。应积极发挥政府和社会在这一阶段应急知识管理中的引导者、传播者作用，注重公共安全文化建设，营造应急知识学习环境，为个人应急知识的学习提供平台与机会。个人可以通过多种途径参与知识学习：①运用政府构建的应急知识管理平台获取应急知识，并通过平台分享模块进行个人知识分享，这有助于固化学习行为。②依托个人所在群体内部定期组织的安全素养培训获得应急知识。③参与图书馆等社会文化服务机构的安全文化素养主题活动，在聆听讲座、培训，参观、浏览展览等过程中学习应急知识。

个人的应急知识学习是吸收知识的过程，而知识要通过分享将其显性化，将个人隐性的“知识冰山”逐渐显露出来，使个人之间的应急知识得以流动、共享，促进知识的有效利用。因此，应创设个人间应急知识分享的环境与学习氛围，优化个人的应急知识结构。

8.3.1.2 突发事件中的个人角色 —— 知识分享者

《中华人民共和国突发事件应对法》规定政府应“组织公民参加应急救援和处置工作，要求具有特定专长的人员提供服务”，基层组织应“组织群众开展自救和互救”“突发事件发生地的公民应当服从人民政府、居民委员会、村民委员会或者所属单位的指挥和安排，配合人民政府采取的应急处置措施，积极参加应急救援工作，协助维护社会秩序”。由此可见，每个公民都有义务参与突发事件的应对工作，成为应急知识管理的积极参与者。在突发事件中，发生地个体会产生大量的知识需求，而这些需求往往需要个体之间的“互助”来实现，并利用自身知识给出科学、有效的建议。应急知识管理平台是个人参与应急知识管理的最优途径，其唯一性降低了知识的分散性，使得有关突发事件的知识需求与知识分享被有效集中。个体可以通过分享模块进行知识求助，其他个体可以利用自己的知识所长回应求助者的知识需求。这种知识分享行为使知识的流动性增强，提升了知识的传递速率，也可以让个体的知识需求被及时满足，有助于保持个体稳定的心理状态，对维护社会层面的稳定具有积极意义。

8.3.1.3 突发事件后的个人角色 —— 知识贡献者

突发事件结束后，个人在应对突发事件过程中形成的应急知识以及在参与基层组织协作应急中形成的知识都留存在个体的大脑中，如果不通过知识管理方法将这些知识转移或整合到个人的知识仓库中，这些知识便会湮没在“信息的汪洋大海”并被遗忘。庞大的个体数量会贡献大量的应急知识。因此，应重视事件后对个体应急知识的收集与整合，为个人贡献知识提供保障。①个人将事件后获取的应急知识显性化，存入应急知识管理平台的个人知识库中，通过知识分享成为应急知识管理平台的知识资源的贡献者。②利用应急知识管理平台的分享模块，展开类似 WIKI 的协同式知识创作，也就是说，个人可浏览知识虚拟社区内的应急管理知识，并可进行更改或创建新的应急知识条目。应急知识管理平台可在个人系统中设定积分制等游戏化激励机制，鼓励个人分享知识，参与应急知识管理，并固化分享行为，最终使个人应急知识结构得到不断更新与完善，全面提升个人公共安全素养与能力。

8.3.2 个人应急知识管理方法

关于个人知识管理，Frand 和 Hixon（1999）认为，它是一种概念框架，将个人认为重要的信息加以组织和整合，使之成为个人知识体系的一部分，它为那些分散的、随机的信息转化成可系统利用并可扩展的个人知识提供了一种策略。Dorsey（2004）认为个人知识管理应该被看作既有逻辑概念层面又有实际操作层面的一套解决问题的技巧与方法。

在应急知识管理中，个人是构成主体力量的元素，并发挥着重要的作用。除了对个人知识的有效整合外，还应重视个人的知识分享与创新行为。因此，个人应急知识管理应包含两层含义：其一，运用知识管理方法对个人获取的有价值的应急知识进行组织、整合、存储，并将其纳入个人的应急知识体系当中。其二，个人在分享、沟通、应用中促进应急知识的流动与共享，不断生成新的知识进而提升个人应急能力。

囿于突发事件具有明确的生命周期，个人的应急知识管理应面向应急管理流程才更具有问题导向性与操作层面的意义。因此，将突发事件生命周期、个人知识管理流程以及知识的表现形式相结合，构建个人应急知识管理复合模型（图 8-8），并将个人应急知识管理的方法在这一理论框架下进行探讨。知识积累、知识应用、知识生成虽然对应突发事件生命周期不同阶段，但三者间的界限并不是绝对的。生命周期的某一阶段可能同时涉及知识管理流程的多个环节。

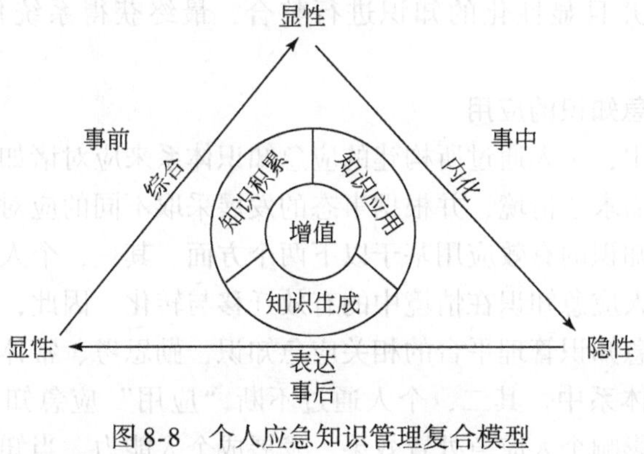

图 8-8　个人应急知识管理复合模型

(1) 个人应急知识的积累

在突发事件前，应重视个人应急知识的积累，这一阶段是应对突发事件进行知识应用的前提基础。个人应急知识积累包括应急知识获取与存储两个部分，持续的知识积累是个人应急知识体系不断完善的前提。

1）知识获取。个人应急知识获取一般受个体身份、职业、年龄、信息素养等多方面的影响，因此个人的应急知识获取途径、方式不尽相同。个人的应急知识一般有三类获取形式。其一，显性知识的获取。显性知识通过编码化的方式传播，易于获取，可通过浏览、检索等方式获取图书、期刊等纸质媒介以及网络、媒体等电子媒介的应急知识。其二，隐性知识的获取。隐性知识可以分为两种类型，技术性隐性知识通过身体语言来表述，认识类隐性知识则通过日常中的言行表露（柯平，2007）。因此，个人应积极参与相关主题培训、讲座、会议、座谈等方式，获取以“人”为媒介的两种隐性知识。其三，对个人经历的前一次或过往突发事件形成的显性与隐性知识进行挖掘，获取个人的创新知识。

2）知识存储。知识的存储是将个体获取到的应急知识按照一定的标准存放到某一介质中。信息技术的普及为知识的数字化存储提供了技术支持，应急知识的编码化是知识存储与利用的最有效方式。其一，个体可建立应急知识库，将获取到的显性知识与已吸收理解的隐性知识编码化，通过分类、整理等一系列加工，存放其中。这种方式对个人的信息素养要求比较高。其二，依托政府应急知识管理平台创设的个人应急知识存储空间，个人可根据平台知识存储的标准、规范，对个人应急知识进行有效编码，存储到个人空间中，按照是否可供分享将知识变为公开分享知识与非分享知识，管理人员审核后，输入系统相关知识库。这种方式更便于个人应急知识的存储与利用。

知识的积累阶段是对所获取的多方面知识的整合过程，更多的是对可编码的、规范化的，并且显性化的知识进行整合，最终获得系统化的显性知识的过程。

（2）个人应急知识的应用

在突发事件中，个人通过所构建的应急知识体系来应对诸如个人防护、参与应急救援等不同需求或情境，并根据事态的发展采取不同的应对策略。在突发事件中，个人应急知识的有效应用基于以下两个方面。其一，个人对应急知识的理解与吸收影响个人应急知识在情境中的有效迁移与转化。因此，应时常浏览个人应急知识库或应急知识管理平台的相关应急知识，勤思考、常体会，将应急知识内化到自己知识体系中。其二，个人通过不断“应用”应急知识而将其内化为隐性知识，从而影响个人应急处置效果，发展成个人能力。当知识得以应用时才有助于转化为个人的技术性与认知性的隐性知识，形成个人的能力。因此，应创设应急知识应用的情境。个人可通过对各类公共安全突发事件的虚拟情境建构，进行模拟演习或参与相关应急实操培训；此外，各类社会群体应针对个人周期性开展突发事件的模拟与应急行动的演练。

个体知识应用阶段是个体将所积累的显性知识内化为技术性与认知性的隐性知识的过程，知识的应用有助于个人应急能力的提升。

（3）个人应急知识的生成

一般而言，经历过突发事件的个体往往会获得或多或少的经验，即知识内化后的隐性知识。这些知识中有很多新的认知，如果个体能够有效地表达，会产生很多新理论、新规律，优化个体的应急知识结构，甚至推动应急管理领域的理论发展。引导个体进行知识表达的三种途径如下所示。其一，通过技术手段为个体营造虚拟表达空间，如突发事件后在应急知识管理平台开展应急知识征集，设置一些问题引导个体将一些独特的经验或有价值的观点呈现出来，还可在分享模块引导个体进行交流互动与知识碰撞，促进新知识的呈现。其二，社会群体营造的现实表达空间，社会团体、基层组织可在事件后开展小组、团体交流活动，激发个体创新知识表达。其三，利用个人知识管理软件，如思维导图、博客、数字文档等，通过个人的深度思考，对原有个人应急知识体系进行补充或修改，获得新知识。

个体知识的生成阶段是将个人在应急过程中已经内化了的隐性知识通过交流、反思等形式明示出来，转化为可标准化的显性知识的过程，是新知识产出的重要阶段。

（4）个人应急知识的分享与增值

知识的分享是知识得以流动并创造价值的前提，是个体参与应急知识管理的重要方式。分享伴随突发事件的整个生命周期，在个体知识积累、应用、生成各个阶段发挥重要的作用。在事件发生前，个体间的知识分享有助于优化个体的应急知识结构；在事件发生中，个体间的知识分享能够为他人应对事件中的问题提供知识支持；在事件发生后，个体间的知识分享有利于个体间知识体系的对话，进而创造新的知识。应重视各个阶段知识分享，为个体的知识分享创造条件与空间。

知识增值是个人的知识经过积累—应用—生成阶段发生质与量的变化，在显性知识与隐性知识相互转化的过程中实现螺旋上升。知识的增值不再局限于个体而是个体层面的知识增值。知识的不断增值有助于提升个体层面应急知识水平，提升应急能力。知识的分享对知识的增值有促进作用，知识的增值是知识分享的最终目标。

建立以政府、社会和个人为主体的公共安全应急知识管理体系是构建“公共安全命运共同体”的重要着力点，是由“政府唯一主体”的应急管理走向“政府、社会、个人多元主体”应急治理的重要路径。

本章探讨了政府、社会、个人在突发事件生命周期不同阶段应急知识管理中的不同角色、地位与作用，通过构建以政府为主导的应急知识管理体系，完善社会应急知识管理协同机制，明晰个人参与应急知识管理的方法途径，促进政府、社会和个人应急管理协同作用的有效发挥。

公共安全突发事件的复杂性、衍生性与不确定性决定了应急知识管理的系统性、持续性、协同性。在应急管理实践中，应着力构建应急知识管理协同基础设施，营造良好的知识共享环境，引导三种主体的有效参与，助力社会有机体综合应急管理能力的提升。

参考文献

阿尔·戈尔. 2013. 未来：改变全球的六大驱动力［M］. 冯洁音，李鸣燕，毛云，译. 上海：上海译文出版社.

安璐，代园园，周亦文. 2020. 公共安全事件衍生舆情形成与演化研究——基于话题与时间序列分析［J］. 公安学研究，3（1）：14-31，123.

澳大利亚生物安全法编委会. 2017. 澳大利亚生物安全法［M］. 北京：中国标准出版社.

贝克. 2004. 风险社会［M］. 何博闻，译. 南京：译林出版社.

布威佐热姆·艾力，程锦，梁一鸣. 2018. 事故灾难后民众创伤后应激障碍和抑郁状况［J］. 中国公共卫生，34（10）：1355-1359.

蔡立辉，董慧明. 2018. 论机构改革与我国应急管理事业的发展［J］. 行政论坛，25（3）：17-23.

曹海峰. 2014-02-24. 建立完整的应急管理评估体系［N］. 学习时报，第6版.

常玲慧，马斌. 2013. 突发公共卫生事件应急决策中的知识管理研究［J］. 科技管理研究，（4）：203-207.

常玲慧. 2013. 知识管理在突发公共卫生事件应急决策系统中的应用研究——以山西省为例［D］. 太原：太原理工大学.

陈次白. 2007. 政府电子文档管理［M］. 北京：北京大学出版社.

陈国庆. 2015. 从解释性报道看西方媒体客观新闻背后的虚伪性——以《纽约时报》乌鲁木齐“5·22”爆炸事件报道为例［J］. 新闻世界，（10）：135-137.

陈小毅，谢守祥，王帅. 2004. 浅析知识管理的三个基本要素［J］. 经济师，（2）：173-174.

邓岚. 2016. 面向政府决策的自然灾害档案知识管理探讨［J］. 中国减灾，（3）：50-53.

邓仲华，苏娟，李志芳，等. 2012. 面向信息资源云服务的知识分类研究［J］. 图书与情报，（3）：1-5.

董帅. 2016. 我国应急管理宣传教育体系建设研究［D］. 成都：电子科技大学.

范维澄，刘奕. 2009. 城市公共安全体系架构分析［J］. 城市管理与科技，11（5）：38-41.

范维澄，等. 2017. 公共安全与应急管理［M］. 北京：科学出版社.

范维澄. 2007. 国家突发公共事件应急管理中科学问题的思考和建议［J］. 中国科学基金，21（2）：71-76.

盖玲，罗贤春. 2008. 面向电子政务服务的知识协同障碍及对策分析［J］. 图书馆学研究，（11）：6-9.

高嘉潞. 2020. 突发公共事件中社会情绪的纾解及报道优化——以新冠肺炎相关报道为例［J］. 青年记者，（9）：36-37.

郭春侠，杜秀秀，储节旺 . 2019. 大数据应急决策研究评述与发展思考［J］. 情报理论与实践，42（1）：153-160.

国家安全生产应急救援指挥中心 . 2014. 从“世越号”翻船看应急救援教训［J］. 劳动保护，（12）：34-36.

国务院学位委员会第六届学科评议组 . 2013. 学科授予和人才培养一级学科简介［M］. 北京：高等教育出版社 .

韩传峰，王兴广，孔静静 . 2009. 非常规突发事件应急决策系统动态作用机理［J］. 软科学，23（8）：50-53.

韩传峰，赵苏爽，刘兴华 . 2014. 政府主导 社会参与 培育应急文化［J］. 中国应急管理，（6）：11-15.

胡昌平，晏浩 . 2007. 知识管理活动创新性研究之协同知识管理［J］. 中国图书馆学报，33（3）：95-97.

胡树林，蒋萍，王洋 . 2010. 基于知识链的政府知识管理实施途径研究［J］. 图书馆学研究，（11）：59-64.

胡素青 . 2014. 最后的绝唱——韩国“岁月号”沉船事故解析［J］. 珠江水运，（13）：24-26.

疾病预防控制局 . 2019-04-24. 2018 年全国法定传染病疫情概况［EB/OL］. http://www.nhc.gov.cn/jkj/s3578/201904/050427ff32704a5db64f4ae1f6d57c6c.shtml［2020-07-05］.

姜少慧 . 2015. 海洋石油企业溢油风险评估及灾害应急管理体系构建研究［D］. 青岛：中国海洋大学 .

蒋勋，苏新宁，周鑫 . 2017. 适应情景演化的应急响应知识库协同框架体系构建［J］. 图书情报工作，61（15）：60-71.

蒋勋，徐绪堪，唐明伟，等 . 2016. 适应突发事件演化的知识表示模型研究［J］. 情报理论与实践，39（3）：122-124，134.

蒋宗彩 . 2014. 城市群公共危机管理应急决策理论与应对机制研究［D］. 上海：上海大学 .

鞠鑫，莫映桃，徐晟 . 2013. 高校突发事件心理干预机制研究——基于心理弹性和社会支持的作用［J］. 教育文化论坛，5（4）：46-49，53.

阚庭 . 2018. 医护人员传染病突发事件应对能力培训项目的开发与评价［D］. 上海：中国人民解放军海军军医大学 .

柯平 . 2001. 论知识管理［J］. 郑州大学学报（哲学社会科学版），34（6）：132-136.

柯平 . 2007. 知识管理学［M］. 北京：科学出版社 .

柯平 . 2008. 信息咨询概论［M］. 北京：科学出版社 .

柯平 . 2017. 知识学研究［M］. 北京：国家图书馆出版社 .

柯平 . 2020. 情报学教育向何处去？［J］. 情报理论与实践，43（6）：1-9.

柯平 . 2021. 应急知识管理：理论基础、研究领域与应用前景［J］. 信息资源管理学报，11（1）：8-16.

克利尔菲尔德，蒂尔克斯 . 2019. 崩溃［M］. 李永学，译 . 成都：四川人民出版社 .

李安楠，邓修权，赵秋红 . 2016. 分形视角下的非常规突发事件应急组织动态重构——以 8.12 天津港爆炸事件为例［J］. 管理评论，28（8）：193-206.

李柏奎 . 2017. 探讨突发性灾难事故的院前急救对策 [J]. 世界最新医学信息文摘, 17 (88): 77.

李春娟, 宋之杰 . 2011. 基于知识协同的突发事件应急管理对策研究 [J]. 情报杂志, 30 (5): 10-13, 5.

李春娟 . 2011. 面向应急流程的应急知识管理体系构建 [J]. 图书情报工作, 55 (2): 46-49.

李春娟 . 2013. 应急管理知识系统的体系结构分析 [J]. 科技管理研究, 33 (16): 241-245.

李春娟 . 2015a. 基于系统动力学的应急管理知识系统建模与仿真 [J]. 科技管理研究, 35 (7): 158-163.

李春娟 . 2015b. 突发事件应急管理知识系统演化研究 [D]. 秦皇岛: 燕山大学 .

李丹 . 2019. 网络舆情危机的影响因素与政府变革策略 —— 以“天津港 8. 12 爆炸事故”为例 [J]. 传播与版权 (10): 182-184.

李飞 . 2014.《中华人民共和国突发事件应对法》释义及实用指南 (2 版) [M]. 北京: 中国民主法制出版社 .

李纲, 等 . 2018. 应急知识库系统构建的关键问题与模块划分研究 [J]. 情报理论与实践, (3): 123-128.

李进华 . 2020. 大数据时代公共危机决策: 演进趋势、决策困境与可能出路 [J]. 改革与战略, 36 (2): 39-49.

李桥铭 . 2017. 大数据: 让指挥决策更科学 [J]. 军事文摘, (9): 55-57.

李志宏, 王海燕 . 2009. 知识视角下的突发性公共危机管理模式研究 [J]. 科技管理研究, (10): 51-53.

林鸿潮 . 2009. 论公共应急管理机制的法治化 —— 兼辨“一案三制” [J]. 社会主义研究, (5): 108-112.

刘焕成, 刘小龙 . 2013. 基于电子政务的自然灾害应急知识管理系统建设 [J]. 图书情报知识, (3): 122-128.

刘铁民 . 2018. 新时代应急管理体系建设现状与展望 [J]. 中国应急管理, (6): 35-38.

刘霞, 严晓 . 2011. 突发事件应急决策生成机理: 环节、要素及序列加工 [J]. 上海行政学院学报, 12 (4): 37-43.

刘阳 . 2015. 大数据背景下的应急管理决策机制创新 [J]. 领导科学论坛, (17): 7-8, 13.

罗伯特 · 希斯 . 2004. 危机管理 (第二版) [M]. 王成, 宋炳辉, 金瑛, 译 . 北京: 中信出版社 .

罗布 · 坦普尔 . 2018. 大英烦事多 [M]. 曹遇安, 译 . 北京: 中信出版社 .

罗南 . 2012. 协同政务知识共享的组织保障研究 [D]. 天津: 天津师范大学 .

马冰 . 2019. 社会安全类突发事件中政府信息公开问题研究 [D]. 长春: 吉林财经大学 .

马庆, 杨欣晨 . 2019. 重大灾难事故中新闻应急处置的价值理念 与实践策略 [J]. 湖北社会科学, (5): 184-188.

毛德华 . 2011. 灾害学 [M]. 北京: 科学出版社 .

孟川舒 . 2016. 铁路运输生产应急知识管理系统构建的研究 [J]. 铁道运输与经济, 38 (5): 69-73.

莫纪宏 . 2003. “非典”时期的非常法治：中国灾害法与紧急状态一瞥［M］. 北京：法律出版社.
莫于川 . 2007. 中华人民共和国突发事件应对法释义［M］. 北京：中国法制出版社 .
彭岚 . 2011. 企业知识管理及关键成功要素分析［J］. 科技管理研究，（3）：165-167.
彭璐 . 2005. 知识管理效果评价浅析［J］. 价值工程，（9）：85-87.
彭彦强 . 2009. 中国公共安全管理：问题、国际经验与对策［J］. 中州学刊，（3）：9-13.
邱晖，孙政顺 . 2001. 知识管理系统的构建及其策略［J］. 计算机工程与应用，27（1）：52-54，72.
邱莹，施先亮，华国伟 . 2019. 纵向行政约束下的事故灾难区域协同应对策略——以京津冀协同应对事故灾难为例［J］. 管理评论，31（8）：240-249.
任皓，吴琲平，叶秀芬 . 2011. 基于知识管理系统的应急管理研究［J］. 西南石油大学学报（社会科学版），13（4）：96-99，14.
闪淳昌，薛澜 . 2012. 应急管理概论：理论与实践［M］. 北京：高等教育出版社 .
尚士雄，王煊 . 2006. 基于知识管理理论的政府环境危机管理系统研究［J］. 商业研究，（8）：107-110.
余廉，潘毅，郑琛 . 2016. 军地协同处置突发事件应急管理现状及对策［J］. 武汉理工大学学报（信息与管理工程版），38（2）：161-163，177.
沈丽宁 . 2007. 企业协同知识管理框架构建与策略研究［J］. 情报理论与实践，（6）：833-836.
师花艳 . 2009. 基于事件链的应急领域知识导航模型研究［D］. 大连：大连理工大学 .
师钰，陈安 . 2019. 社会力量参与应急管理的政策审视与实践探索［J］. 中国应急救援，（3）：16-21.
司强，李维梁 . 2012. 基于流程的应急知识管理方法及应用研究［J］. 华东经济管理，（12）：95-98.
孙斌 . 2007. 公共安全应急管理［M］. 北京：气象出版社 .
孙斌 . 2013. 公共安全应急管理实务［M］. 杭州：浙江工商大学出版社 .
锁利铭，阚艳秋，涂易梅 . 2018. 从“府际合作”走向“制度性集体行动”：协作性区域治理的研究述评［J］. 公共管理与政策评论，7（3）：83-96.
唐明伟，苏新宁，王昊 . 2019. 突发事件应急响应情报体系案例解析——以公共安全事件为例［J］. 情报科学，37（1）：105-111.
佟泽华 . 2011. 知识协同的内涵探析［J］. 情报理论与实践，（11）：11-15.
汪长玉，郭东强 . 2009. 企业知识管理实施影响因素的关系结构分析［J］. 科技管理研究，（5）：393-395，415.
汪嘉俊，翁文国 . 2019. 多灾种概念辨析及灾害事故关系研究综述［J］. 中国安全生产科学技术，（11）：57-64.
王丛虎 . 2016. 京津冀协同发展中应急合作问题与策略［J］. 北京行政学院学报，（2）：49-54.
王冬芳 . 2009. 非政府组织与政府的合作机制：公共危机的应对之道［M］. 北京：中国社会出版社.
王乐夫，陈干全 . 2003. 公共性：公共管理研究的基础与核心［J］. 社会科学，（4）：67-74.

王琳，王海霞.2019.突发事件下应急协同决策主体胜任特征研究［J］.领导科学，（10）：83-86.
王庆全.2009.基于范畴论的应急决策知识供需匹配方法研究［D］.大连：大连理工大学.
王图亚，朱立新，张靖岩.2019.信息管理系统在居住区抗震防灾管理中的应用［J］.工程抗震与加固改造，（2）：129-135.
王兴鹏，吕淑然.2016.基于知识协同的跨区域突发事件应急协作体系研究［J］.科技管理研究，（8）：216-221.
王兴鹏.2015.基于知识管理的企业应急预案管理体系研究［J］.情报杂志，（10）：91-96.
王彦吉.2004.关于构建公共安全学的若干思考［J］.科学中国人，（8）：24-25.
魏大威，廖永霞，柯平，等.2020.重大公共安全突发事件中图书馆应急服务专家笔谈［J］.图书馆杂志，39（3）：4-18.
文斌，张瑞新，裘江南，等.2013.突发事件应急管理知识元模型构建研究［J］.数学的实践与认识，（17）：89-97.
吴绍波，顾新.2008.知识链组织之间合作的知识协同研究［J］.科学学与科学技术管理，（8）：83-87.
吴鑫，赵瑞华.2004.我国公共安全现状、挑战及对策［J］.中国职业安全卫生管理体系认证，（6）：8-9.
吴亚军.2014.“岁月号”沉没原因探讨［J］.南通航运职业技术学院学报，（3）：24-26.
吴宗之，刘茂.2003.重大事故应急预案分级、分类体系及其基本内容［J］.中国安全科学学报，（1）：15-18.
夏保成.2006.西方国家公共安全管理的理论与原则刍议［J］.河南理工大学学报（社会科学版），（1）：1-6.
夏保成，张平吾.2011.公共安全管理概论［M］.北京：当代中国出版社.
肖文涛，林辉.2010.群体性事件与领导干部应对能力建设论析［J］.中国行政管理，（2）：54-58.
新华网.2015-05-30.习近平主持中共中央政治局第二十三次集体学习［EB/OL］.http://www.xinhuanet.com/politics/2015-05/30/c_1115459659.htm［2020-07-08］.
新华网.2016-02-06 天津港爆炸事故调查报告［EB/OL］.http://news.xinhuanet.com/yuqing/2016-02/06/c_128708029.htm［2020-06-03］.
徐德蜀.2006.安全文化、安全科技与科学安全生产观［J］.中国安全科学学报，（3）：71-82.
徐健.2018.国内突发事件应急知识库构建综述［J］.图书馆学研究，（2）：2-8.
徐敬海，等.2012.基于灾度的亚洲巨灾划分标准研究［J］.自然灾害学报，21（3）：64-69.
薛澜，张强，钟开斌.2003.危机管理：转型期中国面临的挑战［J］.中国软科学，（4）：6-12.
薛晓源，刘国良.2005.全球风险世界：现在与未来——德国著名社会学家、风险社会理论创始人乌尔里希·贝克教授访谈录［J］.马克思主义与现实，（1）：44-55.
颜烨.2017.论“安全文明”的内涵特征及其建设方略［J］.贵州大学学报（社会科学版），35（1）：103-109.

杨国梁，多英全，王如君，等. 2018. 事故灾难类城市安全风险评估基本原则与流程［J］. 中国安全科学学报，28（10）：156-161.
杨俊祥，和金生. 2013. 基于知识管理动态能力的企业技术创新研究［J］. 知识管理论坛，（4）：1-9.
杨巧云，姚乐野. 2016. 协同联动应急决策情报体系：内涵与路径［J］. 情报科学，34（2）：27-31.
杨洋. 2013. 军地协同处置突发事件应急管理研究——以自然灾害应急救援管理为例［D］. 昆明：云南大学.
姚伟，刘建准. 2014. 现代信息服务业区域发展中有效信息服务研究［J］. 情报理论与实践，（4）：37-41.
叶桃英. 2016. 从突发重大事故看民众的危机意识［J］. 学习月刊，（11）：23-24.
叶英平，陈海涛，陈皓. 2019. 大数据时代知识管理过程、技术工具、模型与对策［J］. 图书情报工作，（5）：5-13.
尤瓦尔·赫拉利. 2014. 人类简史：从动物到上帝［M］. 林俊宏，译. 北京：中信出版社.
于群. 2007. 论安全法学理论基础研究的必要性及主要框架内容［J］. 甘肃政法学院学报，（3）：91-94.
于文轩. 2009. 生物安全立法研究［M］. 北京：清华大学出版社.
余潇枫. 2014. 公共安全体系建构需树立"总体公共安全观"［J］. 探索与争鸣，（8）：15-17.
余志虎. 2012. 应急管理的过程和内容设计 —— 基于对突发公共事件的案例分析［J］. 合肥工业大学学报（社会科学版），26（5）：99-103.
袁辉. 1996. 重大突发事件及其应急决策研究［J］. 安全，（2）：1-4，8.
乌里尔·罗森塔尔，等. 2014. 应对危机 —— 灾难、暴乱和恐怖行为管理［M］. 赵凤萍，译. 郑州：河南人民出版社.
曾伟，宋思聪，钟琳玲. 2018. 积极扶持引导社会力量参与救灾［J］. 中国减灾，（7）：44-47.
曾伟，周剑岚，王红卫. 2009. 应急决策的理论与方法探讨［J］. 中国安全科学学报，（3）：172-176.
曾子明，黄城莺. 2017. 生命周期视角下的公共卫生类突发事件知识管理体系研究［J］. 现代情报，37（10）：23-27.
战俊红，张晓辉. 2007. 中国公共安全管理概论［M］. 北京：当代中国出版社.
张宝慧，彭锁. 2020. 从"8·12"天津爆炸案看我国城市危机管理的问题及对策［J］. 内蒙古科技与经济，（1）：15-17.
张斌，魏扣. 2012. 企业知识管理模式的构成要素［J］. 情报资料工作，（6）：51-55.
张兵. 2014. 关系、网络与知识流动［M］. 北京：中国社会科学出版社.
张彩云，郭晓峰，王存银. 2009. 公共危机与管理［M］. 兰州：兰州大学出版社.
张大庆. 2007. 医学史十五讲［M］. 北京：北京大学出版社.
张浩. 2010. 基于文本的应急领域处置知识提取方法研究［D］. 大连：大连理工大学.
张建华，刘仲英. 2005. 知识管理系统要素分析［J］. 科学管理研究，（2）：72-75.
张其春，郗永勤，李名圣. 2006. 企业知识管理模式建构及其关键成功因素研究［J］. 科技管理研究，(2)：98-100，106.
张强，陆奇斌，张秀兰 . 2011. 汶川地震应对经验与应急管理中国模式的建构路径 —— 基于强政府与强社会的互动视角［J］. 中国行政管理，(5)：50-56.
赵珺 . 2006. 知识管理要素分析［J］. 科技管理研究，(4)：179-182.
赵林度，孔强 . 2009. 基于知识管理的城际应急管理协同机制研究［J］. 软科学，(6)：33-37.
郑昌兴，刘喜文 . 2016. 基于规则推理和案例推理的应用模型构建研究 —— 以地震类突发事件为例［J］情报理论与实践，(2)：108–112.
郑拓 . 2013. 突发性公共事件与政府部门间的协作及其制度困境［D］. 上海：复旦大学 .
郑晓娜 . 2012. 突发事件应急储备体系中的仓库选址研究［D］. 北京：北京交通大学 .
中共中央党校（国家行政学院）应急管理培训中心 . 2018. 应急管理典型案例研究报告（2018）［M］. 北京：社会科学文献出版社 .
中华人民共和国国务院 . 2006-02-09. 国家中长期科学和技术发展规划纲要（2006—2020 年）［EB/OL］. http://www. gov. cn/gongbao/content/2006/content_240244. htm［2020-06-22］.
中华人民共和国应急管理部 . 2020-01-16. 应急管理部发布 2019 年全国自然灾害基本情况［EB/OL］. https://www. mem. gov. cn/xw/bndt/202001/t20200116_343570. shtml.［2020-06-20］.
中华人民共和国应急管理部统计司 . 2018-04-16. 2018 年一季度全国安全生产形势开局良好［EB/OL］. https://www. mem. gov. cn/xw/bndt/201804/t20180416_229390. shtml.［2020-07-05］.
钟开斌，张佳 . 2006. 论应急预案的编制与管理［J］. 甘肃社会科学，(3)：240-243.
钟开斌 . 2008. 危机决策：一个基于信息流的分析框架［J］. 江苏社会科学，(4)：126-131.
钟开斌 . 2013. 信息与应急决策：一个解释框架［J］. 中国行政管理，(8)：106-111.
钟开斌 . 2014. 应急决策：理论与案例［M］. 北京：社会科学文献出版社 .
钟开斌 . 2020. 国家应急指挥体制的“变”与“不变”—— 基于“非典”、甲流感、新冠肺炎疫情的案例比较研究［J］. 行政法学研究，(3)：11-23.
朱士中，陈小毅 . 2003. 论知识管理的三个基本要素［J］. 河北煤炭，(5)：1-3.
左美云 . 2000. 国内外企业知识管理研究综述［J］. 科学决策，(3)：31-37.
左平熙 . 2019. 学科服务团队隐性知识共享影响机理研究［J］. 图书馆工作与研究，(4)：5-10.
左学金，晋胜国 . 2009. 城市公共安全与应急管理研究［M］. 上海：上海社会科学院出版社 .
Ahmad M，Zani N M，Hashim K F. 2015. Knowledge sharing behavior among flood victims in Malaysia［J］. ARPN Journal of Engineering and Applied Sciences，10（3）：968-976.
Anderson L W，Krathwohl D R，Airasian P W. 2000. A Taxonomy for Learning，Teaching，and Assessing：A Revision of Bloom's Taxonomy of Educational Objectives［M］. Boston：Addison-Wesley.
Anklam P. 2002. Knowledge management：The collaboration thread［J］. Bulletin of the American Society for Information Science and Technology，28（6）：8-11.
Bernama. 2013-12-30. Kemaman suffers worst flood in 50 years. Daily Express［EB/OL］. http://www. dailyexpress. com. my/news. cfm? NewsID=87684［2020-05-26］.
Boehm B，Turner R. 2003. Balancing Agility and Discipline：A Guide for the Perplexed［M］.

Boston: Addison-Wesley.

Boondao R. 2013. Factor affecting knowledge management of organizations in Thailand [J]. International Journal of Conception on Management and Social Science, (1): 22-24.

Cutter S L. 2003. The vulnerability of science and the science of vulnerability [J]. Annals of the Association of American Geographers, 93 (1): 1-12.

Dakss Brian. 2020-05-27. Video shows Minneapolis cop with knee on neck of motionless, moaning man who later died [EB/OL]. https://www.cbsnews.com/news/minneapolis-police-george-floyd-died-officer-kneeling-neck-arrest/[2020-06-14].

Diaz J H. 2004. The public health impact of hurricanes and major flooding [J]. The Journal of the Louisiana State Medical Society: official organ of the Louisiana State Medical Society, (3): 145-150.

Dorasamy M, Raman M, Kaliannan M. 2014. Evaluating CEMAS in simulated environment to support disaster management challenges [C]//11th International Conference on Information Systems for Crisis Response and Management. The Pennsylvania State University, US.

Dorsey P A. 2004. What is PKM? [EB/OL]. http://www.millikin.edu/webmaster/ seminar/pkm.html [2020-06-09].

Drabek T E, Hoetmer G J, Association I C M. 1991. Emergency management: principles and practice for local government [M]. Washington: International City Management Association.

Dyer D, Cross S, Knoblock C A, et al. 2005. Planning with Templates [J]. IEEE, Intelligent Systems, 20 (2): 13-15.

Erick Payne. 2018-09-13. Memorial service marks one year since Yingying Zhang went missing [EB/OL]. https://www.wcia.com/news/local-news/memorial-service-marks-one-year-since-yingying-zhang-went-missing/amp/[2020-06-13].

Erickson G, Rothberg N H. 2005. Expanding intelligence capabilities: Downstream knowledge targets [J]. Journal of Competitive Intelligence and Management, 3 (2): 8-15.

Fitzgerald G, Du W W, Jamal A, et al. 2010. Flood fatalities in contemporary Australia (1997-2008): Disaster medicine [J]. Emergency Medicine Australasia, 22 (2): 180-186.

Foresti G L, Farinosi M, Vernier M. 2015. Situational awareness in smart environments: Socio-mobile and sensor data fusion for emergency response to disasters [J]. Journal of Ambient Intelligence and Humanized Computing, 6 (2): 239-257.

Frand J, Hixon C. 1999. Personal Knowledge Management: Who, What, Why, When, Where, How? [M]. Los Angeles: UCLA.

Friedman T L. 2005. The World is Flat: A Brief History of the Twenty-first Century [M]. New York: Farrar, Straus and Giroux.

Glarum J, Adrianopoli C. 2020. Decision Making in Emergency Management [M]. Oxford: Butterworth-Heinemann.

Généreux M, Lafontaine M, Eykelbosh A. 2019. From science to policy and practice: A critical assessment of knowledge management before, during, and after environmental public health disasters [J]. International Journal of Environmental Research and Public Health, 16 (4): 587.

Heinrich W H, Peterson D, Roos N. 1980. Industrial Accident Prevention. 5th ed. [M]. New York: McGraw-Hill Book Company.

Heisig P. 2009. Harmonisation of knowledge management-comparing 160 KM frameworks around the globe [J]. Journal of Knowledge Management, 13 (4): 4-31.

Inan D I, Beydoun G, Opper S. 2018. Agent- based knowledge analysis framework in disaster management [J]. Information Systems Frontiers, 20 (4): 783-802.

Kaklauskas A, Amaratunga D, Haigh R. 2009. Knowledge model for post- disaster management [J]. International Journal of Strategic Property Management, 13 (2): 117-128.

Karlenzig W. 2002. Tap into the Power of Knowledge Collaboration [J]. Customer Interaction Solutions, 20 (11): 22-23.

Khan H, Vasilescu L G, Khan A. 2008. The disaster management cycle- A Theoretical Approach [J]. Management and Marketing, (1): 43-50.

Komazec N, Boani D, Mihajlovi L. 2014. Aspects of decision- making in emergency situations [C]// 6th International Conference- ICT Forum. Nanjing, China.

Krudys K, Li F, Florian J, et al. 2011. Knowledge management in disaster risk reduction: The Indian approach [J]. Expert Review of Clinical Pharmacology, 4 (6): 697-703.

Latif A A. 2018. Social media as communication tool in the case of Kemaman flood [C]//8th International Economics and Business Management Conference. Kuantan, Malaysia.

Leydesdorff L. 2006. The Knowledge- Based Economy: Modeled, Measured, Simulated [M]. Irvine: Universal- Publishers.

Lindell M K, Prater C, Perry R W. 2007. Introduction To Emergency Management [M]. New Jersey: John Wiley and Sons.

Mills A M, Smith T A. 2011. Knowledge management and organizational performance: A decomposed view [J]. Journal of Knowledge Management, 15 (1): 156-171.

Moe T L, Pathranarakul P. 2006. An integrated approach to natural disaster management: Public project management and its critical success factors [J]. Disaster Prevention and Management, 15 (3): 396-413.

Mumme S P. 2016. Scarcity and power in US-Mexico transboundary water governance: Has the architecture changed since NAFTA? [J]. Globalizations, 13 (6): 702-718.

Nonaka I. 1994. A dynamic theory of organizational knowledge creation [J]. Organization Science, 5 (1): 14-37.

Othman S H, Beydoun G, Sugumaran V. 2014. Development and validation of a disaster management metamodel (DMM) [J]. Information Processing & Management, 50 (2): 235-271.

Patel C C. 1984. Hydrology and water resources in tropical regions [J]. Natural Resources Forum, 8 (2): 193-194.

Pujadi T, Sardjono W. 2018. Evaluation of knowledge management system for disaster management using factor analysis [C]//2018 International Conference on Information Management and Technology.

Jakarta, Indonesia.

Rodzi M Z M, Zakaria N H, Ahmad M N, et al. 2014. Towards a knowledge management framework for disaster management in Malaysia [C]//Jain E L C, Howlett R J. Frontiers in Artificial Intelligence and Applications. IOS Press.

Rodzi M Z M, Zakaria N H, Ahmad M N. 2016. Ontology based knowledge integration framework for managing flood in malaysia [J]. Journal of Advanced Management Science, (6): 475-478.

Rosenthal U, Hart P, Charles M. 1989. Coping with Crises: The Management of Disasters, Riots and Terrorism [M]. Charles C. Thomsa, Springfield, Illinois.

Saad M F M, Latif A A, Othman M. 2017. The 2014 flood disaster in Kemaman, Terengganu: Lessons from the Kemaman experience in Zulikha [C]//Proceedings of the 6th International Conference on Computing and Informatics. Kuala Lumpur, Malaysia.

Saad M F M, Latif A A, Othman M. 2019. Critical success factor of information management and governance: A case from 2014 flood in Kemaman, Terengganu [C]//Proceedings of the 2019 5th International Conference on Computing and Data Engineering-ICCDE' 19. New York: ACM Press.

Seneviratne K, Baldry D, Pathirage C. 2010. Disaster knowledge factors in managing disasters successfully [J]. International Journal of Strategic Property Management, 14 (4): 376-390.

Shafiai S. 2016. Flood disaster management in Malaysia: A review of issues of flood disaster relief during and post- disaster [C]// ISSC 2016 International Conference on Soft Science. Santovini, Greece.

Walker K. 2019-09-05. 6 Step Process to Emergency Decision Making in Extreme Environments [EB/OL]. https://www. stgtraining. com. au/emergency-decision-making/[2020-07-05].

Warren C M J. 2010. The facilities manager preparing for climate change related disaster [J]. Facilities, 28 (11/12): 502-513.

Yap L S, Tasmin R, Rusuli M S C, et al. 2010. Factors influencing knowledge management practices among multimedia super corridor (MSC) organizations [J]. Communications of the IBIMA, 834296: 1-12.

Zakaria N H, Ahmad M N, Mohd Noor M S A, et al. 2016. Knowledge Integration Improves Flood Disaster Management: A Case Study of Kemaman [C]//Knowledge Management International Conference (KMICe) Chiang Mai, Thailand.

Zakaria N H, Ahmad M N, Mohd Noor M S A, et al. 2018. Knowledge integration among flood disaster management team: Lessons from the Kemaman district [J]. Journal of Information and Communication Technology, 17 (3): 393-408.

附录 公共安全应急知识管理术语词表

A

安全电气工程 Safety electrical engineering
安全发展 Security development
安全风险 Security risk
安全工程 Safety engineering
安全管理工程 Safety management engineering
安全管理学 Safety management science
安全和风险管理 Security and risk management
安全监管 Safety supervision
安全教育学 Safety education
安全经济学 Safety economics
安全科学技术 Safety science and technology
安全模拟与安全仿真学 Safety simulation and imitation
安全情报学 Safety and security intelligence science
安全人机学 Safety ergonomics
安全韧性 Safety resilience
安全生产 Safety production
安全设备工程 Safety equipment engineering
安全文化建设 Safety culture construction
安全系统学 Safety systematics
安全心理学 Safety psychology
安全信息工程 Security information engineering
安全学 Safety science

B

爆炸安全工程 Explosion safety engineering
编号式警报系统 Numbered alarm system
部门安全工程 Departmental safety engineering

部门协同　Department collaboration

C

常态管理　Normal management
常态化公共安全保障机制　Normalized public security guarantee mechanism
承灾体　Hazard bearing body
城市公共安全　Urban public safety
城市应急联动系统　Urban emergency response system
初始决策信息　Initial decision information
处置源　Disposal response
传染病　Infectious diseases
创伤后应激障碍　Post-traumatic stress disorder
脆弱性　Vulnerability

D

地方应急管理　Local emergency management
地方应急预案　Local emergency plan
多米诺效应　Domino effect
多元信息源　Multiple information sources
多元应急决策主体格局　Multiple emergency decision-making main body pattern

F

法律法规知识　Knowledge of laws and regulations
法律制度保障　Legal system guarantee
方案实施与评估（应急决策过程）　Plan implementation and evaluation (emergency decision process)
防尘工程　Dustproof engineering
防毒工程　Gas defense engineering
防控预警机制　Prevention and control early warning mechanism
防疫　Epidemic prevention
防灾减灾救灾　Disaster prevention, disaster reduction and disaster relief
非常规灾害灾难　Unconventional disaster
非常态危机　Abnormal crisis
非传统战争　Unconventional warfare
非敌意冲突　Non hostile conflict
非结构化决策　Unstructured decision making
分级管理　Hierarchical management
风险评价与失效分析　Risk assessment and failure analysis

风险预警知识　Risk warning knowledge
复杂的全国性多辖区突发事件　Complex nationwide multi-jurisdictional emergencies

G

个人应急知识　Personal emergency knowledge
个人应急知识管理　Personal emergency knowledge management
个体防护　Individual protection
工业灾害控制　Industrial disaster control
公共安全　Public safety
公共安全保障基础　Foundation of public security
公共安全观　Public security concept
公共安全管理成本　Cost of public safety management
公共安全管理方法　Public safety management methods
公共安全属性　Public security attributes
公共安全体系　Public security system
公共安全体系框架　Framework of public security system
公共安全突发事件　Public security emergencies
公共安全突发事件生命周期知识管理　Life cycle knowledge management of public security emergencies
公共安全应急决策过程　Public security emergency decision making process
公共安全应急决策支持　Public security emergency decision support
公共安全应急知识管理技术　Public safety emergency knowledge management technology
公共安全应急知识管理平台协同　Cooperative of public security emergency knowledge management platform
公共安全制度　Public security system
公共安全治理能力　Public security governance capabilities
公共安全重大突发事件管理　Public safety critical emergency management
公共服务　Public service
公共卫生　Public health
公共卫生安全　Public health safety
公共卫生事件　Public health events
公共卫生事件应急知识管理　Emergency knowledge management of public health event
公共卫生事件应急知识管理模型　Knowledge management model of public health emergency
公共意识　Public awareness
公共援助项目　Public assistance project
公共知识管理　Public knowledge management
公共知识资源　Public knowledge resource
沟通模型　Commumication models

规则性决策知识支持　Regular decision-making knowledge support
国家专项应急预案　National special emergency plan
国家总体应急预案　National overall emergency plan
国务院部门应急预案　Emergency plan of the State Council department
过程决策信息　Process decision information
过程性决策知识支持　Process decision knowledge support

H

后勤　Logistic
后勤保障　Logistical support
后勤管理　Logistic management
后知识时代　Post knowledge era
蝴蝶放大效应　Butterfly amplification effect
环境安全　Environmental safety
环境分析（应急决策过程）　Environmental analysis (emergency decision process)
环境监测　Environmental monitoring
环境监测知识　Environmental monitoring knowledge
恢复（功能区）　Recovery

J

疾病预防控制　Disease prevention and control
技能知识　Skill knowledge
技术保障　Technical support
检测预警知识　Detection and early warning knowledge
检疫　Quarantine inspection
减除（功能区）　Mitigation
结构化决策　Structured decision
金融风险　Financial risk
紧急事态　Emergency
紧急事态管理　Emergency management
紧急政策干预　Emergency policy intervention
紧急状态　State of emergency
经济安全　Economic security
救援效率　Rescue efficiency
决策误差　Decision error
决策信息支持　Decision information support
决策知识支持　Decision knowledge support
军地协同　Army-civil cooperation

K

抗震防灾信息管理系统　Information management system for earthquake resistance and disaster prevention
科研团体　Research groups
控制限度　Control limit
跨区域串联　Cross-region series connection

L

领域知识　Domain knowledge
轮廓信息　Outline information

M

媒体　Media
民防需求　Civil defence demand
模块化组织　Modular organization
目标管理　Management by objectives

O

OODA 循环理论　The Observe-Orient-Decide-Act loop

Q

企业　Enterprise
气候警钟　Climate alarm
情报　Intelligence
情景识别（应急决策过程）　Scenario recognition（emergency decision process）
全方面法　Comprehensive approach
全面紧急事态管理　Comprehensive Emergency Management
全民应急知识管理　National emergency knowledge management
全危险方法　All-hazards approach

R

人力知识　Human knowledge
认知不协调理论　Cognitive dissonance theory
认知层面　Cognitive level
任务知识　Task knowledge

S

社会安全事件　Social security incidents

社会安全应急知识管理　Social security emergency knowledge management
社会安全应急知识管理模型　Emergency knowledge management model of social security
社会成本　Social cost
社会管理　Social management
社会机制　Social mechanism
社会失序　Social disorder
社会应急管理者　Social emergency manager
社会应急知识管理　Social emergency knowledge management
社会应急知识管理协同　Coordination of social emergency knowledge management
社会支持　Social support
社会治安防控　Prevention and control of public order
生产噪声与振动控制　Control of production noise and vibration
生命周期理论　Life cycle theory
生物安全　Biosecurity；Biosafety
生物安全法　Biosafety law
生物安全管理　Biosafety management
生物安全立法　Biosafety legislation
生物安全事故　Biosafety accidents
生物技术　Biotechnology
食品药物安全　Food and drug safety
市政服务资源　Municipal service resources
事故灾难　Accident disaster
事故灾难应急管理　Emergency management of accidents and disasters
事后决策信息　Post event decision information
事实性决策知识支持　Factual decision-making knowledge support
事实知识　Factual knowledge
赎回认同社会认同　Redemption identity social identity
数据安全　Data security
数据安全事件　Data security incident
数据层　Data layer
双刃效应　Double-edged effect
所有危险　All-dangers

T

通信预案　Communications plan
突发公共卫生事件　Emergent public health hazards
突发公共卫生事件应急条例　Regulations on Preparedness for and Response to Emergent Public Health Hazards

突发事件数据报告机制　Data reporting mechanism of emergencies
突发事件　Emergency events
突发事件案例知识　Emergency case knowledge
突发事件监测预警网络　Emergency monitoring and early warning network
突发事件检测系统　Emergency detection system
突发事件全生命周期　Emergency life cycle
推理知识　Reasoning knowledge

W

网络安全　Network security
网络安全事件　Cybersecurity incident
危机管理　Crisis management
危机响应小组　Crisis response team
危险个案描绘　Dangerous case description
文化保障　Cultural security
无缝化管理　Seamless management
物资储备体系　Material reserve system

X

现代生物技术　Modern biotechnology
消防工程　Fire protection engineering
行动计划表　Action planning chart
行动预案　Action preplan
行政和管理职责　Administrative and management duties
相关研究资料　Related research data
项目管理　Project management
协同服务层　Collaborative service layer
协同应用层　Collaborative application layer
心理干预知识　Knowledge of psychological intervention
心理危机　Psychological crisis
心理危机干预　Psychological crisis intervention
信息不对称　Information asymmetry
信息发布透明度　Transparency of information release
信息服务机构　Information service institution
信息汇集系统　Information collection system
信息汇集中心　Information collection center
信息收集（应急决策过程）　Information collection (emergency decision making process)
信息完备性　Information completeness

信息疫情　Information epidemic
信息源-信息渠道 解释框架　Interpretation framework of information source information channel
信息整合技术　Information integration technology
宣传教育知识　Publicity and education knowledge
学习、生产和工作场所安全　Learning，production and workplace safety

Y

央地协同　Central and local collaboration
一案三制　One case and three systems
医疗机构　Medical institution
易感性　Susceptibility
疫情防控　Epidemic prevention and control
应变计划　Contingency plan
应变中心　Contingency centre
应对（功能区）　Response
应急策略　Emergency strategy
应急策略系统　Emergency strategy system
应急处置　Emergency disposal
应急处置知识　Emergency disposal knowledge
应急大数据　Emergency big data
应急法律法规　Emergency laws and regulations
应急法制研究　Research on emergency legal system
应急方案　Emergency plan
应急方案形成（应急决策过程）　Emergency plan formation（emergency decision-making process）
应急服务　Emergency services
应急管理　Emergency management
应急管理部　Emergency Management Department
应急管理法制　Legal system of emergency management
应急管理机制　Emergency management mechanism
应急管理收益　Benefits of emergency management
应急管理系统　Emergency management system
应急管理系统集成　Emergency management system integration
应急管理综合概念　Comprehensive concept of emergency management
应急恢复知识　Emergency recovery knowledge
应急救援力量　Emergency rescue force
应急决策　Emergency decision
应急决策处置程序　Emergency decision-making procedure
应急决策科学性　Scientific of emergency decision making

应急决策模型　Emergency decision model
应急决策时效　Timeliness of emergency decision
应急决策者　Emergency decision maker
应急联动系统　Integrated Emergency response system
应急评估知识　Emergency assessment knowledge
应急事态管理合作关系　Emergency management partnership
应急事态救援项目　Emergency relief program
应急文化　Emergency culture
应急显性知识　Emergency explicit knowledge
应急响应　Emergency response
应急响应机制　Emergency response mechanism
应急响应力量　Emergency response force
应急信息整合效率　Efficiency of emergency information integration
应急与灾害预防管理　Emergency and disaster prevention management
应急预案　Incident action plan
应急预案知识　Knowledge of emergency plan
应急支持功能　Emergency support function
应急知识　Emergency knowledge
应急知识动员技术　Emergency knowledge mobilization technology
应急知识赋能技术　Emergency knowledge empowerment technology
应急知识感知技术　Emergency knowledge perception technology
应急知识管理核心技术　Core technology of emergency knowledge management
应急知识管理基础知识　Basic knowledge of emergency knowledge management
应急知识管理人员　Emergency knowledge manager
应急知识管理智慧化　Intelligence of emergency knowledge management
应急知识控制技术　Emergency knowledge control technology
应急知识需求动机　Motivation of emergency knowledge demand
应急准备　Emergency preparedness
应急资源　Emergency resources
用户层　User layer
有准备的社区理论　Prepared-community theory
舆情应急机制　Public opinion emergency mechanism
预防/减除（功能区）　Prevention/Mitigation
预防性知识　Preventive knowledge
预警知识　Early warning knowledge
预先模型　Prior model
阈值　Threshold
原理知识　Principle knowledge

云技术　Cloud technology

Z

灾害病毒学　Disaster virology
灾害化学　Disaster chemistry
灾害物理学　Disaster physics
灾害响应　disaster response
灾害学　Disaster science
灾害要素　Disaster factors
灾后管理　Post-disaster management
灾后恢复　Disaster recovery
灾后心理干预　Post-disaster psychological intervention
灾难管理周期　Disaster management cycle
灾难性影响　Catastrophic impact
整体公共安全观　Holistic public safety view
政府公信力　Government credibility
政府应急知识管理　Government emergency knowledge management
政社协同　Political and social cooperation
政务数据安全　Government data security
支持保障系统　Support and guarantee system
知识存储　Knowledge storage
知识地图　Knowledge map
知识共享行为　Knowledge sharing behaviour
知识管理周期　Knowledge management cycle
知识化创新服务　Knowledge based innovation service
知识获取　knowledge acquisition
知识经济时代　The era of knowledge economy
知识密集型智力服务　Knowledge intensive intellectual service
知识整合　Knowledge integration
执行细则　Implementation rule
职业卫生工程　Occupational health engineering
指挥人员　Commanding staff
指挥系统　Chain of command
致灾因子　Disaster-inducing factors
智慧化预警　Intelligent early warning
重大突发事件草案　Major emergencies draft
重大危险源　Major hazards
重大危险源辨识标准　Identification standard of major hazard

重建能力　Reconstruction capability
专家经验知识　Expert experience and knowledge
专家隐性知识　Tacit knowledge of experts
专业化增值服务　Specialized value-added services
专业应急管理　Professional emergency management
准备（功能区）　Preparation
资源实现周期　Resource realization cycle
资源知识　Resource knowledge
自然灾害　Natural disaster
自然灾害应急管理　Emergency management of natural disasters
自然灾害应急知识管理　Knowledge management of natural disaster emergency
自然灾害应急知识管理过程　Knowledge management process of natural disaster emergency
自然灾害应急知识管理模型　Knowledge management model of natural disaster emergency
自然灾害应急知识平台　Natural disaster emergency knowledge platform
自然灾害应急知识协同保障机制　Collaborative guarantee mechanism of natural disaster emergency knowledge
自然灾害应急知识协同体系　Knowledge coordination system of natural disaster emergency
自然灾害应急知识协同组织　Collaborative organization of natural disaster emergency knowledge
自然灾害周期　Natural disaster cycle
自我效能感　Self-efficacy
综合紧急事态管理系统　Integrated emergency management system
综合经验知识　Comprehensive experience knowledge
最初应急救援行动　Initial emergency rescue operation

后 记

2020 年是不寻常的一年。春节期间，我刚从天津路过武汉回到湖北老家大别山的第二天，就听到武汉封城的消息，一时间紧张气氛笼罩着荆楚大地，并迅速蔓延。在接下来的日子里，出现了一系列现象……

焦虑。无论在城市还是农村，除了官方媒体的报道，各种小道消息不胫而走。不少人对疫情的反应是恐慌，看到电台电视台播报的连续上升的数字而惊慌失措，难以平静，整天处于极度焦虑之中。也有很多人在担心中保持积极心态，关心支持前方抗疫的“战士”们，做力所能及的工作，每天期盼着疫情有所好转，我便是这个群体的一员。

时间。疫情中“时间”具有特别的意义，感觉每天的时间过得特别慢。因为每天“宅”在家中，更觉得时间漫长，不知何时能恢复正常工作与生活。在乡村，每天在鸡鸣鸟语声中起床开始了一天的生活，与其焦急地等待，不如阅读与写作，以应对这漫长的时间。

信息。疫情期间，信息呈大爆炸趋势，每天的各种信息，有真实的，也有虚假的，四溢于虚拟世界，影响着每一个人。手机在疫情中发挥了特别的作用，微信、微博为代表的自媒体通过手机大量传播疫情信息，其中既有官方的、传播正能量的消息，也有大量广泛传递的不明身份信息，造成负面的、消极的影响。此时，我作为一名教师，和学界许多人一起，致力于推动社会迅速开展公民信息素养教育普及，提高公众辨识信息真伪和信息分析的能力，而信息管理和知识管理的重要性在这一过程中也得以凸显。

在大别山上，在关注全国抗疫大势的同时，我以南开人“服务中国”的敏锐，搜集相关信息，着手学术抗疫工作。

我的专长之一是知识管理。当时，全国各行各业都面临一次大考。如何应对疫情，全国各级各类信息服务与公共文化机构并没有现成的理论和方法指导，在理论和实践上都存在应急服务缺位现象，我感到这是一个理论和实践都亟待解决的问题，必须加快学术研究和理论指导，于是加紧“公共安全突发事件中公共部门应急服务与应急管理”专题研究。围绕公共安全突发事件特别是公共卫生事件，结合信息管理与知识管理进行探索，在专业期刊发表相关学术论文，还在网上学术平台作相关学术报告，及时发表并传播抗疫理论知识以指导实践。

我在疫情期间所做的学术抗疫工作受到广泛关注和称赞。2020 年 4 月 5 日，我从大别山回到天津，将知识管理理论运用于公共安全，着手关于“公共安全应急知识管理”的研究与写作。我组织了相关专家边研讨边写作，旨在全面探索公共安全应急管理中的知识问题，为国家公共安全应急管理提供理论依据。2020 年 7 月 16 日，我在“2020 知识管理与知识服务在线学术研讨会”上作了题为《面向公共安全的公共知识管理》的学术报告，我的研究生胡曼曼将该报告整理修改后发表在《知识管理论坛》2020 年第 5 期上。

经过近半年的努力，几经修改，书稿写作任务得以完成。

参与本书编写的既有在高校从事相关研究的专家学者，包括黑龙江大学陈媛媛教授、山西财经大学孙晓宁副教授、天津科技大学姚伟副教授和张翠娟讲师；也有南开大学我的“知识管理方向”研究团队，包括博士后邹金汇，博士生包鑫、王洁，硕士生卢晓彤、张瑜祯和张森学。

全书由我编写大纲后组织研讨和分工撰写。各章撰写人员如下：

前言，由柯平撰写。

第 1 章：1.1 节和 1.2 节由柯平和包鑫撰写；1.3 节由柯平和卢晓彤撰写；1.4 节由柯平和王洁撰写。

第 2 章：由王洁撰写。

第 3 章：由孙晓宁撰写。

第 4 章：4.1 节由张瑜祯撰写；4.2 节由张森学撰写；4.3 节由邹金汇撰写。

第 5 章：由张翠娟撰写。

第 6 章：由陈媛媛撰写。

第 7 章：由姚伟撰写。

第 8 章：由包鑫撰写。

附录：由尉桐编制，邹金汇补充。

全书最后由柯平统稿，邹金汇和孙晓宁参与部分统稿工作；硕士生朱旭凯、张颖、杜佳惠参与校对工作。

柯　平

2020 年 9 月 11 日于南开大学